周一骏 著

重新思考 基辛格

A Kissinger Restored

时事出版社

图书在版编目（CIP）数据

重新思考基辛格/周一骏著.—北京：时事出版社，2015.1
ISBN 978-7-80232-775-7

Ⅰ.①重… Ⅱ.①周… Ⅲ.①基辛格，H.A.—人物研究
Ⅳ.①K837.127=6

中国版本图书馆 CIP 数据核字（2014）第 229668 号

出 版 发 行：时事出版社
地　　　址：北京市海淀区万寿寺甲 2 号
邮　　　编：100081
发 行 热 线：(010) 88547590　88547591
读者服务部：(010) 88547595
传　　　真：(010) 88547592
电 子 邮 箱：shishichubanshe@sina.com
网　　　址：www.shishishe.com
印　　　刷：北京百善印刷厂

开本：787×1092　1/16　印张：17.5　字数：265 千字
2015 年 1 月第 1 版　2015 年 1 月第 1 次印刷
定价：72.00 元
（如有印装质量问题，请与本社发行部联系调换）

序

在60年前的1954年，基辛格在哈佛大学取得了他的博士学位。他的博士论文题为"A World Restored: Metternich, Castlereagh, and the Problems of Peace, 1812-1822"。一个甲子之后的2014年，我的学生周一骏也顺利通过答辩并取得法学博士学位。一骏的博士论文题为《重新思考基辛格》，英文题为"A Kissinger Restored"，这也算是一位国际关系领域的晚辈对前辈的一种致敬。也许是一种巧合，就在一骏让我为他即将出版的博士论文作序的时候，基辛格博士又继续深入了60年前他自己在博士论文中的一些思考，出版了新书"World Order"（世界秩序）。

基辛格博士比我年长28岁，1991年1月，我俩在达沃斯经济论坛初识，而其实我第一次听到基辛格这个名字还要回到43年前的1971年。1971年7月15日，我正在江西省铜鼓县二源人民公社江头大队当农民。我在盛夏赤日炎炎的稻田里忙着抢收抢种，突然广播站喇叭传来了播音员的声音，我至今清晰地记得广播的内容："周恩来总理和尼克松总统的国家安全事务助理亨利·基辛格于1971年7月9—11日在北京进行了会谈。据悉，尼克松总统曾表示希望访问中华人民共和国，周恩来总理代表中华人民共和国政府邀请尼克松总统于1972年5月以前在适当的时间访问中国。尼克松总统愉快地接受了这一邀请。中美两国领导人的会晤是为了谋求两国关系的正常化，并就双方关心的问题交换意见。"在这一则新闻广播之后不久，周恩来总理就以准备尼克松访华为由，开始准备恢复当时已被中断的大学招生。1973年春，国家开始大规模恢复高考教育和招收工农兵学员，我也就此进入上海师范大学英语专业学习，开始今后国际问题研究所需的外语学习。光阴荏苒，在此后的岁月里，我多次与基辛格会面，其中有几次令我记忆犹新。2008年10月29日，我以上海国际问题研究院院长身份邀请基辛格在锦江小礼堂共论天下大事。考虑到他日程很紧且年事已高，会后本来只安排他同在场外等候的青年学者和研究生合影，但他看到数十位朝气蓬勃的年轻人，顿时来了精神，主动提出与大家互动交流。在交流中他告诉研究生们，研究国际关系最重要的基础是历史和哲学。

一骏比我年轻30岁，他是我的硕士研究生，后来又成为我的博士研究生。2011年，在与他一起商讨博士论文题目的时候，我给他定下了基辛格战略思想研究的大方向。经过三年的努力，2014年3月他终于将厚厚的一叠初稿给我，并在我办公室的窗台边给我阐述他的论文要点。不论这篇论文的观点如何，这都是一篇富有创新精神的论文。一骏并不满足于完成一篇基辛格战略思想的综述，而是想尝试着在更宏大的视野下思考基辛格。他告诉我，他写这篇论文的最根本目的，其实并不是验证基辛格是现实主义或非现实主义，而是借用基辛格研究的这一机会，提出这样一个思考：在基辛格撰写《核武器与外交战略》的年代，人类进入了原子能时代并第一次拥有了"过剩的能源"。从此，外交战略的核心不再是追求更多的物质力量，而是"如何巧妙审慎地利用它们"。在随后的半个多世纪里，人类技术能力的另一个侧面——通讯技术，又将人类思想交换的物理障碍一一清除。旧的思想范式已不能解释原子能和现代通讯技术下新的社会现实。因此，在技术现状这一至关重要的前提条件发生了巨变之后，如果我们还继续用修昔底德时代、威斯特伐利亚时代、凡尔赛－华盛顿时代或是雅尔塔时代的历史经验和国际关系理论来思考未来的中美关系，是否是一种止步不前？

一骏的这一思考给我一定的启发，10年以前的2004年，我在编写《大合作：变化中的世界和中国国际战略》一书时在序言里写道："在人类历史发展的进程中，1500年是世界历史的转折点。伴随着哥伦布、达·伽马和麦哲伦环球远航探险，人类历史改变了以往各民族相对平行的发展史，形成真正意义上的世界历史和世界视域"。马克思历史唯物主义思想中最璀璨的部分是他深刻洞见了生产力对生产关系的决定作用。拓展到国际关系领域，当人类的生产力发展到崭新的数量级的时候，国际关系也将发生根本性的变化。在核武器加移动互联网的时代，人类社会从未如此的复杂分工与相互依存，也从未如此的脆弱和不堪一击。在这样的时代，如果中美两国继续用上个生产力阶段的思维定势和历史经验来思考未来，就背离了实事求是的基本原则。新的生产力现实呼唤新的智慧，2011年6月27日，在纪念基辛格秘密访华40周年的研讨会上，我提出增加中美互信的三个互相，即在双边问题上互相尊重，在地区问题上互相包容，在全球问题上互相尊重。会后，基辛格特意问我要了讲稿。

  2012年1月16日，一骏陪我参加《纪念尼克松访华40周年暨中美"二轨"高层对话第三次会议》。茶歇期间，我向89岁的基辛格博士介绍了我的这位学生。我始终认为，帮助年轻人拥有这种现场参与感是很重要的。我告诫我的学生，这不是日后炫耀的谈资，而是对今后工作的鞭策。基辛格31岁获得博士学位，一骏32岁获得博士学位。在取得博士学位并留在哈佛大学任教三年之后，1957年，基辛格出版一本奠定了他在决策圈地位的著作《核武器与外交政策》，文中基辛格初生牛犊不怕虎，直接批评了艾森豪威尔总统应对苏联的大规模报复政策的缺陷，而新创出"灵活反应"策略。又过了两年，1959年基辛格获得终身教授职位。在我帮一骏撰写序言的时候，他受到大卫·兰普顿教授的邀请，前往约翰斯·霍普金斯大学位于美国哥伦比亚特区的保罗·尼采国际关系高级研究院进行访问研究以完善他的论文。我希望这篇博士论文不是一骏学术生涯的终点，而成为他服务这个蓬勃发展的伟大国家的新起点。

杨洁勉

2014年10月10日

目　　录

第一章　绪论 ………………………………………………（1）
　一、问题的提出和研究意义 …………………………………（1）
　二、研究现状综述 ……………………………………………（4）
　三、研究方法和结构安排 ……………………………………（21）
　四、研究的创新与局限 ………………………………………（24）

第二章　基辛格外交思想的现实主义定位及其检验 ………（27）
　第一节　现实主义的主要范式 ………………………………（28）
　　一、现实主义的三种不同含义 ……………………………（29）
　　二、现实主义国际关系理论的主要范式及其非对称性 …（31）
　　三、现实主义国际关系理论遭遇的道德评判及其反击 …（37）
　第二节　基辛格外交思想的现实主义定位及其说服力 ……（45）
　　一、基于政党政治的道德评判 ……………………………（45）
　　二、基于苦难的人生经历 …………………………………（49）
　　三、基于现实主义国际关系理论的表面特征 ……………（50）
　第三节　现实主义的理论硬核 ………………………………（53）
　　一、现实主义的本体论 ……………………………………（53）
　　二、现实主义的基本假说 …………………………………（56）
　第四节　基辛格外交思想既有定位的检验 …………………（59）
　　一、单一国家假说的检验 …………………………………（60）

二、理性国家假说的检验 …………………………………… (65)

第三章　基辛格外交思想再定位 …………………………… (79)
第一节　基辛格外交思想与建构主义的联系 ……………… (79)
　　一、在理性主义与建构主义之间 …………………………… (81)
　　二、基辛格外交思想与建构主义的相似观点 ……………… (89)
第二节　基辛格外交思想的核心：选择性双重本体论 …… (93)
　　一、基辛格外交思想的特殊性 ……………………………… (94)
　　二、国际关系理论的进化特性：适应人类技术现实 ……… (96)
　　三、基辛格外交思想的核心：选择性双重本体论 ………… (101)
第三节　基辛格外交思想的有机体系 ……………………… (110)
　　一、（国际）外交思想关键：建构对方意识 ……………… (110)
　　二、（国内）外交决策关键：实现自己意志 ……………… (112)

第四章　基辛格外交思想实践：不变的本质 ……………… (118)
第一节　对苏战略不变的本质 ……………………………… (118)
　　一、"有限战争"战略的本质：建构新的游戏规则 ……… (120)
　　二、缓和政策的本质：驯良革命国家 ……………………… (126)
第二节　对华战略不变的本质 ……………………………… (140)
　　一、中国的双重身份：五千年的中国还是现实的中国 …… (141)
　　二、归纳中国的价值观基因 ………………………………… (142)
　　三、验证中国的价值观基因 ………………………………… (146)
第三节　越南战争的本质：人心之争 ……………………… (148)
　　一、越南之内的人心之争 …………………………………… (148)
　　二、越南之外的人心之争 …………………………………… (152)

第五章　基辛格外交思想溯源：时代·人生·学术 ……… (154)
第一节　时代背景：被忽略的技术现实 …………………… (154)

一、物质权力的瓶颈：核武器 …………………………… (155)

　　二、意识流动的通衢：现代交通、通讯、媒体 ………… (157)

　　三、现代社会的脆弱性与相互依存 ……………………… (160)

第二节　人生经历：被臆测的人性观 ………………………… (164)

　　一、德国（1923—1938 年）：童年时代并非只有黑暗 … (165)

　　二、纽约（1938—1943 年）："移民生活"而非
　　　　"难民生活" ……………………………………………… (171)

　　三、两位老师：性格特征与价值观共性 ………………… (176)

第三节　学术偏好：被误读的哲学观 ………………………… (180)

　　一、被遗漏的康德 ………………………………………… (180)

　　二、被标签化的梅特涅 …………………………………… (184)

第六章　结论 ……………………………………………………… (191)

第一节　本书的主要结论 ……………………………………… (192)

　　一、国际部分 ……………………………………………… (193)

　　二、国内部分 ……………………………………………… (195)

第二节　结论引发的思考 ……………………………………… (195)

　　一、中美关系的未来 ……………………………………… (196)

　　二、人类的未来 …………………………………………… (197)

访谈者名单及简介 ……………………………………………… (198)

附录 1　基辛格在政协的演讲（1996 年 9 月 4 日下午） ……… (202)

附录 2　基辛格为《朱镕基讲话实录》英文版所作序言 ……… (211)

附录 3　基辛格访问复旦大学时的演讲与回答提问
　　　　（2013 年 7 月 2 日） ………………………………… (214)

附录 4　基辛格关于乌克兰问题的讲话 ……………………… (217)

附录 5　亨廷顿与基辛格 ……………………………………… (220)

附录6　美中关系的未来——有冲突但并非必然 …………（243）

参考文献 ………………………………………………………（252）

后记 ……………………………………………………………（266）

第一章 绪论

一、问题的提出和研究意义

亨利·阿尔佛雷德·基辛格（Henry Alfred Kissinger）所处的时代，在人类历史上是一个特殊的时代。科学的发展使这个时代的物质现实与之前的时代有着根本性的不同。基辛格外交思想的一个基本出发点就是试图为这个时代的崭新的物质现实创造出合适的外交思想。科学哲学家托马斯·库恩（Thomas S. Kuhn）指出，科学和思想的进步实际上是范式（Paradigm）的替换过程，当旧的范式不能解释新的事实时，那些更有解释力的范式就取而代之。[1] 在人类发展上，科学的进步可以让人类拥有更多的物质能力，而思想的发展则帮助我们了解如何驾驭这些物质能力。但科学与思想并不总是同步发展的，现实情况是它们往往交替领先。在有些历史时期，人类思想的进步超越了科学的发展，于是人们苦于物质的匮乏；而在另一些时候，科学的进步超过了思想的发展，于是人们困于过剩物质力量带来的纷争。无论是科学落后还是思想落后，都会造成世界的动荡。比如印刷术导致的信息与知识的传播速度与广度的革命，"就导致了两个世纪的动荡岁月，因为人类的观念以及政治和宗教机构需要时间来吸收由此产生的变化"[2]。在我们所处的人类历史的这个短暂片段上，科学取得了具有

---

[1] Thomas S. Kuhn, *The Structure of Scientific Revolutions*, Chicago: University of Chicago Press, 1970.

[2] Henry Kissinger, *Does America Need A Foreign Policy? Towards A New Diplomacy for the 21st Century*, New York: Simon & Schuster Inc, 1970. p. 327.

里程碑意义的突破。爱因斯坦的量子力学理论，突破了牛顿的经典力学理论，科学的这一进步使人类进入了原子能时代并第一次拥有了"过剩的能源"。从此，外交思想的核心不再是追求更多的物质力量，而是"如何巧妙审慎地利用它们"①。而与此同时，人类技术能力的另一个侧面——通讯技术，又将人类交换思想的物理障碍一一清除。基辛格认为："我们处在一个知识和政治开始变革的时代，这种变革相比印刷术的发明，范围更广泛，演变更迅速"②。旧的思想范式已不能解释原子能和现代通讯技术下新的社会现实。从这个意义上说，由于基本变量已经改变，无论是基于伯罗奔尼撒战争史，还是基于第一次世界大战、第二次世界大战现实的国际政治理论，这些发生在核武器与新通讯技术时代之前的理论对今天的国际政治的解释能力和借鉴意义都是有限的。于是，一系列新的思想和理论应运而生。基辛格所处的就是这样一个时代，他从一个外围的学者，得以走向战略决策的中心地带，一个重要的原因正是他以《核武器与外交政策》、《选择的必要》、《国内政治与对外政策》等理论著作为基础，建立了一种基于核时代新的人类社会现实的外交思想。

但是，目前国内外有相当数量的学者将基辛格视作现实主义国际关系理论的代表人物，与此同时却鲜有学术文章论述或证明为什么将基辛格外交思想视为现实主义。在这样的思维定式下，存在这样一种现象，那就是完全用国际关系中的现实主义理论作为认知框架来理解基辛格的外交思想。这种认知方法一直面对着三个方面的困境：

第一，仅用国际关系理论作为基辛格外交思想的研究框架是否合适。基辛格具有双重身份。一方面，他是一位国际政治学者，他曾经担任哈佛大学政府管理学院国际研讨班的组织者、《融合》（Confluence）季刊编辑（1952年）；1954年获得哈佛大学哲学博士学位后历任讲师（1954年）、终身副教授（1959年）和终身教授（1962年）。

---

① ［美］亨利·基辛格：《核武器与对外政策》，世界知识出版社，1963年版，第10页。
② Henry Kissinger, *Does America Need A Foreign Policy? Towards A New Diplomacy for the 21st Century*, New York: Simon & Schuster Inc, 2001. p. 328.

但另一方面，他又是一位实践者。1969年1月—1975年11月任美国国家安全事务助理，1973年9月—1977年1月任美国第56任国务卿。此外，在第二次世界大战期间，他担任美国陆军970反情报部队中士，在德国执行任务。鉴于基辛格学者与实践者的双重身份，与罗伯特·基欧汉、肯尼思·沃尔兹等职业教授不同，基辛格的志趣并不在于形成精致的系统化的理论体系，而是指导外交实践。他的外交思想虽然缺乏学术意义上的系统化，却也从未囿于纯学术的国际关系理论的框架之内。更进一步，基辛格深刻认识到，增加绝对实力是政治家的任务，不是外交家的特长。外交的本质就是发挥对对方意志的影响。作为一个外交实践者，他无法改变短期内美国的物质性实力，只能在观念层面发挥创造力（不论是在自身还是在对手身上）。鉴于以上基辛格身份的复杂性，用纯学术的国际政治理论来解读基辛格，是否会遗漏甚至误读他的外交思想的某些重要部分？

第二，退一步讲，即使我们仅用国际关系理论的框架分析基辛格的外交思想，那么其思想是否囿于物质本体论。国际关系理论界几次著名的论战基本达成的一个共识是，现实主义国际关系理论的硬核是其物质性本体论。而国内外许多学者将基辛格作为现实主义理论——囿于物质权力内核的理论的典型代表人物。这就凸显出一种内在的矛盾——为何基辛格的许多理论与实践都突破了物质本体论，而更加注重观念的作用（甚至是决定作用），并展现出某些观念本体论思想的特点（如建构主义）。

第三，再退一步讲，即使我们将基辛格视为现实主义国际关系理论的代表人物，那么为什么他的外交实践却并不追求现实主义强调的物质权力的优势——基辛格在任职期间着力推动美苏缓和。又推动美中关系正常化，推动从越南撤军……他的诸多外交行动的重点并不在于削弱对手的物质能力，而在于建构新的博弈规则或是改变对手的意志。离开政府后，基辛格又对美中关系的未来做出了与典型的现实主义学者（如约翰·米尔斯海默）截然不同的判断。

基于以上困惑，我们有必要重新回到基辛格撰写的战略理论的原始著作中，重新阅读并分析他的观点，对基辛格外交思想的许多现有评价进行再思考，试图完成三个任务：

第一，对基辛格的外交思想在国际关系理论光谱中的相对位置进行更为精确的校准；

第二，尝试着寻找基辛格宏大的战略构想中贯穿始终的政治哲学层面的价值主线，以此编织基辛格外交思想的有机体系；

第三，将以上结论带入基辛格具体的外交实践中加以检验。

通过完成以上三个任务，本书尝试着探索基辛格外交思想中无法完全用现实主义理论概括的更为复杂和深刻的一面。

本书的现实意义：本书虽然是侧重于对基辛格外交思想的理论层面的研究，却对今天中国的外交实践具有现实意义。人类历史上大国的崛起往往伴随着冲突与战争。中国和美国，作为当今世界上的两支重要力量，如何避免英国外交官艾尔·克劳（Eyre Crowe）在1907年的《克劳备忘录》中所描述的第一次世界大战前德国崛起与英国担忧的历史困境？基辛格对于以核时代与现代通讯技术为特征的人类社会物质新现实的深刻认识，以及他基于这种新的现实而提出的突破物质性权力困境的、更加注重发挥人类观念的能动性的外交思想，将给我们有益的启迪。这是一个紧迫而又长期的命题，本书仅尝试着从对基辛格外交思想的重新思考中，为中美关系的创造性思维提供某种思路。

二、研究现状综述

基辛格，一个许多中国人熟知的美国人。早在1959年，中华人民共和国刚刚成立10周年，中美处于敌对状态的时候，世界知识出版社就翻译了他在1957年出版的《核武器与对外政策》一书。此后，从《选择的必要》（1972年）到《美国对外政策（论文三篇）》（1972年），从《白宫岁月》（1980年）到《动乱年代》（1983年），从《大外交》（1998年）到《论中国》（2012年）……基辛格的大部分学术著作和回忆录都被翻译成中文并在国内正式出版。

但与之相比，令人惊讶的是，直到今天国内学术界专门研究基辛格思想的公开著作却只有两本,[①] 且都是在近年来出版的。一本是巨永明的《核时代的现实主义：基辛格外交思想研究》（中国社会科学出版社，2005年版），另一本是龚洪烈的《基辛格的外交思想与战略》（南京大学出版社，2009年版）。而在CNKI数据库中可以查阅到的专门研究基辛格的公开学术文章也并不多，且其中不少是书评而非学术论文。

出现以上奇怪现象并非偶然，而恰恰是源于一直以来研究基辛格所面临的几个束缚。这些束缚正是使当前基辛格研究裹足不前的障碍所在。对于我国学者的研究成果，本书将分四个方面加以概述。[②]

第一，意识形态与功利主义的束缚

（1）对我有利还是对我不利

当我们研究亚里士多德（Aristotle）或是修昔底德（Thucydides）的时候，我们更容易接近客观。因为，对于公元前的希腊政治学者，在价值观上，我们无需考虑其政治理想是否符合我们社会占主导地位的意识形态与核心价值；在利益上，我们也无需考虑其具体政策对我们国家的利弊。然而，基辛格与我们的时空距离相比亚里士多德要近的多。在研究基辛格这位对中国国家利益曾经、正在并必将继续产生影响的美国政治参与者的时候，我们必须有勇气放下眼前的表面的"利益判断"，用更深刻更客观的目光来看问题。"对我有利还是对我不利"作为一个变量，应该被视作研究的干扰项。将"基辛格的某项政治主张是否符合中国当时或现在的价值观"，或者以"基辛格参与的某项政策是否有利于中华人民共和国"这些变量引入到基辛格外交思想的研究之中是没有效用的。

学术研究的意义是寻找那些与研究目的相关的变量，同时过滤那些无关的变量。基辛格外交思想研究的目的，是深刻了解基辛格的外

[①] 陈有为：《基辛格评传》，世界知识出版社，1980年版。（此书开启了学术界系统研究基辛格的先河，但这本著作更多被看作是基辛格的传记，对基辛格思想的评述部分很少，仅集中于本书第五章和第九章）。

[②] 周一骏："国内学界关于基辛格研究中的局限性论析"，《南京政治学院学报》，2013年第5期。

交思想并发现其规律，进而将这些规律为我所用。如果我们在研究中无法超脱某些"利益判断"，就无法达到研究目的。然而，做到这一点并非易事。我们不妨举一个例子来详细阐述这种"利益判断"的束缚。

案例：在尼克松时期推进中美接近是最符合美国利益的吗？

中美建交，加速了中国融入国际社会的步伐，改变了中国的命运。基辛格促成的这个外交革命是符合中国利益的。但是，历史是由不同身份的立场构成的。在中美建交这一历史事件中，中美两国立场不同，出发点不同，建交的后果对两国而言也完全不同。在对基辛格研究中，不能因为中美建交符合中国利益，就理所当然地认为美国也这么想。事实上直到今天，美国国内对此问题也没有完全统一的意见。在深入地研究基辛格外交思想中，我们无法回避类似以下这样的问题：在尼克松时期基辛格推进中美接近是否最符合美国利益？是否存在更有利于美国的时机？如果那不是最佳时机，又是什么因素促使尼克松、基辛格选择那个时机？他们的哲学观与历史观甚至性格对这种选择产生了多大的影响？

基辛格与尼克松倡导与中国建交，由设想变为现实。这完全改变了美国的未来——将美国的对手从一个历史上并不擅长拥有长期战略眼光的急功近利的年轻民族，换成一个拥有巨大创造力与潜力的古老国度。这造成了美国在当今世界舞台上的种种掣肘。尼克松与基辛格为了击败一个没有持久生命力的却是紧迫的对手，唤醒了一个拥有巨大人口资源和数千年文明史的巨人。两人在做出与中国建交以平衡苏联的决策的时候，作为战略家，他们不可能不设想到，一个拥有丰富的自然禀赋、人口数倍于美国且拥有传统智慧的国家，一旦融入国际社会成为一个"正常国家"后会发挥出怎样的能量？又可能对美国霸权造成怎样的挑战？

作为受益方中国的研究者，我们应抛开"利益判断"的束缚，深刻且客观地评估"与中国建交"对美国长期利益的影响。应该探究在美苏冷战格局中"继续孤立中国"和"与中国建交"这两个战略，哪个更有利于美国霸权。进而更具体一些，评估诸如中方决定与美建交后对越南造成的心理影响和对中国国家信用的损失这类的问题。为了探究问题的本质，以服务于更长远的中国国家利益和民族利益，这些研究是不可回避也无法被取代的。

(2) 对我有用还是对我没用

在国内的基辛格研究中，还表现出一种功利主义——只研究那些看似对我直接有用的战略和政策，而不重视那些看起来"似乎用处不大"的基辛格本人形成这些外交思想背后的哲学历史根源。如果把基辛格的外交思想分为"道"与"术"，那么今天对基辛格的"术"的研究要远远多于对基辛格的"道"的研究。因为基辛格的"术"——也就是那些直接的全球战略、地区战略，似乎看起来对我们更有用，或者更确切地说是更直接地有用。相比之下，基辛格的"道"，也就是基辛格为何制定这些战略的历史的、哲学的思考，看起来似乎就不那么直接，也不那么有用了。

这一点首先体现在一个有趣的现象中：从1957年至今，基辛格主要的著作中只有为数不多的几本没有译成中文，而这些文章的主题恰恰是与中国无关或完全是纯哲学历史的思考。其中包括《麻烦的伙伴关系》、[①]《历史的意义：反思斯宾格勒、汤因比和康德》、[②]《重建的世界：梅特涅、卡斯尔雷和和平问题，1812—1822》。[③]

这种现象也反映在有关基辛格的学术研究专著中。在这些专著中，基辛格的历史哲学与政治哲学观仅仅占很小的篇幅（例如在巨永明的书中，在全书219页中仅占38页；在龚洪烈的书中，在全书358页中仅占31页），而大部分篇章全部用于讨论基辛格具体的地区战略和外交政策。

"术"可以提供直接的政策建议，或者说可以提供立刻可以实施的政策建议，而"道"虽然可以发现问题的本质和关键，却往往无法

[①] The Troubled Partnership, *A Re-appraisal of the Atlantic Alliance*, New York: McGraw-Hill, 1965.

[②] Henry Kissinger, *The Meaning of History: Reflection on Spengler, Toynbee and Kant*, undergraduate Honor Thesis, Harvard University Archives, 1950.

[③] Henry Kissinger, *A World Restored: Metternich, Castlereagh and the problems of Peace, 1812–1822*, Boston: Houghton Mifflin Company, 1957.

提供一个立刻的成果。半个多世纪前，当我们客观上还只是一个地区性国家时，我们的战略纵深和战略空间并没有给我们太多的余地和时间来思考外交决策的"道"。在那个时候，我们对立竿见影的"术"的需求是迫切的。但在今天，不论客观上中国是否已经成为一个世界性大国，只要中国拥有成为一个世界性大国的志向，那我们就必须从局促的"术"的习惯性痴迷中解脱出来，心平气和、志存高远地去思考"道"的问题。

第二，"国际政治"与"国内政治"的联系

基辛格的"道"与"术"为何受到冷热不均的对待，另一个因素是"道"总是要涉及核心价值观与意识形态的，有着种种"障碍"和重重"戒律"；而"术"却处在"安全"的技术层面上，更容易超脱地进行全面研究，研究者不必把精力花在"迂回"之上。基辛格作为被研究对象，在中国更多的是被放置在国际政治领域内，似乎基辛格的思想与国内政治是绝缘的。实际上，基辛格在哈佛大学上本科期间主修的课程是政府管理和哲学。[①] 他在求学期间所接受的最多的就是历史哲学和政治哲学的训练，他的主要学术著作的思维方式也大多源于此。因此，如果将基辛格的思想研究仅仅放置在国际政治的领域里，而不深入研究其对国内政治特别是政府决策机制的影响，戴着"白手套"远远地、"安全"地研究基辛格，是无法将基辛格研究深入下去的。

基辛格思想中最富有的矿床，不在于具体的战略，更不在于具体的政策，而是美国制定战略所基于的政治哲学的根本性的进化。表面上，基辛格改变的是美国所处的国际大环境，而根源上是因为基辛格改变了美国的外交决策方式。从1957年至今，国内对基辛格的研究重点一直都是他的外交思想与政策。然而，这些曾经被中国研究者无意忽略或有意过滤掉的基辛格对美国外交的建言和批评及其中体现的政治哲学思考，恰恰是对今天的中国外交体系而言最有价值的部分。罗伯特·舒尔茨辛格认为：评估基辛格所作贡献的一个较好的标准，或

---

① Walter Isaacson, *Kissinger: A Biography*, New York: Simon & Schuster, 1992, p. 61.

许应该是看他在多大程度上改变了美国人思考外交事务的方式、确立重点的方式以及全面看问题的能力。①

这种思维方式体现在基辛格的许多著作中。例如，1966年刊登在《达第勒斯》春季号（美国文学与科学学院第95卷第2期）上的论文《国内结构与对外政策》。在文章中，基辛格认为国内结构与对外政策是密切相关的。

有时候"国内结构不仅妨碍各国之间的相互谅解，而且还成为国际事务的重大问题之一。国内结构的需要决定了一个国家选择的概念。对外政策的象征性方面，随即掩盖了它的实质性的组成部分。这样就很难去考虑争端的是非曲直，因为，分歧最终并不在于一项特定的问题，而在于对国内结构所表达的一套完整信念"。②

不论人们对于在国际事务中作出选择的"客观程度"持什么看法，决策总是由个人作出的。这些个人首先意识到似乎存在着多种多样的选择。他们对选择的理解有赖于很多因素，其中包括他们得以升迁发迹的经历。形成领导集团至少有三种因素，即：他们得以升迁的经历；他们据以活动的结构；他们所属社会的信念。③

基辛格探讨了三种类型的领导集团：（1）官僚的和实用主义的类型；（2）意识形态的类型；（3）革命的和先知先觉的类型。中美建交之初，中国刚刚开始进行基辛格研究的时候，中国还没有建立完善成熟的官僚体系，当时的外交决策完全掌握在中国最高领导人的手中，具有高度的灵活性。当时中华人民共和国的第一代领导者拥有巨大的威望，其无可争议的合法性与个人魅力几乎完全引领着民众的思想并且几乎没有遇到舆论的掣肘。当时的中国外交决策方式，在基辛格看来属于"先知先觉——革命性的领导集团"。而基辛格任政府要职时

---

① 用某项外交政策能否保持长久性作为评判基辛格成就的标准是否合适呢？基辛格留下的最有益的教训就是要保持外交政策的连续性。如果美国对外部世界有着长久的兴趣，那么，指望某项单一的政策获得永久性成功是不现实的。参见 Robert D. Schulzinger, *Henry Kissinger: Doctor of Diplomacy*, New York: Columbia University Press, 1989, p. 252.

② ［美］亨利·基辛格：美国对外政策（论文三篇），上海人民出版社，1972年版，第2页。

③ 同上书，第15—16页。

的美国，已经是一个成熟的官僚化国家，又存在强大的独立的媒体力量。基辛格的文章探讨的是在这样一种高度官僚化的国家中，基于"官僚——实用主义型领导集团"①对僵化的外交决策进行改革。因此，由于当时中美两国国情的巨大差异，当时中国研究者略去基辛格国内政治的研究是合乎情理的。而现在，经过数十年的发展与改革，与中美建交时相比，中国的情况已发生了巨大的变化。中国的国内政治已经逐步走向成熟并取得长足进步。因此，在基辛格思想中，当时看来与我们无关的内容，现在恰恰拥有了新的价值和意义。作为基辛格研究者，如果将中国的国内政治体制与决策机制完全绝缘于基辛格研究之外，拒绝一切比较和思考，那么基辛格研究就失去了许多有价值的素材。

第三，基辛格的特殊身份造成的研究者情感上的束缚

（1）中国民众与学者的感情束缚

1971年基辛格秘密访华，打开了中美关系的大门。此后，他长期致力于中美关系并多次访华。在中美关系出现问题的时候，基辛格也常常扮演着特使和"解铃人"的角色。不仅如此，对于目前正成为中国学术的中坚的20世纪50—60年代出生的中国学者而言，基辛格推动中美建交也确实改变了他们的命运。在个人情感上，他们对基辛格有着深厚的感情。而对于生活水准大幅提高的中国普通国民而言，他们也或多或少的带有这样的感情。自1971年开始，基辛格先后70多次到中国，其中50多次是官方访问，20多次是私人访问。在中国的外交语汇中，有一个特殊的称谓"中国人民的老朋友"。检索1949年至今的《人民日报》，只有为数不多的外国人享有这样的荣誉，如萨马兰奇、基辛格等。2006年10月，北京大学授予了基辛格名誉博士学位。这一切表象的背后是这样一个事实：在中国，不论是名义上还是事实上，基辛格都被贴上了"知华派"的标签。在中国官方媒体口中，基辛格已经被建构成一个中国老一辈领导人的挚友和对中国友好

---

① ［美］亨利·基辛格：《美国对外政策（论文三篇）》，上海人民出版社，1972年版，第16页。

的人。按照中国的传统文化，接下来按照逻辑，就可以自然地得出这样一个结论，他是一个好人。当主流媒体千百次地称呼他为"中国人民的老朋友"之后，学术界对一个"好人"，对一个"朋友"的研究就必然是小心谨慎且困难重重的——因为，一旦颠覆这个"好人"甚至"伟人"的建构，那么这种责任是无法担负的，并且这给民众带来的思想上的混乱也可能是无法担负的。

对以上这个巨大的困难，一些研究者似乎并没有改变的勇气。这一点从中国国内关于基辛格的书籍中就可以看出来。目前国内有关基辛格的中文出版物有数十种，但其标题中就带有明显的情感倾向和预设的价值判断。如古越的《旷代智囊：智谋大师基辛格》（中原农民出版社，1997年版）；小晖编著的《外交大师——基辛格》（北京图书馆出版社，1997年版）；中共中央党校出版社的《基辛格：世界名人名家名传之政治家篇》[①]，等等。这种气息甚至蔓延到对有关基辛格的外文书籍的翻译上。例如1973年Stephen R. Graubard所著《Kissinger: Portrait of A Mind》在1974年上海人民出版社被翻译为《基辛格：一个智者的画像》，1992年Walter Isaacson所著《Kissinger: a biography》在2008年2月被国际文化出版公司修饰为《基辛格：大国博弈的背后》；就连我们最熟悉的基辛格著作《Diplomacy》，1998年在中国的译名都平添了一个"大"字。[②] 基辛格在中国的巨大声望和他对于中美建交的关键性作用，使得国内研究者既不愿抛弃又不能抛弃对基辛格的推崇之情。而作为研究者，其职责之一便是超越普通人的好恶爱憎，尽可能排除内心的情感偏向，作出独立客观的判断。

（2）美国民众与学者的感情束缚

从某种意义上说，美国人也很难进行客观的基辛格研究，他们对基辛格也同样带有浓重的感情色彩和价值判断。与中国研究者对基辛

[①] 中共中央党校出版社的这本《基辛格传》，实际为Stehen R. Graubard所著的《Kissinger: Portrait of A Mind》的中译本。全书的中文翻译与上海人民出版社1974年出版、复旦大学资本主义国家经济研究所翻译的《基辛格：一个智者的画像》完全相同，但该书未注明出处。

[②] ［美］基辛格著：《Diplomacy》［台］顾淑馨、林添贵译，《季辛吉：大外交》，台北智库出版社（台湾版），1998年1月版；《大外交》（大陆版），海南出版社，1998年1月版。

格的神化和膜拜相反,在美国学者中,充满了对基辛格标签化的负面道德评判。

在中国,造成对基辛格的"朋友"标签的根源,是基辛格的行为——他对中美建交的推动。而在美国,造成基辛格的"马基亚维利主义者"的标签的根源,也由于基辛格的行为——1969年他与尼克松命令 B-52 秘密轰炸柬埔寨,造成大量贫民伤亡;1970—1973年间,他参与策划推翻智利民选总统萨尔瓦多·阿连德(Salvador Allende);《权力的代价》一书中甚至暗示基辛格将越南和平谈判的敏感信息透露给尼克松而帮助其赢得了1968年的总统大选……更重要的是,基辛格所有这些行为,又都与尼克松有着千丝万缕的联系。而谈及尼克松,由于"水门事件",美国国内民众对他的评价基本上是趋于负面的。

基于以上事实,美国媒体对基辛格的记录片和采访几乎都是偏向于将其描绘成一个"缺乏道德感的政客"。专访中,记者总是讨好美国民众的心理需求,不停地用严厉的言辞追问基辛格关于秘密轰炸和平民伤亡的细节①。

而就算被公认为比较权威公允的1992年出版的《基辛格传》的作者沃尔特·艾萨克森(Walter Isaacson),② 在他的作品中,也站在美国式的"政治正确"的道德高地上,尽情弥漫对基辛格的道德审判③。

但是,由于过分忽视道义的地位,基辛格的实力现实主义步履蹒跚。尊重人权、国际法、民主制度及其他理想价值,这些是被视为美国外交政策历史基石的宝贵信仰,然而像秘密轰炸柬埔寨和河内、搞垮智利左翼政权,诸如此类的残暴行为,都是对美国奉为圭臬的价值观的无情践踏。基辛格作为政治家所面临的挫折和作为个体所遇到的

---

① 参见国家地理(National Geographic)纪录片:Kissinger;Historic Channel:Dr. K.

② Walter Isaacson,1952年出生于美国新奥尔良,毕业于哈佛大学并获得历史和文学学士学位,随后进入牛津大学获得哲学、政治、经济方面的文学硕士学位。《时代周刊》前主编,CNN 前董事长兼首席执行官。主要作品有《爱因斯坦:生活和宇宙》、《基辛格传记》、《富兰克林传》、《乔布斯传》。与别的基辛格传记作者相比,他个人已经身居要职并拥有一定社会声望,客观上有更优越的写作的物质基础。

③ Walter Isaacson, *Kissinger: A Biography*, New York: Simon & Schuster, 1992.

种种敌视，都源于他地缘战略的非道德性。

诉诸远大的目标并不能为不受欢迎的手段正名。想要争取一向具有孤立主义传统的美国民众的支持，必须抱有美国的一切行动都是道德的和高尚的这一信念。不论是发动战争还是抵制苏联霸权，美国都将其终极动因归结为对自身价值的捍卫——而非出于冷静的地缘战略利益的考量。①

美国学者也难于绝缘于美国民众的这种心理需求。克里斯多夫·希金斯（Christopher Hichens）的专著的题目直接就叫《审判基辛格》，书中甚至使用了"战争罪犯"这样的措辞；② 罗伯特·舒尔茨辛格（Robert D. Schulzinger）写道，由于基辛格无视其他国家内部发生的事情，他的远见卓识也因此显得暗淡无光。他对跨国活动、对经济问题、对道德问题、对人权问题、对贫穷国家的命运问题统统不感兴趣，这使得人们指责他的理论不过是19世纪的陈词滥调而已。他对智利和安哥拉革命所持的态度更使人们相信他不关心其他国家人民的感受。他背弃了美国人民所珍重的道德观念。③

另一些美国学者则用一种更加隐晦且看似更加公允的方式，将基辛格比喻为克莱门斯·梅特涅（Klemens Wenzel von Metternich），以试图用一种带有贬义的标签来标识和建构基辛格。基辛格哈佛的朋友斯蒂芬·格劳巴德（Stephen R Graubard）在他的书中陈述了这种现象。④

许多人爱叙述基辛格对19世纪政治家才能（statecraft）的看法，而对基辛格实际上所讲的却知之甚少。对于为什么基辛格被认为是"喜欢"梅特涅和俾斯麦的，以及为什么这两个人物都是他心目中的英雄，存在着各种各样不符合实际的误解和刻意的曲解。包含这种曲

---

① 这段引文足以说明，Walter Isaacson作品的预设读者群是普通的民众。研究者应该超越这些难以逾越的必要的政治倾向，在更广阔的历史时空中进行探究，以更自由的心灵去接近更深刻的人类智慧。人类的进步总是需要一些人跨越自诩的高尚，去接近真正的更深远的真实和高尚。
② Christopher Hichens, *The Trial of Henry Kissinger*, London：Verso, 2011.
③ Robert D. Schulzinger, *Henry Kissinger：Doctor of Diplomacy*. New York：Columbia University Press，1989.
④ Stephen Graubard, *Kissinger：Portrait of a mind*, New York：W. W. Norton & Company, 1973.

解的基辛格评述的数量甚至占了大多数。事实上，基辛格的《重建的世界：梅特涅、卡斯尔雷与和平问题，1812—1822》和《大外交》都非常清晰而详尽地阐述了他对梅特涅的看法。而对于俾斯麦，基辛格原本想以此为题作为博士论文，并有一篇35页的论文阐述。

为什么会有这么多的曲解呢？这是因为许多用"梅特涅和俾斯麦式的人物"这类字眼来解释基辛格观点的人，对基辛格的历史评价不感兴趣，他们只关心他的政治活动和他为之效劳的总体的政治活动。当他们使用诸如"现实政治"这种稍微含有贬义的名词时，他们想说明基辛格同19世纪统治德国和奥地利的"反动独裁者"在思想意识上非常接近。

美国国内对基辛格这种标签化的另一个根源是"基辛格是美国国内政治的一个参与者"，党派利益与选举政治为美国的基辛格研究增添了更为复杂的因素。沃伦·纳特（Warren Nutter）的《基辛格的总构想》是最典型的例子。[①] 这是美国企业研究所（AEI）于1975年10月出版的一份研究报告。作者沃伦·纳特曾在尼克松政府中担任助理国防部长，负责国际安全事务。这份报告抨击了基辛格对苏联的"缓和"政策，认为这种政策有可能导致西方士气瓦解。美国前国防部长梅尔文·莱尔德（Melvin Laird）为此报告写序，以示支持。这个报告出版后，美国报刊认为，这是美国前国防部官员对基辛格的"缓和"政策提出的"不断升级的挑战中最强烈的一次"。这份报告的主要特点是"以子之矛，攻子之盾"，把基辛格上台前后的对外政策思想进行对比，指出基辛格在对苏政策的一系列重大问题上"抛弃了他先前的信念"。用作者沃伦·纳特的话来说，"作为官员的基辛格，再也找不到一个比作为学者的基辛格对他自己的缓和政策批评得更为严厉的人了"。[②] 除了这份研究报告，另一个例子更加直接。民主党候选人吉

[①] Warren Nutter, *Kissinger's Grand Design*, American Enterprise Institute for Public Policy Research, Washington D. C.：1975.

[②] 1976年3月，商务印书馆翻译了这份报告，8月内部发行，以上评述摘自商务印书馆中译本的出版说明。值得注意的是，基辛格的对苏缓和政策，在当时是不利于中国国家利益的，也是遭到中国反对的。这份报告的出版正说明了中国的基辛格研究的选择性、实用性和功利性。这篇报告对基辛格的分析存在偏颇之处，本书将在以后的章节中加以讨论。

米·卡特在1976年竞选总统时，严厉谴责基辛格的"秘密外交"违背了美国的利益。这个例子可以佐证，在美国的党派竞争中，将基辛格标签化地建构为一个笃信"现实政治"的"马基雅维利主义者"，并表现出对他的"厌恶"，是有动因的，也是有收益的。

与此同时，在美国也存在着对基辛格的另一种不客观认识。由美国人撰写的基辛格传记中，不少是写于基辛格在政府担任要职期间或前后。在基辛格的事业处于巅峰的时刻，美国民众渴望知道更多有关这位超级政治明星"Super K"的事情。如20世纪70年代，1974年8月在美国出版的马文·卡尔布（Marvin L. Kalb）和伯纳德·卡尔布（Bernard Kalb）① 的《基辛格传》② 和查尔斯·阿什曼（Charles R. Ashman）的《基辛格：一个超级德国佬的冒险经历》。③ 对一位身居要职（可能是最全美国最重要的职位）的官员在职期间所作的传记的公允性是值得存疑的。

(3) "情感束缚"产生的根源

基辛格研究必须尽可能地抛开情感因素的束缚。带着或褒或贬的浓厚的道德判断和目的，无助于得出有价值的信息。再进一步，在对基辛格思想进行研究时，除了批评与赞扬，能否可以找到一种新的评价方式来获取更有效的信息？

努力抛开感情因素，仅仅是表面上解决这个问题的方法。要根本性地解决问题，就必须找到"情感束缚"问题产生的根源。那就是，"面向民众的舆论引导"与关乎国家利益的"战略研究"之间缺乏严格的边界，这导致"舆论引导"的需要成为"战略研究"的障碍。虽然民众的认识不可能与战略研究者达到一样的水平，但至少应该朝着更客观、更科学的方向引领民众的认知，从而尽可能地缩小"面向民众的舆论引导"与"客观的战略研究"之间的鸿沟。

---

① 作者卡尔布兄弟与基辛格关系密切，二人均为美国哥伦比亚广播公司的新闻记者。马文·卡尔布是美国对外关系协会成员，曾随基辛格访问中国、苏联和中东，伯纳德·卡尔布于1972年曾随尼克松访华。

② Kalb, Marvin, Bernard Kalb, *Kissinger*, Boston: Little, Brown & Company, 1974.

③ Charles R. Ashman, *Kissinger: the adventures of super-kraut*, New York: Lyle Stuart Inc, 1974.

在1957年出版的《重建的世界：梅特涅、卡斯尔雷与和平问题，1812—1822》一书中，基辛格写道：

政治家必须是教育家，他必须填补本国人民和他的设想之间、本国的传统与其未来之间的巨大鸿沟。一个政治家将政策局限于人民的经验将由于缺乏创见而失败。①

而最坏的结果是苏联曾经的做法。因为民众认知与战略研究之间存在鸿沟，所以政府就朝着某个更容易掩盖争议的方向引导民众的认知，以暂时掩盖这种鸿沟。但久而久之，政府的真实想法和其对民众的宣传之间的背离越来越大。最后，对民众的宣传建构反倒成了政府自身执行政策的障碍。

第四，研究方法的束缚

"工欲善其事，必先利其器"。用什么样的方法来研究基辛格是着手研究基辛格所面临的重要问题。然而，国内目前的基辛格研究似乎很少有人讨论这个问题。目前的基辛格研究存在两大问题：一是采用不合适的坐标系和参照物；二是研究目的仅仅是为了得到一个"混合物"。

（1）坐标系与参照物

我们可以在各种各样的坐标系中定位基辛格，也可以用五花八门的标准去评判基辛格。然而，在怎样的坐标系中定位基辛格、用怎样的参照物来评判基辛格会更有意义呢？

每一个研究者都有自己的领域，而从广义上讲，所有研究者本身又都从属于某个"学术领域"。于是在基辛格研究中就出现这样一种倾向——那就是研究者缺乏对基辛格思想的特性的分析，不谋求寻找一个有针对性的坐标系，而是就近、采用纯学术的评判标准，或者更进一步地只采取自己所熟悉的领域的纯学术性的标准来开展研究。

这样，问题就出现了。如果我们用纯学术的方法来判断一个实践者，具体而言，用法理学的标准来评价一位律师，或者用病理学的标

---

① Henry Kissinger, *A World Restored: Metternich, Castlereagh and the Problems of Peace, 1812-1822*, Boston: Houghton Mifflin Company, 1957, p.329.

准来定位一位医生,能否得到有用价值的信息?作为实践者的基辛格的思想,适合纯学术的坐标体系吗?

事实上,一些基辛格研究者已经清晰地意识到,用传统意义上的纯学术框架所提供的评判标准并不适合研究基辛格思想。斯坦利·霍夫曼认为:基辛格"真正的原创性在其他方面:在于一种新古典主义和新浪漫主义的奇怪结合。对于这两者,我们必须回到他那部发人深省的著作《重建的世界:梅特涅、卡斯尔雷与和平问题(1812—1822)》。在他同时代的人当中,基辛格是非常独特的,他试图将过去(的历史)作为世界政治的规范模型而不仅仅将之视为历史或现在的前奏"。① 基辛格的另一位哈佛同事史蒂芬·格劳巴德的观点更为明确,他认为基辛格不是按照传统的历史研究的方法写作的,他只是利用了哈佛威德纳图书馆的资料,而不像查尔斯·韦伯斯特爵士那样,在坐下来论述卡斯尔雷之前查遍了伦敦、维也纳、列宁格勒、汉诺威和巴黎的档案馆。对于基辛格来说,威德纳图书馆的资料已经足够多了,因为基辛格并非旨在探寻历史细节的真实,而是以这段历史作为素材将政治家们的才能作为一门艺术进行研究。

而在国内的基辛格研究学者中,龚洪烈教授在《基辛格的外交思想与战略》一书,也已经意识到,以纯学理的视角和方法来研究基辛格似乎存在某种不合理,他在引论"基辛格理论的政策学倾向:为行动的理论"中认为:"基辛格的学术研究的旨趣就在于强烈的现实关注,他并不寻求建立严密的理论体系,而是试图为现实外交决策提供政策指南。在这样一种学术旨趣的引领之下,政策学研究就成为基辛格研究的根本目标所在,历史研究则服务于政策学研究。因此,基辛格历史研究的直接目的是为现实政策提供可借鉴的经验教训,寻求历史的真实性并不是基辛格的研究旨趣所在。"

但是作为一个以历史学为专业背景的学者,在意识到用纯学术的标准去评判一位政治人物可能不合适后,他仍然情不自禁地迅速进入

---

① Stanley Hoffmann, *Primacy of World Order: American Foreign Policy since the cold war*, New York: McGraw-Hill Book Company, 1978, p. 37.

自己的历史学"主场",用自己所擅长的历史学的专业视角去评价基辛格。他写道:"将基辛格提出的这个'类比法'概念应用到历史认识中也许无可非议,但如果运用到历史研究中,其可靠性就非常令人生疑了。因为历史研究最基本的目标是追求历史的真实,它所表达的目标是寻求事物的独特性,类比法的使用很可能导致裁剪历史的研究倾向。因此,从寻求历史的真实这一意义上来说,基辛格的历史研究很难说是专业的历史研究。"①

在美国,有更多的学者持龚洪烈的这一观点。外交史家保罗·施耐德(Paul Schneider)尖锐地批评基辛格的历史研究方法。他认为《大外交》和《重建的世界:梅特涅、卡斯尔雷与和平问题(1812—1822)》研究的可靠性是令人不放心的,许多重要的文献没有纳入基辛格的视野。基辛格的历史研究非常的不充分。基辛格对历史的研究是典型的范例历史,即通过事例来说明历史。保罗·施耐德怀疑,"基辛格是否认真地希望从历史本身中获得教益"。②

以上这些学者凭借他们扎实的在某个学术领域的纯学术的知识,一眼就可以看出基辛格思想研究中方法的不专业和非科班。但他们满足于这种发现,并以此为由停止了对基辛格思想的实质的探究。

然而,基辛格并不是一位历史学家,甚至并无旨趣成为一个学术从业人员。"基辛格当时是否想成为研究梅特涅式外交的唯一的美国专家呢?不,他对此毫无兴趣。开辟一个学术领域,然后把这个领域作为非我莫属的领地,这对他是没有多大吸引力的。"③从某种意义上说,基辛格只是借用历史和历史人物阐述他对现世的观点。斯蒂芬·R. 格劳巴德(Stephen R Graubard)写道:"后来他才获悉国内有些专职研究人员把他看作是一个普及推广者——在学术界里这是一个骂人的词语。虽然这些人在这个课题上确实称得上是有专长,基辛格与他

---

① 龚洪烈:《基辛格的外交思想与战略》,南京大学出版社,2009年版,第9页。
② Paul W. Schroeder, "Can Diplomatic History Guide Foreign Policy?", *The International History Review*, Vol. XVIII, No. 2, May 1996.
③ Stephen Graubard, *Kissinger: Portrait of a mind*, New York: W. W. Norton & Company, 1973, p. 43.

们比较之下似乎显得浅薄一些,但基辛格从来不想效仿他们。他对自己的做法信心百倍,认为不必要去照抄别人的更为深奥的阐述。他不想让狭窄的专业兴趣把自己束缚住。基辛格写文章绝不单纯是为了直率地记录事实,他所关心的总是对政策施加影响。"[1]

除了历史学,单单用其他某一项学科的规范和评价方法来判断基辛格是不适合的。因为,恰恰正是这种"纯学术"的视野,限制了我们用更丰富的宽广的手段来接近基辛格思想的本质。

(2) 有机体系还是分类罗列

基辛格的《大外交》和国内很多的国际关系史所研究的是同一段历史,所探讨的是同一群人。然而诸多的国际关系史展示给读者的是一个个割裂的历史事件的描述,虽然充满了详尽的描述与数据,却还是无法让人感受整体历史的来龙去脉,无法帮助人获得一种前因后果的脉络和价值诉求。这种类型的著作类似知识的"混合物",而不是知识的"化合物"。这就类似于石头与水的混合——石头与水是表象的物理层面的混合,混合的产物是"盛有石头的水"——并不是一种真正意义上的新物质;而要获得真正意义上的崭新物质,其过程应该类似氢与氧的化合——氢气与氧气的化合是内在的分子层面的结合,化合得到产物不是"氢气加氧气",而是全新的物质——水。

到目前为止,国内的研究基辛格的著作还都是混合物——也就是将基辛格几乎各个领域的思想(包括世界观、外交思想、策略思想等)进行分门别类的罗列。这种罗列的成果是一个包罗万象的较为完整的谱系,但却是一个无机的谱系,是一种"基辛格思想的混合物"。

"混合物"面临的一个无法回避的问题,那就是使"罗列"具有某种价值的一个前提是,"罗列"的对象要尽可能的齐全、完整。这就好比,你必须搜集所有的常见药材才能开设一间中药铺子。然而,学者虽然可以尽可能地阅读与基辛格有关的全部文字资料,却无法亲身经历基辛格所经历的外交决策,也不可能完全阅读基辛格思想之所

---

[1] Stephen Graubard, *Kissinger: Portrait of a mind*, New York: W. W. Norton & Company, 1973, pp. 13–14.

以形成的所有全部知识（包括哲学、宗教、历史等）。那么在缺乏完整性的前提下，罗列的结果的价值有多大？既然缺乏深度加工，又是不完全的罗列，那么这种罗列的研究成果与一个文摘式的"排版工"编辑一本《基辛格全集》相比，有何不同？[①]

不可否认，混合物和化合物同样具有意义，针对不同的需求，可以提供不同的价值。但如果仅有混合物而不产生化合物，那将失去平衡。如果我们把整个人类思想的进步历程比喻成一个花园，那么为达到花园的生态平衡，就必须有光合作用——在可见光的照射下，绿色植物利用叶绿素将二氧化碳和水转化为淀粉并释放出氧气。基辛格思想的"化合物"，必须将基辛格思想中的"二氧化碳"和"水"消化吸收重组才能得到。而这个过程，就必然是一种偏哲学的过程，并且将不可避免地带有浓重的主观色彩。

"混合物"与"化合物"对材料的索取方法也是完全不同的。一个"包罗万象的混合物"追求的是齐全，也就是不放过任何有关基辛格的著作、档案、评论、书籍等，在这个过程中，基辛格像老师，主导了整个研究的步骤和逻辑，研究者像学生，老师曾经说了什么学生就必须记录下来。与之相反，一个"崭新的化合物"的取得过程，类似于法官接触证人的过程。研究者本人是法官，是主导者，可以能动地根据自己的目的、诉求来占有材料，研究者并不苛求材料的面面俱到，但却自始至终按自己的感悟与直觉把握着研究的节奏和方向，最终创造性地将作为外物的基辛格思想内化，以自己的逻辑将基辛格思想打碎重组成一个有灵魂的崭新的有机系统。康德在《纯粹理性批判》中就有过这样的陈述，他认为理性接触自然的方法决不能是学生接触老师的方法，老师说什么学生就听什么。理性接触自然的方法，应该是法官接触证人的方法。法官要求证人回答他提出的问题，而这

---

① 如果进一步探讨下去，我们会发现目前国内基辛格研究的生态恰恰就是《基辛格全集》式的——综上所述，由于存在"感想束缚"、"功利主义束缚"和"意识形态束缚"，中国研究者似乎形成了一种默契，那就是，基辛格的几乎所有主要著作在国内都可以通过图书馆或书店方便地取得，而且其中的大多数都被翻译成中文。各研究者如有需要，可以独自研读。但是，除了发表"罗列"式成果，别的成果基本不发表或无法发表，仅作为个人思考。

些问题是法官自己认为应该提出的问题。

为什么目前我们只产生"基辛格思想的混合物",而难以产生"基辛格思想的化合物"?更深层次的原因在于缺乏研究的目的。

提高健康水平的目的催生了医学,建造桥梁的目的创立了工程学,人们消除政体中恶疾的愿望激励和促使他们建立了政治学,"为思想而思想的做法实属反常,而且不会有什么结果,就像守财奴为敛财而敛财一样"。① 对基辛格进行研究的目的,应该是"资治",应该是有志于改进中国的外交实践。当我们斩钉截铁地定义一个人是"中国人民的老朋友"之后,对他的研究也就暂时终止了。因此,基辛格研究的重启,只有在中国社会走向多元、舆论走向自由、思想走向开放、民众走向成熟之后才可能重启。非常幸运,新的通讯技术加速了这个过程。今天这种重启的条件已经具备。②

三、研究方法和结构安排

由于国内对基辛格外交思想的理论层面的研究并不多,这为笔者留下了很大的研究空间。本书以基辛格外交思想的本体论为突破,尝试着寻找一条贯穿始终的基辛格主要外交思想的价值线索,绘制基辛格主要外交思想的有机体系结构,并例举基辛格对具体国际局势的看法和政策,检验其中包含的基辛格政治哲学的基本价值。

本书主要采用以下研究方法:

第一,本书借鉴国际关系理论界几大范式的既有成果。在国际关系理论界几次著名论战的理论成果之上,以现实主义理论的几个公认的基本假设来检验基辛格的理论,并将新的理论范式(如新自由主义和建构主义)对现实主义的主要突破与贡献来检验基辛格的外交思想,从而得出基辛格外交思想在国际关系理论各范式光谱中的更精确

---

① [英]爱德华·卡尔著,秦亚青译:《20 年危机(1919—1939):国际关系研究导论》,世界知识出版社,2005 年版,第 4 页。

② 近几年,互联网加速了中国社会的成熟与多元,这也解释了为何中国第一本基辛格研究专著直到 2005 年才出现。

的相对位置。

第二，本书运用了比较研究的方法。比较了基辛格突破物质性权力内核，注重观念因素的外交思想，根据罗伯特·杰维斯在其《国际政治中的知觉与错误知觉》等著作中提出的从决策者个体心理的微观层次上分析国际关系理论的区别与联系。

第三，本书注重对基辛格本人学术原著的分析。较为全面地涵盖了基辛格在哈佛大学攻读学位期间、在哈佛大学任教期间、在白宫工作期间、离开白宫之后的几乎所有学术原著。并包括了中美基辛格研究者为他撰写的大部分传记和评述。

第四，本书采取了访谈的重要形式，访谈了与基辛格关系较为密切的一些美国人士和重要学者。分别在上海国际问题研究院访谈了尼克松的外孙克里斯多夫·尼克松·考克斯（Christopher Nixon Cox）、美国时任驻华大使芮效俭（J. Stapleton Roy）、哈佛大学国际法教授费尔德曼（Noah Feldman），在南京大学－约翰斯·霍普金斯大学中美文化研究中心访谈了著名学者季北慈（Bates Gill）等。

依据以上研究目标和研究方法，本书分为，第一章绪论、第二章、第三章、第四章、第五章和第六章结论。

第一章：绪论。主要包括问题的缘起和研究意义、国内外基辛格研究的现状及其局限、本书的研究目标及研究方法、本文的结构安排、本文的创新与局限。

第二章：基辛格外交思想的现实主义定位及其检验。首先，笔者梳理和总结了国内外既有研究对基辛格外交思想的评价与定位。大部分国际关系理论方面的著作与论文，都将基辛格外交思想归为现实主义理论。其中有相当部分将基辛格与汉斯·摩根索等一同视作国际关系现实主义理论的代表人物。然而，在这些学术著作中对基辛格外交思想为何被归为现实主义理论，没有提供充分和有说服力力的论证。

其次，笔者借用国际关系理论界关于现实主义的本质特征的共识，对基辛格外交思想进行检验。国际关系理论的现实主义的理论硬核是其物质本体论，由物质本体论衍生出现实主义的基本假说：单一国家假说和理性国家假说。这几个假说被公认为是各种不同范式的现实主义共同有的"原教旨"。经过分析发现，基辛格的思想并不符合这两个假说，因此基辛格也并不完全囿于物质本体论。由此本书分析认为：国际关系的现实主义理论并不能完全涵盖基辛格外交思想。

第三章：基辛格外交思想再定位。首先，将基辛格外交思想与观念本体论的建构主义相比较。在比较分析中，笔者认为基辛格外交思想与建构主义有许多相似之处，甚至得出了与建构主义非常相似的结论。但基辛格的外交思想与建构主义也并不完全重合，其外交思想实际是处于现实主义与建构主义二者之间。近几年国际政治理论学术界讨论的热点是现实主义与建构主义的互相融合。塞缪尔·巴金（Samuel Barkin）等学者提出了现实建构主义（Realist Constructivism）等新的理论，他的著作《现实建构主义：重新思考国际关系理论》对这一问题进行了深入的探讨。但作为实践者的基辛格，其实早在数十年前就形成了一种跨越现实主义与建构主义的独特的外交思想，这种思想的核心是选择性双重本体论。

其次，在这一章中，笔者尝试着总结归纳出基辛格外交思想贯穿始终的"活的灵魂"——选择性双重本体论。与典型的现实主义国际关系理论强调物质本体论，和典型的建构主义国际关系理论强调观念本体论不同，基辛格的外交思想并不是一个封闭的系统。他认为，第一，国际政治的本体并不是一元的，并非仅强调物质本体或观念本体，物质与观念共同存在；第二，这两个本体中，哪一个更具有决定性也并不是固定不变的，而是随着人类技术的发展而变化。在基辛格所处的时代，核武器和运载系统的发展使得物质权力的竞争面临某种限制，而通讯技术为人类意识的沟通消除了物质障碍，在这样的崭新现实之下，在这一时期的国际政治中起着决定性作用的不再是改变物质权力，而是改变对方的意识。

再次，在这一章中，笔者尝试着绘制基辛格外交思想的有机体系。在选择性双重本体论的基础上，基辛格主要的外交思想可以分为国际和国内两大部分。国际部分，他认为他所处的时代外交思想的关键是构建对方的观念；国内部分，他认为制定外交政策的关键是不受官僚体制以及新的通讯技术下的国内媒体、民众态度等因素的影响，实现自己的对外政策。

第四章：基辛格外交思想实践：不变的本质。在这章中，检验基辛格具体外交政策是否符合选择性双重本体论。通过分析，笔者认为，基辛格的对苏政策，从有限战争到缓和政策，一直贯穿着不变的本质，那就是改变苏联的意志；基辛格的对华政策，有一个基本立足点，那就是始终立足于"中国行为的根源"；第三节，基辛格在越南战争中的政策的本质，是将这场战争看作一场超越物质的人心之争。

第五章：基辛格外交思想溯源：时代、人生、学术。在这一章中，反思既有研究中"基辛格的现实主义根源"，对基辛格外交思想进行重新溯源，修正一些模糊和偏颇的观点。第一，基辛格所处时代的人类科学技术现状是最大的外部因素，核武器与现代通讯改变了人类的现实，基辛格强调意志作用的外交思想的产生，是对这种现实的适应；第二，既有学术成果中，有相当数量的学者将基辛格青少年时期苦难的人生经历作为其信奉现实主义的原因。本节通过历史资料，还原一个更为客观的基辛格的成长环境；第三，从基辛格个人的哲学观入手，从他对康德、汤因比、斯宾格勒等思想家，以及梅特涅、卡斯尔雷、俾斯麦等政治家的评价中，寻找基辛格外交思想偏重观念力量的原因。

第六章：结论。总结了全书的主要观点，并延展了本书的实践意义。人类历史上大国的崛起往往伴随着冲突与战争。中国和美国作为当今世界上的两支重要力量，在共同发展中面临这一困境。基辛格外交思想为这一困境的解决提供了不同的视角——在核武器与现代通讯的时代，人类社会的基本物质前提已经发生了根本的变化，意志的力量有着前所未有的活动空间。中美两国应该立足于这个时代人类技术的崭新现实，发挥人类伟大意志的力量，超越既往历史中大国兴衰伴随的冲突和战争。

四、研究的创新与局限

本书并不致力于完成一份更全面详尽的"基辛格全集"或"基辛格百科全书"。在学术界前辈既有研究成果的基础上，本书试图梳理出一条基辛格外交思想的"活的灵魂",给予基辛格思想更精确的定位。

第一,敢于对既有的"基辛格是现实主义理论代表人物"这一论断提出质疑,并尝试着设计出一套理论方法来重新检验基辛格的外交思想,这在国内学术领域并不多见。

第二,通过对国际关系理论中的主要范式进行较为深入的理解,探索其理论硬核与本质,并在此基础上,尝试为基辛格外交思想在国际关系理论的光谱上做出更为精确的定位。

第三,基辛格本人并不致力于构建系统化的理论体系,因此他的外交思想是以几个重要部分的形式分列呈现的,他本人并未提供这几部分的内在关系,国内学术界也鲜有涉足。本书尝试着以基辛格外交思想的价值核心为主线,将基辛格外交思想中的主要部分消化吸收,探索出其中的内在逻辑,并尝试着绘制一幅基辛格外交思想的有机谱系,这有利于在整体上把握基辛格外交思想的本质。

第四,在实践意义上,国内学者大多从中国的视角,为中美新型大国关系寻找理论依据,本书尝试着从基辛格这位美方外交理论者与实践者的视角寻找理论依据。

第五,在研究方法上,本书采取了访谈的重要形式,访谈了与基辛格关系较为密切的一些美国人士和重要学者。分别在上海国际问题研究院访谈了尼克松的外孙克里斯多夫·尼克松·考克斯(Christopher Nixon Cox)、美国前任驻华大使芮效俭(J. Stapleton Roy)、哈佛大学国际法教授费尔德曼(Noah Feldman),在南京大学-约翰斯·霍普金斯中美文化研究中心访谈了著名学者季北慈(Bates Gill)等。

为基辛格研究寻找一个合适的方法直接关系到研究的结果。诚然,我们目前仍然无法找到一个完美的方法来接近基辛格思想的本质。其实基辛格本人在研究卡斯尔雷、梅特涅和俾斯麦的时候,也遇到类似的困惑。那我们不妨暂时就采用基辛格研究历史的方法来研究基辛格的思想。这种方法很难具象化,但至少包含两个原则:第一,采取更广阔的坐标系;第二,研究的目标产物是"基辛格思想的化合物"。同时,我们也不应回避,这种研究方法的缺点是具有一定的主观性。

由于本书试图完成的研究任务是艰巨的，所需理论功底存在许多不足之处，很多论证是实验性的。本书还包含着对国内基辛格研究的学术前辈的成果的一些探讨，其中许多稚嫩的观点与前辈们不尽相同，研究方法也有所不同。但是向学术前辈们研究成果致敬的最好方式，并不是完全赞同他们的观点和方法，而是在他们研究成果的帮助下，推进对基辛格外交思想的认识。爱因斯坦的相对论打破了经典力学，但这恰恰是对牛顿最崇高的致敬，而且这永远无法改变爱因斯坦是站在牛顿的巨人之肩这一事实。

第二章　基辛格外交思想的现实主义定位及其检验

学术界有相当部分学者认为基辛格外交思想是现实主义的。例如在《争论中的国际关系理论》中，编著者詹姆斯·多尔蒂和小罗伯特·普法尔茨格拉芙直接将基辛格作为现实主义思想的代表人物，文章写道："根植于历史和政治思想传统的现实主义理论假设，在下面这些学者的著作中备受推崇，他们包括新教神学家莱茵霍尔德·尼布尔，外交家兼外交政策设计者和外交历史学家的乔治·凯南，地缘政治学家尼古拉斯·斯拜克曼，决策者兼历史学家和战略分析家亨利·基辛格，政治学家和地缘政治的研究者罗伯特·斯特拉斯·霍普，以及现实主义理论的创始人汉斯·摩根索";[①] "（有学者）运用摩根索、谢林、凯南、沃尔兹、基辛格、伊诺·门斯奎塔以及拉尔门等古典现实主义和新现实主义（结构现实主义）的理论来支持这些模型";[②] "亨利·基辛格的观点反映了现实主义的地缘政治观"[③]。而在沃尔特·艾萨克森的《基辛格传》一书的序言"基辛格的现实主义和当今的理想主义"中，他认为："基辛格的现实主义，在20世纪70年代成功打造了一个稳定的框架，却没有维持到政治范围的终结。在一个民主政权里，他的现实主义和保守国际关系的情绪并不和谐，这也导致

[①] ［美］詹姆斯·多尔蒂著，阎学通等译：《争论中的国际关系理论》，世界知识出版社，2003年版，第81页。

[②] 同上书，第614页。

[③] 同上书，第77页。

了不正常的一些秘密行动。"① 在结尾一章"基辛格的政治遗产"中,他又写道:"基辛格在国际事务上强调权力政治的欧式哲学,源于他的出身和背景。"② "但是由于过分忽视道义的地位,基辛格的实力现实主义步履蹒跚。尊重人权、国际法、民主制度及其他理想价值,这些是被视为是美国外交政策基石的宝贵信仰,然而像秘密轰炸柬埔寨和河内、搞垮智利左翼政权,诸如此类的残暴行为,都是对美国奉为圭臬的价值观的无情践踏。基辛格作为政治家所面临的挫折和作为个体所遇到的种种敌视都源于他地缘政治的非道德性。"③

但是如果想进一步在这些国际关系理论的著作中,详细地探究为什么基辛格的外交思想被定位成"现实主义"的,除了反复强调柬埔寨轰炸和搞垮阿连德政权外,却很难找到充分详细的答案。例如在《争论中的国际关系理论》中,全书20处提到基辛格的地方,④ 都没有详细解释原因。

为此有必要对基辛格的外交思想进行梳理和定位。这种梳理和定位,科学的流程应该是用各种主流的国际关系理论的标准,来衡量基辛格的思想,在这个过程中研究基辛格的主要外交思想更接近哪种国际关系理论。相反,如果先预设基辛格的外交思想就是某种现实主义的,然后再以这种先验的观念在基辛格思想中寻求符合条件的素材,这种研究方法是难以获得有价值的结论的。

第一节 现实主义的主要范式

托克维尔也曾说过"有多少道德体系和政治体系经历了被发现、被忘却、被重新发现、被再次忘却、过了不久又被发现……这样一连

---

① Isaacson, Walter, *Kissinger*, *A Biography*, New York: Simon & Schuster, 1992, IV.
② Ibid., p. 570.
③ Ibid., p. 573.
④ [美] 詹姆斯·多尔蒂著,阎学通等译:《争论中的国际关系理论》,世界知识出版社,2003年版,第738页。

串过程,而每一次被发现都给世界带来魅力和惊奇,好像它们是全新的,充满了智慧。之所以会如此,并不是由于人类精神的多产,而是由于人类的无知。这种情况简直令人难以置信。"① 在浩瀚的知识宇宙中,当一种理论以新的形式再次出现的时候,拥有种种局限的人类很容易迷失方向。在对待知识的方面,为了方便认知,人们常常会把某种思想"意识形态化"(也就是道德美化或道德矮化)。而与此同时,伴随着将这种思想"意识形态化"的另一种常见做法是将其"简单化"。戴维·鲍德温(David Baldwin)在《新现实主义和新自由主义》中认为:"当我们谈及'现实主义'的时候,我们往往和谈论'乌托邦主义'一样,带有强烈的道德评判色彩,因此往往不是理性的评价,而是夸大其词",② 有为数不少的研究者主要从主观愿望出发来看待这个世界,他们经常使用"自由(Liberal)"、"新自由(neoliberal)"等术语,给被研究的思想贴上不准确的标签。这些道德标签给研究带来的往往是思想束缚,而不是启发。

一、现实主义的三种不同含义

在讨论开始之前,有必要先对现实主义的范围和含义进行界定。"现实主义"这个词在与基辛格的外交思想或是其本人发生联系的时候,至少拥有以下三种不同的含义,这三种含义的领域、层次是不同的。

(一)第一种含义:表达一种道德评判

在某些语境中,"现实主义"和"现实主义者"是一种带有强烈感情色彩和道德批判的词,其含义接近于不顾道德的和不择手段的。例如在沃尔特·艾萨克森(Walter Isaacson)1992 年出版的《基辛格

---

① 王义桅:"国际关系的理论性",《世界经济与政治》,2007 年第 4 期。
② David A. Boldwin, "Neoliberalism, Neorealism, and World Politics," in David A. Boldwin, ed., *Neorealism and Neoliberalism: The Contemporary Debate*, New York: Columbia University Press, 1993, pp. 9–10.

传》中他写道:"基辛格的现实主义的第三个特点是,他可没有兴趣支持独裁国家的民主力量和人权运动。比起对付欧洲那些一团乱麻的民主国家和以色列,他对付起强权者来总是得心应手,诸如勃列日涅夫、中国人、伊朗国王、阿萨德还有萨达特。基辛格在白宫任职期间和卸任后,都反对那些道德积极分子们的远大抱负,这些人希望美国促使苏联、中国、巴基斯坦和伊朗推行民主改革。在1971年的一次国务院外交讨论会上,许多负责外交事务的官员要求美国政府向巴基斯坦施加压力。但基辛格对此表现出强硬的态度,他始终坚持认为巴基斯坦有权管理自己国家内部的事务。除此之外,还有另一个相似的情境,中国在1989年春夏之交发生的"政治风波"之后,当许多美国政府官员严厉地抨击中国内政的时候,基辛格仍然坚持了他的观点。他对此保留自己的态度。"①

在这样的语境中,用以评价基辛格的"现实主义"的不是学术概念。这里的"现实主义"是作为道德评判的"理想主义"的反义词出现的,而"理想主义"并不是一个严谨的国际关系理论的范式,是否支持民主和人权运动也不是一种学术判断标准。因此,这种类型的"基辛格是现实主义"的论断,不在本书讨论范围。

(二) 第二种含义:泛指对乌托邦主义的超越

在某些语境中,"现实主义"泛指所有相对于乌托邦主义的超越。例如:《世界经济与政治》杂志主编王逸舟在1998年《美国研究》第1期发表的《试析国际政治学的美国重心》中写道:"是美国的威尔逊理想主义,造就了第一阶段的'乌托邦'特征。是摩根索、凯南和基辛格等人的现实主义研究改变了这种面貌。"②

在这样的语境下,现实主义的含义是开放的和不确定的,不具有讨论的意义,因为几乎没有人会反对"基辛格是超越乌托邦主义的"。实际上,基辛格在评价梅特涅时使用"现实主义"一词也是相同的含

---

① Isaacson *Walter*, *Kissinger*, *A Biography*, New York: Simon & Schuster, 1992, p. 486.
② 王逸舟:"试析国际政治学的美国重心",《美国研究》,1998年第1期。

义。"在基辛格看来,梅特涅首先是个现实主义者,而那些反对他的人几乎都是空想家。"①

(三) 第三种含义:专指国际关系理论中的现实主义

在更多的国际政治理论和关于基辛格研究的论文中,称基辛格是现实主义,是指基辛格显现出国际政治理论中的现实主义理论的典型特征,甚至他就是这种典型特征的典型代表。例如:外交学院秦亚青教授在《外交评论》中发表的《西方国际关系学的现实主义与新现实主义理论》一文中写道:"古典现实主义坚持一国的意识形态、价值观念、政府组织形式等等,对于这个国家的外交行动并不能产生关键性的影响。国家在国际社会行事的时候,考虑的是自己的利益,而不是道德观念。现实主义的代表人物汉斯·摩根索也坚持认为国家不能用普遍的道德原则规范其外交行动。基辛格与摩根索持相似的观点,他坚持认为国家间关系的发展应考虑政治体制、意识形态的异同。外交决策首先应该考虑的是各国之间的国家利益是否具有相同性。由此可见,古典现实主义坚持将国家利益视作国家的外交行动的主要动因。"②

在这样的语境中,"现实主义"特指现实主义国际关系理论(例如古典现实主义、传统现实主义、结构现实主义、新古典现实主义等),这正是本书所讨论的范围。

二、现实主义国际关系理论的主要范式及其非对称性

从第一次世界大战到现在,在世界国际关系理论界,比较有影响的现实主义理论主要有三种,分别是:古典现实主义(也称人性现实

---

① Graubard, Stephen, *Kissinger: Portrait of a Mind*, New York: W. W. Norton & Company, 1973, p. 41.
② 秦亚青:"西方国际关系学的现实主义与新现实主义理论",《外交学院学报》,1996 年第 3 期。

主义)、新现实主义、[1] 进攻性现实主义,[2] 除去这三种之外,还有新古典现实主义(从国家或行为体层次进行分析)等其他流派或分支。这三大类现实主义思想又有各自的代表人物和代表作品。古典现实主义(人性现实主义)的代表人物和代表作品有:爱德华·H·卡尔(Edward·H·Carr):《二十年危机(1919—1939)国际关系研究导论》、汉斯·摩根索:(Hans·J·Morgenthau)《国家间政治——追求权力与和平的斗争》;结构现实主义的代表人物和代表作品是:肯尼思·沃尔兹(Kenneth Waltz)及其《国际政治理论》、《人·国家与战争》。进攻性现实主义理论的主要代表人物和作品是:约翰·米尔斯海默(John J. Mearsheimer)及其《大国政治的悲剧》。

(一)古典现实主义(人性现实主义)及其特点

严格来说,古典现实主义的产生过程,有别于新现实主义和进攻性现实主义。后者是产生于纯粹的学院之中,是一种学术界的理论创造。而前者并不是成长于大学校园和学术界,而是产生在广阔的社会大环境下。[3] 而且被称为现实主义代表人物的思想家也很少将自己的理论称为"现实主义",例如爱德华·卡尔就从未将自己的理论视为"现实主义",其最著名的国际关系理论作品《二十年危机(1919—1939)国际关系研究导论》被学术界认为是"现实主义"的代表作。然而,爱德华·卡尔本人从来不把自己的思想和理论视为"现实主义",事实上他的这部著作虽然对乌托邦主义学说(Utopia theory)进行了深刻的批判,但其从形式逻辑的基本常识可知,批判乌托邦主义

---

[1] 一些学者将肯尼思·沃尔兹的新现实主义视作结构现实主义中的防御性现实主义。

[2] 一些学者认为约翰·米尔斯海默的进攻性现实主义是结构现实主义的一个分支,并不能成为一种新的理论。

[3] 爱德华·霍列特·卡尔,出生于1892年6月28日。他最重要的身份是英国历史学家。曾任外交官、记者,后来信奉马克思主义。卡尔最出名的成就是他的14卷《苏联史》,他在著作《历史是什么》中提出了他的史学原则,拒绝传统的历史研究方法和做法。他就读过Merchant Taylors学院和剑桥大学三一学院(Trinity College)。在1916年卡尔开始了他的职业生涯,成为一名外交官。他主要研究国际关系和苏联。1936年,他辞去外事办公室工作开始学术生涯。从1941—1946年,卡尔曾在《泰晤士报》任助理编辑,在那里他通过社论提倡以Anglo-Soviet同盟为基础的战后秩序。

的理论并不就一定是"现实主义"。在《二十年危机（1919—1939）国际关系研究导论》这本著作中，第五章的题目是"现实主义的批评"。这一章包含的内容是：现实主义的基础、思想的相对性、根据目标调整思想、国家利益和普世福祉、现实主义对"利益和谐论"的批判、现实主义对国际主义的批判。在这一章中，卡尔明确指出了极端的现实主义和极端的理想主义都是很难存在的，强行将二者分开的做法是一种脱离实际的可笑行为。①

由此可见，卡尔是将"现实主义"作为一个研究对象来看待的，他并不认为自己的思想是纯粹的"现实主义"。这本书的第三部分是"政治、权力和道德"，第四部分是"法律与变革"。这两部分的内容占这本书总篇幅的一半以上，而内容不但没有忽视道德和法律，而恰恰是探讨道德和法律在国际新秩序中的重要作用。可见，一直以来，不管我们是否意识到，被建构为"现实主义理论家"、"现实主义代表人物"甚至略带贬义的"现实主义者"的爱德华·卡尔本人，并没有认为自己的理论是现实主义。

（二）结构现实主义、进攻性现实主义及它们的"学院气息"

如果说古典现实主义者并没有称自己的理论为古典现实主义而是被他人归纳为一种主义，那么新现实主义（结构现实主义）和进攻性现实主义却完全是通过自己的理论建构而得以成为一种理论。具体而言，新现实主义（结构现实主义）的理论，是由肯尼思·沃尔兹创立的。他自己将这种理论称为新现实主义或结构现实主义。后来，以约翰·米尔斯海默为代表的学者，为了彰显自己新提出的理论的不同之

---

① 卡尔认为："乌托邦主义忽视了历史的教训，而现实主义对历史的认识却过于悲观；理想主义者夸大了选择的自由，而现实主义者则夸大了因果规律结果陷入宿命论；理想主义者将国家利益与国际社会的普遍道德准则混为一谈，而现实主义则过于愤世嫉俗，因而不能为有目的的、有意义的行动提供依据。"总之，卡尔看到了现实主义者最大的缺陷是否认人类的思想可以改变人类的行为。因此，卡尔既批评乌托邦主义，又批评现实主义。与此同时，他既尊重乌托邦主义的道德价值观的重要，又接受现实主义对权力的客观分析。卡尔总结道："健全的国际政治理论应该同时包含乌托邦主义和现实主义，既包含权力也包含道德价值观。"参见［英］爱德华·卡尔著，秦亚青译：《20 年危机（1919—1939）：国际关系研究导论》，世界知识出版社，2005 年版，第 92 页。

处,将肯尼思·沃尔兹的这种结构现实主义称为"防御性现实主义"(Defensive realism)①,而将自己在新现实主义(也称"结构现实主义")理论框架内的另一种范式定义为"进攻性现实主义"(Offensive realism)。肯尼思·沃尔兹是大学职业教授。他的基本职业生涯就一直是大学教师,几乎没有涉足过别的领域。②而约翰·米尔斯海默虽然读过西点军校并在空军短期服役过,但纵观其职业生涯,大部分也是作为一个大学的学者或者研究机构的研究人员。③因此,新现实主义和进攻性现实主义都是生发于大学或研究所这样的纯学术环境下的,这两种理论的创立者都非常清晰地给出了这种理论的名称和主要思想,并亲自总结了这些理论的核心要点和框架。

更进一步地说,这些理论的创立者,由于他们身处的环境是学术界,所以往往习惯于用纯学术的观点来看待思想,认为思想必须以某种"学院式的格式"表达出来,才算是真正的理论。例如,约翰·米尔斯海默写道:"其他一些著名的现实主义思想家也坚持强调大国非常在乎其权力,但这些现实主义思想家们却没有解释大国为何要围绕权力进行纷争,也没有说明什么程度的权力才能让大国感到满足。因

---

① 约翰·米尔斯海默在《大国政治的悲剧》中总结道:虽然许多现实主义理论者都讨论不同类别的权力概念,但其中两个流派尤其突出:一个是人性现实主义,摩根索在《国家间政治》一书中对其做出了分析。另一个是防御性现实主义,主要体现在华尔兹的《国际政治理论》一书中。

② 肯尼思·沃尔兹出生于美国密歇根州安娜堡市,父母受教育程度不高,皆为初中学历。沃尔兹就读于当地的菁英学校安娜堡高中,毕业后到欧柏林学院(Oberlin College)主修数学,但在毕业前改攻读经济学。沃尔兹毕业后一度从军,参与第二次世界大战和朝鲜战争。战后,沃尔兹到哥伦比亚大学经济学研究所攻读。根据他多年后的描述,他当时发现自己对经济学的兴趣不够大,不够支撑他成为第一流的经济学家,所以一度想尝试其他兴趣,包括英文文学和政治哲学。在发现自己理性多于感性,也当不了顶级的诗人或文学家之后,沃尔兹定下心来攻读政治学,但是部分因为指导教授的人事变更问题,使得原本主攻政治理论的沃尔兹最终在无心插柳的副修领域国际关系开花结果。他于1954年从哥伦比亚大学取得政治学博士学位。

③ 约翰·米尔斯海默,1947年12月出生在纽约布鲁克林区。当他17岁的时候入伍参军。入伍一年后,他考入美国军事学院(即西点军校)。从1966—1970年,他在西点军校就读。毕业后,他作为一名军官在美国空军服役5年。在1974年空军服役期间,米尔斯海默获得美国南加州大学国际关系硕士学位。随后,他进入美国康奈尔大学,并于1980年获得了博士学位。1978—1979年,他曾任在华盛顿特区的布鲁金斯学会(Brookings Institution)研究员,1980—1982年,他在哈佛大学国际事务中心担任博士后研究员。在1998—1999年,他是惠特尼·谢泼德在纽约的外交关系理事会研究员。

此，实际上这些现实主义思想家仅仅是为现实主义做出了一般性的说明而已，他们并没有提供一套完整的严密的现实主义的国际政治理论。例如英国外交官爱德华·卡尔和美国前驻苏联大使乔治·凯南就属于这种类型。爱德华·卡尔作为现实主义理论的代表人物，他在《二十年危机》中花费极大的篇章批判了乌托邦主义。他认为国家利益才是国家的真正驱动力。但是，他并没有建构一套完整的现实主义的理论，他对国家追求权力的原因和追求权力的限度都没有加以讨论。说实话，笔者认为爱德华·卡尔的这本书并没有理论。与之相似，乔治·凯南的著作《美国外交》也没有建构一套完整的现实主义理论。"[①]

（三）三种现实主义理论分析层次的非对称性

现实主义比较有影响的理论有三种：古典现实主义（人性现实主义）、结构现实主义、进攻性现实主义。这三者虽然并称为三种主要理论，但在逻辑上，这三种理论并不是对称的。三种理论的关系如图1所示：

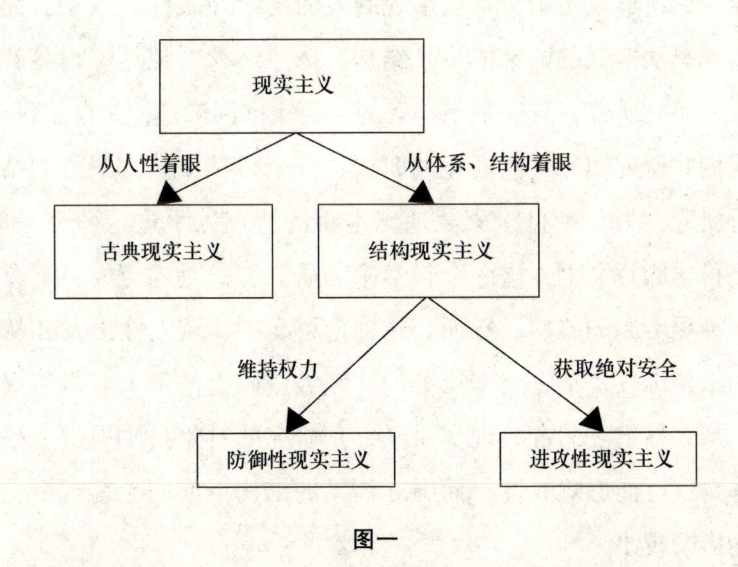

```
                    现实主义
         从人性着眼  /      \  从体系、结构着眼
                  /        \
            古典现实主义   结构现实主义
                          /        \
                     维持权力     获取绝对安全
                        /            \
                 防御性现实主义    进攻性现实主义
```

图一

---

① [美] 约翰·米尔斯海默：《大国政治的悲剧》，上海人民出版社，2003年版，第17—18页。

社会科学有着和自然科学完全不同的研究对象。二者的一个显著区别在于，自然科学的研究对象不会因为研究者的主观愿望的变化而变化，而社会科学却并非如此。爱德华·卡尔就曾举例说明了这种不同。他说："当马克思写《资本论》的时候，他的目的是摧毁资本主义体系，这与研究癌症的学者希望消灭癌症的目的没有什么区别。但是关于资本主义的事实却不同于关于癌症的事实，因为后者是独立于人们的意识的，无论人们对它持什么样的态度，它都不会改变。马克思的研究为的是改变人们对资本主义的态度，实际上他的研究也确实改变了这种态度。马克思、恩格斯在批判和研究资本主义的过程中，却改变了资本主义社会的本身。"[1] 按照卡尔的例子，我们还可以举出类似的例子，比如，研究昆虫的科学家，他们对昆虫的研究，并不会改变昆虫的习性，而一个股票研究者将研究报告发布，却有可能引起现实中股价的涨跌。这些例子说明社会科学和自然科学是不同的，社会学科的研究本身和研究目的是可以合二为一的。

按照这样的思路，我们进一步分析三种主要的现实主义理论。三种理论中，古典现实主义是从主观的人的层面（人性）入手；而另两种理论都是从客观的国家体系（结构）入手。这看似地位均等的从不同层面入手的研究，其实是不均等的。类比举例来说，在自然科学中，如果我们在研究地球气候变化的时候，一个科学家从太阳系的结构入手进行研究，另一个科学家从地球本身的特点入手进行研究。那么，从自然科学的意义上，这两个科学家的研究方法是均等的，不存在谁更重要谁更本原的差别。然而，在社会科学中，从人性出发和从国际体系的结构出发，是完全不均等的。因为按照爱德华·卡尔所揭示的原理，从人性出发的古典现实主义，其研究的对象是主观的人性，其研究本身就可能影响人性。而国际体系的结构更偏向于客观，受研究本身的影响较小。

因此，三种现实主义理论的重要性与深刻性是不均等的。以人性

---

[1] ［英］爱德华·卡尔著，秦亚青译：《20年危机（1919—1939）：国际关系研究导论》，世界知识出版社，2005年版，第6页。

为研究对象的古典现实主义，由于涉及人的主观世界，其重要性和意义是超越另两种理论的。

三、现实主义国际关系理论遭遇的道德评判及其反击

（一）现实主义的国际关系理论经常遭遇道德评判

虽然如上一节所述，"现实主义"有三个不同层面的含义，但是作为"现实主义"第三种含义，即国际关系理论中的现实主义，虽然是一种理论范式，却也经常被"简单化"和"标签化"，并经常遭遇道德评判。国内研究现实主义的学者张睿壮认为："现实主义向人们揭示了人类社会残酷的事实，讲出了真实的情况。但是真实的情况却往往会引起人们的不适。与之相反，理想主义者们的高调和自由主义者们的公平正义，听上去就顺耳很多。但是这些并不是事实。真实的国际社会要与理想主义者和自由主义者们所声称的并不一样。"[①] "一直以来，为数不少的人普遍存在一种观点，他们认为所谓'现实主义'就是为了达到预期的目的，完全不受道德的约束，也完全丧失原则。这其实是一种严重的错觉。这种错觉产生的一个重要原因是对马基雅维利思想的简单化和标签化。马基雅维利的思想是多面的，他认为君主并不一定需要永远实行善的行为，在不得已的时候可以采取一定的行动。但这种思想并不是没有原则的，这只是强调国家道德与个人道德之间的区别。这与目前国际关系中被各国普遍接受的'国家理性'相类似。国家的最根本利益是生存权，为了这种利益可以超越别的原则。马基雅维利在阐述这一观点的时候，仍旧保持了伦理学基础。他强调不避讳恶行的前提是'在不得已的情况下'。不但如此，这句话的另一部分是劝诫君主'在可能的时候要多行善举'。这一切都足以证明马基雅维利的思想是包含一定的道德观念的。而人们往往忽视了这一事实。同样的道理，在汉斯·摩根索的理论中，现实主义'六原则'中关于道德的就占两条。现实主义虽然非常注重权力与国家利

---

① 张睿壮："一代巨擘褒与贬"，《世界经济与政治》，2011年第5期。

益。但摩根索在这里强调的是'民智的利益'（Enlightened interest）和'慎用的权力'（Prudent power）。换言之，在摩根索的现实主义中，国家不但承认本国的利益，也同样尊重他国的利益。在他的现实主义理论中，国家运用权力的时候是有一定的限度的。与之相比，很多理想主义和自由主义学者抱有强烈的意识形态色彩。实际上，在人类历史上，在正义的崇高名义之下进行的却往往是最无情的杀戮。有了意识形态的合法性与救世主心态，很多野蛮的侵略得以堂而皇之地进行。比如，美国对其他国家发动的许多战争，都是打着扩大人权和保卫自由的旗号进行的。美国国内自诩不求利益只讲原则的自由派对此往往持支持的态度。与之相反，美国国内的许多现实主义者却担心美国过度扩张会损害其根本利益而反对这些战争。自由主义者往往采取道德偏执，以和平的名义去挑起战争，而现实主义者却立足国家利益，审慎地使用权力，这两种主义，孰优孰劣？"[1]

（二）现实主义的国际关系理论对于道德评判的反击

"现实主义"作为一个趋向于负面的意识形态式的标签，被建构成是忽视道德的。然而，即使是那些被公认为自由主义的哲学家，如孟德斯鸠、亚当·斯密和康德等，"都从未轻易假设人类的理性与善良。恰恰相反，他们眼中的人类社会的自然状态并不是充满和谐的"。[2] 实际上，"从某种意义上说，我们可以把康德看成一个赞成权力政治的思想家。但不同的是，康德给他深深隐藏的马基雅维利主义套上了更容易让人接受的自由主义的表皮。康德实际上并不否认国与国之间的权力政治斗争。考虑到康德曾经关注过大自然的设计和人类的天定命运那样的宏大主题，我们把他解读成权力政治的思想家也是有一定合理性的。同样的道理，康德推崇的法治国家（Rechtsstaat），其实可以视作是一种改头换面、进行装饰过的专制政体。在这样的政

---

[1] 张睿壮："现实主义的持久生命力"，《世界经济与政治》，2004年第7期。
[2] ［美］肯尼思·沃尔兹：《现实主义与国际政治》，北京大学出版社，2012年版，第3页。

体中，君主名义上要受到法律的限制，但实际上君主是不受任何人制约的"。①

美国著名国际关系理论家肯尼思·沃尔兹直接以自由主义的代表人物康德为研究对象，深度剖析了康德思想中的现实主义成分。他指出，康德既不是经验主义者也不是唯心主义者。他批评经验主义导致纯粹偶然的知识，而唯心主义则超出了理性的范畴。人类是两个世界的成员：现象的世界和本体的世界。在前一个世界里，人是感觉、冲动和欲望的动物。以功利或幸福作为道德或法律之准则只是异想天开，因为行为的目标建造出了出自偶然的王国。那里既没有确定性也不存在普遍的意见一致。如果你我对幸福的理解不同，当政府擅自来告诉我们，应该追求什么目标以及如何追求它们时，这种行为就超出了法律可以接受的界限。政府的这种行为其实是在做一件大家不可能达成一致的事情。

肯尼思·沃尔兹引用自由主义哲学家康德的话深刻地剖析了所谓"普遍道德"的虚伪性。他认为很多人"断章取义地强调了康德的共和雄图与和平理想"。②他引用康德著作中的原文指出："当人类的思辨涉及因果关系时，必须保持在可能的经验的限度之内；而谈及这一关系所体现的天意为我们所知，就像是插上了伊卡洛斯自大轻率的翅膀，去接近造物主那深不可测的神秘目的。"希腊神话中，伊卡洛斯用蜡和羽毛造的翅膀飞离克里特岛，然而他太靠近太阳，蜡被融化了，他失去翅膀，落入海中。康德的警告是警醒人们不要无限度地扩大人类理性的能力，以至于相信有普世道德。"没有人能够根据他自己对别人福祉的想象去强迫别人得到幸福；相反，每个人都只能根据自己的感受去追求自己的幸福，只要他不妨碍别人追求类似目标的自由，而该自由在一种可能和普遍的法则之下可以与其他任何人的自由共

---

① ［美］肯尼思·沃尔兹：《现实主义与国际政治》，北京大学出版社，2012年版，第7页。

② 同上书，第8页。

处。"① 康德哲学的精髓并不是表面化的笼统的"和平",而是对人性的深刻分析,"应该这样对待人性,不管是对你自己还是对待别人,不管在什么情况下都要把它当作目的,而非仅仅当作手段"。② 人拥有理性,所以区别于普通动物,但不应无限夸大这种理性,人的理性能力是有限的。如果人是彻底理性的,那么人就会一直按照绝对戒律做事,然而,人不是这样的。对于国家之间的政治,康德指出,战争和随之而来的和平条约都不能解决权力问题。一项和平条约只能结束一场特定的战争;重开衅端的借口总是能够找到的。在这种情况下,这样的借口也不能被视为非正义,因为现存国际社会中每个国家都是其自身事业的裁决者。

其实,古典现实主义的理论基础可以追溯到古代。诸多被建构为"现实主义者"的思想家,其深刻完整的思想被有意无意地断章取义。他们的思想体系,并不排除道德,他们强调的是应该将具体的道德与笼统的道德、国家的道德与个人的道德相区分。

1. 尼可科·马基雅维利(Niccolò Machiavelli)

意大利政治思想家、历史学家尼可科·马基雅维利的代表作《君主论》被很多人解读为冷冰冰的现实主义,然而,《君主论》并没有强调不要道德,只是强调君主的道德不同于普通人的道德。君主遵守的道德原则必须与他自己的地位相协调,如果君主也不加区别地按照普通人的道德观行事,就难以确保国家的安全。③

2. 格奥尔格·黑格尔(Georg Hegel)

德国唯心论的代表人物黑格尔指出:国家拥有"个体整体性",有自身的发展规律,具有客观现实性,独立于公民之外而存在。国家与普通人是有区别的。国家的道德标准超越了普通人的道德标准。代表国家的行为,可能需要采取不同的道德标准来衡量。

---

① Kant, "Theory and Practice: Concerning the common saying: This May Be True in Theory But Not Apply to Practice," tr. Carl J. Friedrich, *The Philosophy of Kant*, London, Modern Library, 1954, p. 416.

② [德]康德著,张荣译:《道德形而上学》,中国人民大学出版社,2013年版,第47页。

③ 参见[意]尼科洛·马基雅维里:《君主论》,商务印书馆,1985年版。

3. 麦克斯·韦伯（Max Weber）

德国著名社会学家麦克斯·韦伯研究了"意图的道德"和"结果的道德"，也就是"信念上的绝对道德"和"责任上实用道德"之间的关系。坚持"绝对道德"，就是根据道德行事，而不考虑其客观造成的结果是否是好的，韦伯认为，在一个不完美的世界中，领导者需要按照政治道德行事，其评判的标准应该是其结果的好坏。不能不顾行为后果的好坏而空谈"信念道德"，因为行为结果的好或坏将会反过来赋予"责任上的实用道德"以具体的含义。所以，用抽象的或是笼统的标准来衡量一个国家的行为是没有意义的，必须用具体的评判标准来衡量每一项具体的国家行为，这才是现实主义中道德的准确含义。①

4. 莱茵霍尔德·尼布尔（Reinhold Niebuhr）

美国著名神学家、思想家莱茵霍尔德·尼布尔从神学和哲学视角，为古典现实主义提供了道德的基石。在他写于1944年的《光明之子与黑暗之子》（The Children of Light and the Children of Darkness）中，尼布尔认为："对于人性，我们既不宜过于悲观，也不宜过于乐观——乐观到认为只有这种态度才能让自由民主社会正常地发展。现实中存在两种极端情况，这两种情况都会引起危险的极权主义政体的出现：其中之一是过于单纯的乌托邦主义，这种思想的具体表现是政治上的多愁善感；另一种是极端的悲观主义，这种思想的具体表现是愤世嫉俗的犬儒主义。"②尼布尔用"光明之子"与"黑暗之子"作为比喻，来说明用务实可行的实践来实现理想的重要性。他借用《圣经》中的一句话：（世界上有两种人）一种人是那些不承认在自己的意志和利益之外还存在着任何更高或更普遍的规律和约束的人。这种人被尼布尔称为"此世之子"或"黑暗之子"。另一种人是那些相信自我利益应当受到更高、更普遍的规律制约的人，尼布尔称他们为"光明之

---

① 阮宏波：《摩根索权力政治理论研究》，中国人民大学硕士论文，2005年5月。
② [美] 莱茵霍尔德·尼布尔：《光明之子与黑暗之子》，北京大学出版社，2011年版，第1页。

子"。"光明之子"追求光明，尊崇原则，但是却没有"黑暗之子"那么聪明灵活。他们不会或者不屑于像"黑暗之子"那样，争取群众、发起运动，"光明之子"对自己的对手缺乏了解，对群众也缺乏了解，对人性的弱点和阴暗面，对人类文明的脆弱性，更是缺乏深刻的洞察，所以他们往往无法招架"黑暗之子"。当他们乐观、天真地奔赴理想的时候，当他们期盼世界大同的时候，被"黑暗之子"无情地击溃。北京大学哲学系教授何怀宏对尼布尔的这一思想有精辟的总结，他在《追求光明　理解黑暗》一文中写道：

尼布尔认为："黑暗之子"们之所以邪恶，是因为他们除了自我之外别无所知。但他们尽管邪恶，却足够智慧，因为他们懂得人性中"自私"的力量。"光明之子"之所以高尚，是因为他们能够理解比他们自己的意志更高的规律。而他们之所以常常犯傻，是因为他们不明白人类"自私"的本性中蕴含的力量。所以，"光明之子"必须有"黑暗之子"的智慧和武装，但同时又不能受邪恶的侵扰，以至让这种智慧吞噬本性中崇高的目的。如果，"光明之子"贪恋运用这种"自私"的力量，因对权力觊觎而被权力腐蚀，转而为权力和自私进行道德辩护，并打着"普世真理"的旗号来伪装自己，那么他们就堕落成了"黑暗之子"。不论是原生的"黑暗之子"，还是由"光明之子"堕落而来的"黑暗之子"，都绝不会承认自己就是属于黑暗的，他们会说自己就是"光明之子"，甚至称自己为唯一的"光明之子"。

"光明之子"向往光明的勇气来自何方？尼布尔认为，向往光明的人相信，每个社会都需要普遍可行的正义原则，这些为原则为法律和约束机制提供准则。在这些原则中，最为深刻的那些，实际上已经很难完全用理性来解释，他们超越了理性，根植于对于存在意义之宗教性的感知之中。"光明之子"们相信存在着更为永恒、更为纯粹的正义原则。民主和自由的社会存在一个难题，那就是，是否容许一个社会自由到怀疑这种永恒纯粹的正义原则的存在。

尼布尔是在从神学和哲学的高度俯瞰理想主义和现实主义，并融合了二者，弥合了二者之间存在的巨大鸿沟。他认为，"黑暗之子"毫无原则，不择手段，而"光明之子"却必须时刻考虑自己使用的手段是否合乎道德。所以,"光明之子"往往会被"黑暗之子"占了上风。但是,现代文明正是由那些有点犯傻的"光明之子"创造的,因为他们和真正的超越利益的"光明"站在一边,这是"黑暗之子"所没有的最大的优势。所以,最后的胜利往往属于"光明之子"。为了赢得胜利,"光明之子"应该是理想主义者,但他们同时也应该是一个现实主义者。他们要学会融合二者,要学会斗争,懂得策略,要知道团结大多数,并且懂得普通人认识能力的极限,不要向他们提出不切实际的理想。

这个世界上存在着严重的恶,还有苦难、痛苦。面对这个残酷的事实,我们应摒弃两种极端:一种是因失去消除这些现象的信心而变得犬儒和无所作为;另一种是过于单纯的乐观而对现实失去应有的谦卑和谨慎。"光明之子"要兼具两种性格,一方面他必须是成熟务实的理想主义者,另一方面,他又必须是一个坚信光明的现实主义者。真正的光明之子不应在幼稚的理想主义和愤世嫉俗的现实主义之间徘徊。①

5. 爱德华·卡尔(Edward·Carr)

英国历史学家爱德华·卡尔在1945年11月修订版的《二十年危机》中,论述了理想主义与现实主义无法分离的密切关系。他认为,"当人类开始探索一个未知领域的时候,会有一个初始阶段。在这个阶段,目的和愿望对研究会产生很大影响。霍布豪斯认为,远古时期的早期人类有一种典型的心里特征,那就是原始人在评判一个观点是否真实的时候,他们的判断根据往往是看这种观点能否让他们快乐。"② 政治学的初始阶段("乌托邦"阶段)也是如此。在这个阶段,研究者经常忽略客观上"是什么",而沉浸于"应该是什么"的理想。这种幼稚和天真,导致世界大战的爆发。人们这才意识到,仅仅将愿望作为国际政治学的基础是不坚实的。

---

① [美] 莱茵霍尔德·尼布尔:《光明之子与黑暗之子》,北京大学出版社,2011年版,第2—6页。
② L. T. Hobhouse, *Development and Purpose*, Read Books, 2007, p. 100.

一个学科如果要想发展成为真正的科学，那么这个学科必须懂得区分自己的理想和研究的现实之间的区别，必须将"是什么"与"应该是什么"进行区分。[①] 当初始阶段的幻象破灭，空想结束，现实主义的思想火花就产生了。政治学的发展，需要现实主义的火花在一定时期内"泛滥"和"矫枉过正"来教育乌托邦主义的"一厢情愿"。

但卡尔立即又指出，区分"是什么"与"应该是什么"，并不意味着割裂"是什么"与"应该是什么"。因为，自然科学与政治学不是一回事情——即使全世界所有人都渴望铅块能变成金块，铅块俨然不会变成金块。但是，当世界上所有人都渴望成立"世界政府"，那么"世界政府"就很可能变成现实。[②] 纯粹的现实主义是看不到这一现象的。纯粹的现实主义只强调客观因素，不承认人的观念对客观实在的能动作用。完全排斥目的的思想，是死气沉沉的旧思想。因此，纯粹的现实主义就容易变成机械论，使思想和行动变得贫乏、无所作为和随波逐流。在这一阶段，政治学需要用理想主义来丰富纯粹的现实主义的贫瘠。带有目的性和理想色彩的理想主义，可以能动地推动客观的现实的发展。因此，理想与现实永远是政治学的两个方面。成熟的政治思想必须是理想与现实的融合。理想主义者关注的是未来，以创造性的想象构建思维。现实主义者熟知的是过去，以因果关系进行思考。一切健康的人类行为和一切健康的人类思维，必须在乌托邦主义和现实主义之间、在自由意志和客观决定之间，建立平衡。[③] 人类历史上出现过诸多不平衡，比如类似基督教的伦理——认为道德至高无上，因而无视现实而强施教条式的道义；又比如极端的现实主义的伦理——认为现实不容置疑，因而认为理解现实就是至高无上的道德。[④]（卡尔的这一思想与辩证唯物主义与历史唯物主义中强调的物质第一性与观念能动性，异曲同工。）

---

① ［英］爱德华·卡尔著，秦亚青译：《20年危机（1919—1939）：国际关系研究导论》，世界知识出版社，2005年版，第9页。
② 同上书，第10页。
③ 同上书，第12页。
④ 同上书，第20页。

第二节　基辛格外交思想的现实主义定位及其说服力

一、基于政党政治的道德评判

基辛格在其著作中，阐述了他对官僚体制的厌恶，他认为官僚体制的流程会将重要的战略决策，变成官僚体制的例行公事，这样会掩盖战略的实质性目的。同时，基辛格在他本人的政治生涯中多次进行了秘密外交行动，他与尼克松总统都比较熟悉并偏好秘密外交，其实这在基辛格的学术专著中是能找到理论根源的。在《国内结构与对外政策》、《选择的必要》等多部著作中，他表达了这样一种观点，在现代通讯技术条件下，信息瞬间传遍全球，因而如果不采取必要措施，那么所有人都可以迅速地知道某项对外政策的内容，然而，这些人并不一定具有相关的专业知识和分析能力，也没有耐心和时间详细分析长远的战略得失，因此他们将会使用简单化和标签化的方式来对外交政策进行评判，基辛格将此称为"民众认知能力的极限"，这种极限将成为战略家实施对外政策的阻碍。

然而，新闻自由与行政机构的分权，在美国的国内政治中，是与美国式的民主紧密相连的。这两个原则是美国式理想主义不可或缺的组成部分。因此，如果有人反对这两点，就是反对美国的理想主义。既然是反对理想主义，那么就是理想主义的反面，那就是现实主义。更重要的是，基辛格是理查德·尼克松（Richard Nixon）最重要的"权力的伙伴"，而尼克松由于"水门事件"，在美国的国内政治文化中被贴上了固定的标签。因此，很多人认为，基辛格必须是现实主义的。因此，在美国国内，将基辛格定位为现实主义、同时将基辛格思想定位为现实主义的很多观点，其实都是按照这个逻辑得出的。然而，这个逻辑并不是科学的逻辑，而是一种带有感情色彩的道德的逻辑。

在所有的类似观点中，最具代表性的是美国著名传记作家沃尔特·艾萨克森（Walter Isaacson）。在《基辛格传》中，艾萨克森将基辛格定位为现实主义者，这种归类并不是出于国际政治理论分类，而是基于一种美国国内政党政治的道德评判。

以严格意义上说，沃尔特·艾萨克森并不是一位典型的学者，由于艾萨克森本人的地位和影响力，以及他撰写的名人传记的品质，在众多的基辛格传中，他的《基辛格传》是具有相当大的影响力的。因此，他对基辛格的现实主义定位是具有重要研究价值的。

艾萨克森的《基辛格传》有两个专门的章节对基辛格思想进行定位，分别是全书的前言部分"基辛格的现实主义和当今的理想主义"，第二十九章第一节"现实主义的根源"和第二节"基辛格的现实主义"。

在前言中，艾萨克森认为，基辛格代表了保守国际主义，而保守国际主义大部分根源来自现实主义、现实政治、讲究力量平衡和实用主义。在美国国内，对基辛格反对声最大的一支政治力量是新保守主义的共和党人，他们注重意识形态，认为应该着力扩大美国的价值观和道德观。另一支反对基辛格的政治力量是左翼鸽派和自由民主派。在基辛格所有的反对者中，最有代表性也最具决定性的是美国总统罗纳德·里根。尽管在很多观点上，罗纳德·里根和基辛格是一致的，但是在外交政策上，艾萨克森认为，里根的重点是"参与争取自由运动"，[1] 而基辛格的重点是"寻求力量之间的平衡稳定"。最终，里根把基辛格赶出了政府。艾萨克森还指出了基辛格派的支持者，他们包括布伦特·斯考克罗夫特（Brent Scowcroft）、劳伦斯·伊格尔伯格（Lawrence Sidney Eagleburger），他们与基辛格都反对小布什在"9·11"后的政策。布伦特·斯考克罗夫特1925年3月19日生于美国犹他州奥格登。1947年毕业于西点军校。任美国陆军航空队空军少尉。有长达30年的军旅与政界生涯。他曾到哥伦比亚大学攻读国际关系的硕士研究生，主要研究苏联历史与军事问题。从哥伦比亚大学毕业后，他回到西点军校教授俄国历史。20世纪60年代，他重返哥伦比亚大学攻读国际关系的博士学位，毕业后被聘请到美国战争学院讲授军事

---

[1] Isaacson, Walter, *Kissinger: A Biography*, New York: Simon & Schuster, 1992, p. II.

战略与美国的国家安全问题。20世纪70年代初,他到美国国防部就职,并被任命为尼克松总统的军事助理,直到1975年成为福特总统的国家安全事务助理。他是一位温和的共和党人,在国际关系方面基本上与基辛格博士观点一致。艾萨克森认为,基辛格在处理外交事务的时候,充满智慧,注意微妙复杂的细节。由于世界的现实是复杂而危险的,因此基辛格一直注重从更广泛和更深入的视角来分析问题,不是将问题简单化、标签化。但这也使得基辛格趋于保守。艾萨克森指出基辛格喜欢公开挑战当权者,这种性格导致他在保守派共和党执政期间不被重用。

艾萨克森认为,基辛格是创立现实主义的美国外交人物。基辛格注重国与国之间的力量均衡,对现实政治具有高度的敏感性。他成功地建构了美国、中国、苏联的三边结构,使得美国在退出越南战争后仍然具有全球性的影响力和实力。艾萨克森特别指出,这里的现实主义的含义是与理想主义相对应的。

艾萨克森认为基辛格不认同理想主义,基辛格认为民主体制的公开和透明会导致外交决策的混乱,然而新闻自由是美国的传统。在整部传记中,艾萨克森站在美国式的"政治正确"的高地上,用相当大的篇幅对基辛格进行了道德审判。他认为基辛格"在尼克松的黑暗统治下,基辛格太喜欢也太依赖在黑暗下的秘密操作","基辛格是一个欧洲难民,从小读梅特涅远远多于托马斯·杰斐逊,这使得他的著作倾向于现实主义的阵营","基辛格认为世界上没有一个国家宣称国际领导地位是建立在利他主义之上的。有些美国人拥有这些观点是因为骄傲,但是当基辛格这么说的时候,他的态度更像是一个人类学家在观察一个持续混乱的部落仪式"。① "基辛格指出,将外交政策建立在理想主义而不是国家利益之上,这种行为会令国家面临危险的境地。从《大外交》和基辛格过去的20年间的其他著作来看,基辛格成为了继西奥多·罗斯福之后,最崇尚现实主义和普鲁士式的现实政策的

---

① Isaacson, Walter, *Kissinger: A Biography*, New York: Simon & Schuster, 1992, pp. III - IV.

美国政治家。如果说乔治·凯南将奇特的浪漫主义和现实主义结合在一起的思想,形成了美国在冷战后的外交立场,那么基辛格强调国家利益、弱化道德情感的思想则定义了美国处理在苏联解体后复杂的国际事务框架。基辛格在《大外交》的结语中认为:美国的理想主义仍然像以往一样占主导地位,甚至更加强大。但是在新世界的秩序中,理想主义需要为此提供一个信念,这个信念能够让美国在并不完美的世界中那些模糊不清的纷繁选择中坚持下来"。在20世纪70年代,基辛格的现实主义为美国和世界成功打造了一个稳定的框架,却没有能够维持到政治范围的终结。在一个民主政权中,他的现实主义和保持国际关系的情绪并不协调,这导致了一些不正常的秘密行动。

与艾萨克森观点类似的还有很多美国学者。如克里斯多夫·希金斯(Christopher Hichens)专著的题目直接就叫《审判基辛格》,书中甚至使用了"战争罪犯"这样的措辞;[1] 罗伯特·舒尔茨辛格(Robert D. Schulzinger)在《外交博士基辛格》中写道:"由于基辛格无视其他国家内部发生的事情,他的远见卓识也因此显得暗淡无光。他对跨国活动、对经济问题、对道德问题,对人权问题,对贫穷国家的命运问题统统不感兴趣,这使得人们指责他的理论不过是19世纪的陈词滥调而已。他对智利和安哥拉革命所持的态度更使人们相信他不关心其他国家人民的感受。他背弃了美国人民所珍重的道德观念。"[2]

另一些美国学者则用一种更加隐晦且看似更加公允的方式,将基辛格比喻为19世纪欧洲的梅特涅。梅特涅在他们心中是反动守旧的代名词,这些学者借此来给基辛格贴上负面的标签。

"很多美国学者乐于引用基辛格对19世纪的著名外交人物的评价,但他们并不深究基辛格到底写了些什么。他们只是表面化地认为,既然基辛格描述了19世纪这些残酷冷血的外交家的治国才能(state-

---

[1] Christopher Hichens, *The Trial of Henry Kissinger*, London: Verso, 2011.
[2] Robert D. Schulzinger, *Henry Kissinger: Doctor of Diplomacy*, Columbia University Press, 1989.

craft),那么基辛格也就一定持有和他们一样的观点。这种看法是一种简单化、标签化的误读,甚至是一种故意的曲解。现在,持有这种看法的美国学者并不是少数,而是有相当数量。实际上,基辛格确实表示过对19世纪政治家们的一些正面评价,但这是一种含义丰富的全面评价。比如,基辛格在他的博士论文《重建的世界:梅特涅、卡斯尔雷和和平问题(1812—1822)》中,用了大量篇章描述和评价梅特涅和卡斯尔雷。基辛格原本在这篇论文中也想包括俾斯麦,但他在给他父亲的一封家信中说,评述梅特涅与卡斯尔雷的篇章已经够他取得博士学位,由于他必须投入更重要的研究工作中去,他不在这篇论文中更多地评述俾斯麦。但那些乐于将基辛格标签化为一个'俾斯麦式的现实主义者'的许多人并没有完整地阅读这篇论文,他们一旦找到只言片语就开始了评论。他们的目的并不是研究梅特涅或卡斯尔雷,更不是研究基辛格。他们的真正动机是攻击作为尼克松政府成员的基辛格,以服务他们的政党政治目的。"①

综上所述,在美国国内特殊的政治文化中,由于基辛格的观点被看作是背离了作为美国传统的"理想主义",又在实践上与尼克松进行秘密行动,因此基辛格就是"理想主义"的反面,那么,他就是一个现实主义者。这种评价对于认识基辛格外交思想是没有建设性价值的,甚至会成为一种障碍。

二、基于苦难的人生经历

在目前国内现有的基辛格研究中,几乎所有的作者都提到了基辛格苦难的童年经历,并把这种经历作为基辛格悲观人性观的决定性证据。从悲观的人性观出发,他们推导出基辛格的思想也应该是以人性恶为基础的古典现实主义。这些著作包括:陈有为的《基辛格评传》、李义虎的《超级智者:基辛格》、巨永明的《核时代的现实主义》和

---

① Stephen Graubard, *Kissinger: Portrait of a mind*, New York: W. W. Norton&Company, 1973, p. 15.

龚洪烈的《基辛格的外交思想与战略》。而在美国的研究者中，也有很多人持这一观点，例如马文·卡尔布、伯纳德·卡尔布的《基辛格》、罗伯特·舒尔茨辛格的《外交博士基辛格》、沃尔特·艾萨克森《基辛格传》等。

关于这一观点，本书第五章的第二节将详细论证其说服力。

三、基于现实主义国际关系理论的表面特征

许多学者将基辛格思想定义为现实主义是基于其具体的外交政策。巨永明在《核时代的现实主义——基辛格外交思想研究》一书中，一方面将基辛格思想定位为古典现实主义，他的基本理由是：政治现实主义的核心是对人性和政治权力采取现实的态度，以一种现实的和历史的态度去看待涉及国家利益的国际问题，并在此过程中，尽量克服理想主义和道德伦理主义的干扰；另一方面，现实主义还强调，对于一个国家而言，人口数量、地理位置等因素与其外交行为也是有着密切关联的。因此，现实主义是非常强调地缘政治的。

一些学者将基辛格思想定位为现实主义的第一个原因是，他们认为基辛格受到了修昔底德、马基雅维利、霍布斯、洛克、黑格尔等人思想的影响。这些西方现实主义政治家和哲学家关于人、人性、权力、自由、国家及国家利益等的论述，对基辛格的现实主义思想的形成产生了很大影响，也使他对人、人的本质的认识上升到这些层次。但是在这些学者的论文中，并没有具体说明这些思想是如何影响基辛格的，也没有分析在基辛格的哪些著作中体现了这些现实主义思想。与之相反，一些学者为了说明基辛格思想是现实主义的，引用了基辛格的一些文章，而这些文章并不能完全证明这一观点。例如一些学者引用了基辛格大学毕业论文中的原文："人的存在，如同历史的暴行一样，是一个先验的实事。人的行动证明他的愿望，而人的愿望则来自内心的态度，而不是对周围环境的一种评价。诚然，这些可能是令人厌倦的时代。但为了使得生命有意义，我们不能因此要求不朽。"① 实际上在这段文字中,基辛格想表达的主要意思是,人的观念的独特性和能动性可以超越必然性。人的行动是人的愿望的表现,人的愿望并不是被客观环境决定的,而是一种主观的内心的态度。这些观点不但不是现实主义的,反而表现出了哲学上的唯心主义和国际关系理论中的建构主义的一些典型特点。还有一些学者在文章中引用了基辛格在《选择的必要:美国外交决策的前景》中的一段话来证明基辛格思想的现实主义属性,他认为基辛格的思想来源是"研究黑格尔、康德或者洛克使人考虑和关心权力和自由的性质"。②"康德给了我很大的影响"。"关于和平的问题,康德使得我们感到兴趣的是社会的价值观与世界和平的相关性。康德的观点是,国家如果不遵照定言命令的原理行动,就不能作为国际社会中维护和平的一员而持续地进行活动。所以康德认为,国家需要有他所谓的共和制和国内的道德秩序。"③ 然而,这段引用同样无法证明基辛格思想是现实主义的。首先,康德是自由主义的代表人物,他的思想不可能成为现实主义的来源;其次,这段话的意思是说明权力、自由这些概念并不是既定的,也不是客观的,而是来源于人们的观念,因此不应该忽略人的观念的力量。

一些学者将基辛格定义为现实主义的第二个原因是,他们认为基辛格崇尚均势。他们认为基辛格的均势观念来源于启蒙时期的现实主义思想家,比如伏尔泰、洛克、孟德斯鸠的权力制衡理论。基辛格在著作中曾经引用伏尔泰对基督教欧洲的描述:"在那里,一定数量的国家构成了一种共同体。在这些国家中,一些是王国(Kingdom),而另一些则是混合型的政体。但这两种不同制度的国家却在同一共同体内相安无事。它们奉行相同的原则与价值。这样的情况在世界别的地

---

① 此段是巨永明转引自史蒂芬·格劳巴德所著《基辛格:一个智者的画像》,第25—26页。在格劳巴德的原文中,并没有认为这是基辛格现实主义的证明。事实上,格劳巴德是为数不多的认识到基辛格思想的多元性的学者之一,他不主张将基辛格定义为一个现实主义者。巨永明在他的著作的第一章第39页引用了这段话。

② 此段是巨永明转引的基辛格著作《选择的必要:美国外交政策的前景》中译本第356页的内容。这段出现在巨永明著作的第一章第39页。

③ 此段是巨永明转引自《和平人生与哲学——池田大作与基辛格对谈集》,第133页。

方未曾出现过。这些国家尤其一致同意奉行尽可能维持彼此间的平等均势这个明智的政策。"[①] 有学者还指出基辛格引用了孟德斯鸠和黎塞留的权力均衡的观点。然而，第一，权力均势（Balance of Power）仅仅是现实主义理论的一种表现，从逻辑上说，一个学者和战略家是否崇尚权力均势，是他的思想是否属于现实主义的既非充分也非必要条件。因此，即使证明基辛格推崇均势，也无法证明基辛格就是现实主义；第二，更为重要的是，基辛格在所有著作中都强调的概念并不是物质性权力的均衡，而是物质权力的均衡与非物质的合法性的均衡同等重要，缺一不可。只有兼顾两者才能形成秩序（此段的具体论述可见本书第五章"基辛格外交思想溯源"，第三节"被标签化的梅特涅"的相关内容）。因此，由均势推导出基辛格思想属于现实主义也值得商榷。

一些学者将基辛格定义为现实主义的第三个原因是，他们认为基辛格所生活的时代是现实主义在国际关系领域影响越来越大的时代。他们认为基辛格与汉斯·摩根索教授生活在同一时代。而且基辛格的博士论文与摩根索的代表著作选题类似，所以虽然基辛格没有总结出现实主义六原则，但是论文中"弥漫着强烈的现实主义气息还是把基辛格推进到了现实主义一流思想家的前列"。[②] 事实上，基辛格虽然与摩根索处于同一时代，但就在基辛格确立其在美国战略研究圈的学术地位的《核武器与对外政策》一书开始，基辛格就表达了他的一种思想，那就是由于核武器的出现，既往传统理论中对于力量、战争、冲突等概念的性质都发生了根本性的变化，因此需要发展出一套新的理论来与这种新的现实相适应。基辛格的思想与摩根索的思想虽然处于同一时代，基辛格也表现出对摩根索的欣赏，但二者的思想本质是有区别的。关于基辛格外交思想的这一特点，将在本书的第四章"基辛格外交思想的实践检验：不变的本质"，和第五章"基辛格外交思想

---

① 此段是巨永明转引自基辛格《大外交》中译本第48页。这段出现在他本人的《核时代的现实主义——基辛格外交思想研究》的第一章第40页。

② 巨永明：《核时代的现实主义——基辛格外交思想研究》，中国社会科学出版社，2005年版，第42—43页。

溯源：社会、人生、学术"的第一节"人类社会技术的新现实"中详细展开）。

还有一种比较常见的将基辛格定义为现实主义的代表人物的基本逻辑，那就是现实主义注重国家利益，没有永恒的朋友也没有永恒的敌人，只有永恒的利益。基辛格可以为了达到战略目的与中国这样一个共产主义国家（意识形态与美国不同）采取联盟的形式，所以基辛格是现实主义的。但这个逻辑掩盖了几个基本的事实：一是，苏联也是一个与美国采取完全不同的意识形态的国家；二是，如果美国为了"国家利益"联合中国对抗一个与自己采取相同意识形态的国家（比如英国，或者至少是法国），那么这个例子可以证明基辛格认为国家利益超越了意识形态；三是，事实上不尽如此，美国联合共产主义中国应对的恰恰是与自己意识形态完全不同的苏联，而且如果一定要评估中国和苏联谁的意识形态与价值观与美国更加不同，那么基辛格的著作中给出的明确答复是苏联。（这一点，请参见本文第四章"基辛格外交思想的实践检验：不变的本质"的第一节和第二节"中关于基辛格对苏联和中国的基本行为根源"的看法）。

第三节　现实主义的理论硬核

一、现实主义的本体论

现实主义非常关键的内硬核是物质本体论。正如前一章所介绍，在现实主义理论中，存在着古典现实主义（人性现实主义）、结构现实主义（也称新自由主义，其中又存在防御性现实主义与进攻性现实主义等分支）、新古典现实主义等范式。但这些不同的范式之所以都共同存在于现实主义理论的大范畴内，是因为这些理论虽然存在着不同点甚至是分歧，但却拥有着共同的内核，并展现出相似的基本特征。

具体而言，每一种现实主义范式都以不同的方式体现着物质本体论。

（一）古典现实主义（人性现实主义）体现的物质本体论

主要代表学者是汉斯·摩根索。代表作《国家间政治》（与将亨利·基辛格作为古典现实主义的学者一样，也有很多国内外学者将E. H. 卡尔、尼布尔、乔治·凯南视为古典现实主义的代表人物）。古典现实主义有两个基本假设，第一是人性恶，第二是国家间的无政府状态。基于这两个假设，古典现实主义坚持这样一种观点：每个国家行为体对权力（Power）的追求，构成了国际政治不变的本质。古典现实主义很难解释国家间的合作。

（二）结构现实主义（新现实主义）体现的物质本体论

主要代表人物是肯尼思·沃尔兹，代表作为《国际政治理论》。结构现实主义融入了系统论等科学主义的元素，建立了较之古典现实主义更加缜密的体系。结构现实主义承认国家间的无政府状态，但认为国家间为了求得自身安全而进行竞争的根源并不是人性，而是体系（结构）的无政府状态本身。结构现实主义认为，虽然是无政府状态，但国家间为了生存的竞争也并非是无节制的。

（三）进攻现实主义和防御现实主义体现的物质本体论

结构现实主义范式中有两个重要分支，分别是进攻性现实主义与防御性现实主义。严格地说，它们并不是与古典现实主义与结构现实主义并列的范式，而仅仅是从属于结构现实主义。它们均在继承结构现实主义对国家间"无政府状态"的假设的基础上，继续坚持物质本体论。二者的主要区别是，前者不断坚持国家行为体追求的是绝对的权力和绝对的安全，其代表学者是米尔斯海默。而防御性现实主义认为，国家争取的是相对权力，只要能够保证生存。防御性现实主义的代表学者是杰克·斯奈德（Jack Snyder）、斯蒂芬·沃尔特（Stephen

M. Walt)、约瑟夫·格里科（Joseph Greco）、查尔斯·L. 格拉瑟（Charles L. Glaser）。学术作品有斯奈德的《帝国的秘密：国内政治与国际野心》。[①] 但值得注意的是，防御现实主义在一定程度上关注了国内政治中的变量，他们认识到每个国家行为体的领导者对权力内涵的认识会影响外交。[②]

（四）新古典现实主义体现的物质本体论

代表人物是斯蒂考·沃尔特（Stephen Walt）、兰德尔·施韦勒（Randall Schweller）、托马斯·克里斯坦森（Thomas Christensen）、吉迪斯·罗斯（Gideon Rose）、威廉·沃尔福斯（William Wohlforth）、法瑞思·扎卡里亚（Fareed Zakaria）等学者。新古典现实主义认为，传统的人性现实主义研究的重点是人性这一单元层次，而结构现实主义的着眼点是系统层次的结构。二者都不具有全面的说服力，因此新古典主义试图建立一种综合的范式。值得注意的是，新古典主义也开始认识到领导者要从国家权力中提取部分用以实现外交目标时，是受到制约的。

对于现实主义的这种内核，国内研究国际关系现实主义理论的学者有着比较一致的观点。他们认为，从根本上说，现实主义国际关系理论最关键的内核是物质本体论，不同范式的现实主义都认为国际政治的根本推动力是物质性权力，并都从这一物质性的视角出发，寻找解决问题的方法。

比较有代表性的是秦亚青的观点，他总结认为，各主要范式的现实主义国际关系理论均包含着人性的自私、国家间的无政府状态（Anarchy）、作为主要行为体的国家的自助这是三个重要的理论环节。其中，人性的自私意味着类似于在自然状态下人与人之间的利益的不可调和，在国际社会中，国家与国家之间的利益也难以达成协调，因

---

① Jack L. Snyder, *Myths of Empire: Domestic Politics and International Ambition*, New York: Cornell University Press, 1991, p. 14.

② 唐小松："论现实主义的发展及其命运"，《世界经济与政治》，2004年第7期。

此国家与国家之间的冲突难以避免；国家间的无政府状态（Anarchy）意味着，国家之间并不存在一个至高无上的权威以协调各国之间的冲突；国家行为体的自助意味着各个国家都依靠自身的物质实力，在人性自私的无政府丛林中确保自身的安全。三个理论环节环环相扣，串起它们的主线是国家的物质权力（Power）。在毫无保障的动荡的国际社会中，只有这种物质性的国家权力才是国家免于危险的最终保障。在这样的理论逻辑中，现实主义认为，国际关系的实质就是国家间的权力竞争。各国竞争的最主要目标是提升自己国家的物质权力。虽然不同的现实主义范式其分析重点不尽相同，但不论是强调单元的人性现实主义，还是强调结构的新现实主义，在以上这些核心方面都保持着高度的一致。[①]

二、现实主义的基本假说

由物质本体论出发，现实主义国际关系理论衍生出一些基本假说。虽然对于衍生出的基本假说不同的学者有不同的表述，但他们的基本观点是一致的，综合来看，主要有三个假说。基本假说一：国家的单一性。国家是一个统一实体，国家最根本利益是生存。别的所有因素至多只是国家决策的环境；基本假说二：行为体是理性的，理性是固定的。在无政府状态下，各个行为体理性地追求特定的目标。这种理性是相对固定的、既定的，类似一种物质性的客观实在；基本假说三：国家偏好是冲突性的，这种冲突性是固定不变的。这种偏好并不会受到观念、制度、规则等非物质性因素的影响。这种偏好类似一种物质性的客观实在。

例如秦亚青认为：现实主义国际关系理论存在两个最核心的理论假说：它们分别是单一国家假说与理性国家假说。

单一国家假说认为：每一个具体的国家均可被理解成一个整体。

[①] 参见秦亚青：“西方国际关系学的现实主义与新现实主义理论”，《外交学院学报》，1996年第3期；秦亚青：“现实主义理论的发展及其批判"，《国际政治科学》，2005年第2期。

这种整体是一元性的。每个国家都会自动地设定自身的国家利益,并按照这种国家利益来制定和实施具体的外交政策。虽然每个具体的国家内部都存在着不同的利益集团,国家和国家的结构也不尽相同。但是作为一个一元性的整体,每个国家内部的这些不同的结构和拥有不同利益的集团,并不会过多地影响国家整体的根本利益和对外政策。国家作为一个整体,其亘古不变的根本利益就是生存权。这才是国际关系最本质的东西。除却这一根本的内涵,一个国家内部的具体结构、利益集团、社会构成、领导集团以及领导者自身的性格特质等错综复杂的情况,虽然都不可避免地对一个国家的对外政策产生影响,但这些影响并不是决定性的。这些复杂因素的总效果,至多是构成了一个国家做出外交决策的"环境",只能起到外因的限制性作用,而不能起到决定性作用。无论什么样结构的国家,其制定的对外政策是超越这些具体因素的,是趋同的。[①]

理性国家假说认为,无政府状态下的国家行为体本身就会具有一种既定的理性。在这种理性的指引下,国家会自动在各种各样可能执行的对外政策中,进行理性的比对和选择,然后最终会趋近那个与国家利益最符合的政策选项。这样的理性也同样体现在国家行为体制定某一具体外交行动的决策中。这些决策会在国家理性的指引下,趋近国家的意图达到的目标。现实主义理论中的这种国家理性在本质上趋近于实质理性。[②] 由于现实主义国际关系理论均遵循这种理性国家假说,所以现实主义理论在分析国际关系的时候,重点的研究对象是决策的外部环境因素和国家行为体的具体目标。这些都是客观的物质性的因素。由于现实主义认为国家行为体具有这种实质理性,因此,现实主义学者往往并不考虑不同国家行为体的具体特点、不同领导人的心理因素和个人特质、世界观、价值取向等主观因素。这些在现实主义看来都是既定的,不需要讨论。总之,现实主义理论在理性国家假

---

① 参见秦亚青:"西方国际关系学的现实主义与新现实主义理论",《外交学院学报》,1996年第3期。

② 实质理性由赫伯特·西蒙所提出,其主要内容是强调行为者根据自己的目标、按照预期效用的大小排列和选择政策方案。

说之下，认为在相似的外部环境中，当不同的国家和领导人面对相似的情况的时候，都会在国家理性的指引下，自觉寻求最佳的对外政策，并表现出类似的国家对外行动。①

与之类似，唐小松也归纳了现实主义存在以下三点"原教旨"。他认为，虽然现实主义国际关系存在各种不同的理论，例如：人性现实主义、新现实主义等，但它们均坚守共同的硬核，并且都建立在相同的理论假说之上。正是因为拥有这些理论假说，这些理论才被共同归于现实主义理论之下。这些假说包括：第一，国家行为体的本质属性相同，均是无政府状态下一元性的行为体。这些行为体会在无政府状态的国际社会中理性地追求国家利益。结构现实主义学者肯尼思·沃尔兹和罗伯特·吉尔平均认为：当代的国家关系不同于人类过去历史中的情形。现在的国际社会中，国家行为体作为一个一元的整体，理性地追求外交政策。第二，国家的固定偏好是冲突性的。无政府状态下的国家与国家之间关系的实质，是针对稀缺资源进行不断的竞争与争夺。不论是人性现实主义的代表汉斯·摩根索，还是结构现实主义的学者肯尼思·沃尔兹，不同的现实主义理论家均承认这种冲突性的存在，也都坚持认为这种冲突性是固定不变的。这种冲突性从某种程度来说是物质性的，无法改变。观念、原则、法律、制度等主观的意志并不能改变和终结这种冲突性。第三，国际社会的结构的本质是物质性的。现实主义认为国家行为体争夺的核心是物质性的稀缺资源。正是这种物质性的稀缺资源构成了国际社会的基本事实。国家的信仰、追求、原则等主观的东西都无法改变这一基本的物质性事实。唐小松认为，这三个方面的理论假定，就是所有现实主义理论颠扑不破的理论硬核，是其"原教旨"。②

现实主义物质本体论衍生出的基本理论假说观点见表2—1。

---

① 秦亚青："西方国际关系学的现实主义与新现实主义理论"，《外交学院学报》，1996年第3期。
② 唐小松："论现实主义的发展及其命运"，《世界经济与政治》，2004年第7期。

表 2—1　现实主义物质本体论衍生出的基本理论假说

观点一	观点二
单一国家假说	国家行为体的本质属性相同，均是无政府状态下一元性的行为体
理性国家假说	国家的固定偏好是冲突性的
	国际社会的结构的本质是物质性的

以上这些现实主义最核心的内核，划定了现实主义的边界，但也恰恰是这样一些固定的边界，导致了国际政治理论中的现实主义理论的局限。对这些观点无论是秦亚青还是唐小松，其观点均来自罗伯特·基欧汉编著的《新现实主义及其批判》论文集中各位国际关系理论学者的论战。

第四节　基辛格外交思想既有定位的检验

本章的前三节梳理并总结了国内外既有研究对基辛格外交思想的评价与定位，我们可以发现，大部分国际关系理论方面的著作与论文，都将基辛格外交思想归为现实主义理论。"基辛格是现实主义的代表人物"这一观点，在许多学术著作是一个既定的结论性事实。但与此同时，在这些学术著作中，对于基辛格外交思想为何被归为现实主义理论，却鲜有充分的论证和有说服力的证据。

然而，不论是哪种理论（自由主义、现实主义、建构主义），每一种理论之所以成为一种理论，并不在于其外在表现的独特，而在于其理论硬核的坚守。本节将用现实主义的硬核及其衍生出的基本假说作为标准，验证基辛格外交思想的现实主义属性。

要分析基辛格外交思想是否属于现实主义，首先就必须检验基辛格外交思想的本体论是否是物质性的。国际政治是一种什么样的存在？是物质本体，制度本体，还是社会本体？这是一个在学术界充满争论并至关重要的问题。这种本体论的讨论是比认识论与方法论层面的讨论更为根本的问题。如上文所述，由于现实主义理论的物质本体论衍生出了现实主义的几点"原教旨"(基本假说),我们可以将这些"原教旨"作为检测条件,逐一分析基辛格外交思想是否符合这些"原教旨",这样就可以对基辛格外交思想的本体论有一个基本的定位。

一、单一国家假说的检验

单一国家假说。如上所述单一国家假说认为:每一个具体的国家均可被理解成一个整体。这种整体是一元性的。每个国家都会自动地设定自身的国家利益,并按照这种国家利益来制定和实施具体的外交政策。虽然每个具体的国家内部都存在着不同的利益集团,其国家和国家的结构也不尽相同。但是作为一个一元性的整体,每个国家内部的这些不同的结构和不同利益的集团,并不会过多地影响国家整体的根本利益和对外政策。国家作为一个整体,其亘古不变的根本利益就是生存权。这才是国际关系最本质的东西。[1]

单一国家假说囿于物质本体论的最大的根源是,只将国内结构等因素视作环境因素,认为它们只能起到限制作用。虽然,物质本体论衍生出的单一国家假说,已注意到了一个国家内部的具体结构、利益集团、社会构成、领导集团以及领导者自身的性格特质等错综复杂的情况,虽然都不可避免地对一个国家的对外政策产生影响,但这些影响并不是决定性的。这些复杂因素的总效果,至多是构成了一个国家做出外交决策的"环境",只能起到外因的限制性作用,而不能起到决定性作用。[2] 这种思想的核心,实际上是只把国家作为一个物质存在,而这个物质存在,在国际社会的各种客观环境中,按照各种客观规律自动做出符合国家利益的选择。然而,这恰恰忽略了,国家一方面是一个物质性存在,但更重要的是,国家是由人组成的,人是有意识的,意识能够发挥巨大的能动作用。同样是一个国家,在这个国家

---

[1] 秦亚青:"西方国际关系学的现实主义与新现实主义理论",《外交学院学报》,1996年第3期。

[2] 同上。

采取不同的国内结构的时候，其遵循的价值是不同的，对于"什么是国家利益"和"什么才是涉及国家生存问题"的看法也是不同的。

基辛格的许多著作（《美国对外政策》、《选择的必要》、《美国需要外交政策吗：面向 21 世纪的新外交》等）体现出了与现实主义的单一国家假说截然不同的观点，他认识到人的观念对物质性的客观事实有着巨大的能动作用，从历史传统到文化传统，从社会信念到经济制度……而国内结构是体现这种人的观念的综合体。基辛格在 1966 年发表的《国内结构与对外政策》一文，较为系统地阐述了基辛格外交思想对单一国家假说的超越。

基辛格在文章的第一部分"国内结构的作用"中，首先描述了"一般的国际关系理论"的逻辑。其逻辑描述为：第一，对于外交政策而言，各个国家行为体内部的国内结构是不需要过多考虑的；第二，任何国家国内的政策构成了外交政策的决策依据。经过对比和分析，我们不难发现这种"一般的国际关系理论"的基本观点与现实主义理论是高度相似的，二者都体现着鲜明的单一国家假说。这也正是理性主义指导下的现实主义国际关系理论的基本逻辑。基辛格在《国内结构与对外政策》第一部分的第一段就提出了超越这个逻辑的观点，他认为，这个"传统看法"只有在理想的"稳定时期"才能解释国际政治的面貌。那就是：第一，各国内部国内结构稳定，对"正义"等的看法一致；第二，国际体系中的各个组成部分对"游戏规则"的概念一致。只有在这两个条件都满足的理想状态下，"传统的"（现实主义）国际关系理论才能发挥其作用，因为各国政治家和一国国内的政治家是有"共同语言"的。

具体而言，基辛格认为在真实的国际政治现实中，国内结构和国际体系的这种理想的"稳定时期"是不常见的，外交面对的现实是很多国家内部对"正义"的看法不同，国家与国家之间对"正义"的看法也不同。一方觉得是"理所当然"的事情，另一方却觉得是"大有问题"。在这样的情况下，将物质本体论作出发点的，注重"客观条件"的几种国际关系理论，特别是现实主义的国家的"理性"决策，实际上是一个幻象。因为在这样的情况下，"什么才是国家利益"、

"制定何种政策才是符合国家利益"等观念，都是存在巨大分歧的，一个国家内部并不自动存在理想状态下的"共同语言"。

在这样的现实中，一些国家采取的应对方式是强制推行其国内结构，让其他国家强制"兼容"，基辛格认为这样做的后果是"立即加深分裂"。现实主义理论的单一国家假说强调国家行为体的整体性和一元性。对于一元性的国家行为体而言，只有生存权才是最根本的利益。而基辛格却指出，每次争端似乎总是牵连到生存问题。而实际上并非如此。一个国家的对外政策除去其事关生存的象征意义，其本质是非常具体的，与这个国家国内结构中的观念、价值、传统等因素紧密相连。

基辛格随即引用了爱尔兰政治理论家埃德蒙·伯克（Edmund Burke）的话和拿破仑革命时的历史事实来表明其对"单一国家"假说的驳斥和反思："我从不认为我们能够同这个制度（法国大革命）媾和；因为我们敌对双方所角逐的并不是一个具体的目的物，我们双方是为了制度本身才进行战争的。按照我的理解，我们双方交战不是为了这个制度执行得怎么样，而是为了这个制度是否应该存在，所以应该把制度的存在及其敌对性看作一回事。"[①]

埃德蒙·伯克曾担任英国下议院议员，属于辉格党。他对不同的革命有着截然不同的态度。他支持北美殖民地的革命，但他对法国大革命却持批判态度。[②] 伯克不赞同认为"人的推理可以作为知识来源"的理性主义。法国启蒙思想是信仰并依靠理性主义的。启蒙思想最著名的代表人物卢梭就坚持认为，理论可以基于先验的假定，通过演绎推理而来。[③] 伯克认为卢梭等人以理性主义为指导，抽象出一套理论，"这种理论完全脱离历史与传统，从而使法国革命走上了一条颠覆社

---

① 此段描述为基辛格援引自《埃德蒙·伯克全集》（第八卷），（The Works of Edmund Burke, Oakley Press）1826 年版，第 214—215 页。

② 参见陈志瑞："保守与自由——埃德蒙·伯克的政治思想"，《世界历史》，1997 年第 5 期。

③ 同上。

会政治秩序、破坏自由和财产的歧路。"① 伯克强烈地反对法国启蒙思想家们的思想。他坚持认为："以卢梭为代表的这些理论家的极端性的理论都是虚妄的。这些理论在形而上学上的真实可信度，就如同它们在道德和政治上的虚假程度。"② 而英国革命的特点却恰恰与此相反。伯克认为，不能将国家的概念抽象化，不能将国家对自身利益的判断抽象化。国家对利益的观念是无法脱离历史与传统的。一个社会的政治原则应该建立在历史与社会经验之上。人类只有对历史不断地思考，并从既往的实践经验中汲取养分才能进步。对于政治理论伯克坚持历史与实践的重要性。

伯克的政治理论实际上是基于一种"有机的社会观"，这种"有机的社会观"相信"人类社会其实是一个连续的契约。这种契约的本质属性是一种广泛的、延续性的社会联系的综合体。这种契约并不是固定的，而是一种动态的过程，是通过数代人的实践与传承从远古走向未来"。③ 他认为只有历史和传统才能成为政治理论可靠的来源和依据。政治理论必须来自经验理性。伯克非常反对卢梭等人的抽象理论，他一再强调历史的重要性。

《国内结构和对外政策》一文，体现了埃德蒙·伯克思想中质疑将国家概念和国家利益抽象化的思想对基辛格外交思想的影响。基辛格接受埃德蒙·伯克的观点，认识到人类历史的有机性，反对与单一国家假说类似的那种将国家作为一个整体会自动形成一种抽象的、普遍的整体利益的看法。他认为，各个不同历史时期内，对外政策可以动用的社会总能量是完全不同的。在神权时代，君主们受着不成文法的约束，无法征收所得税和实行义务兵役制，因此君主时代（或者说封建时代）的战争所能动员的社会能量是非常有限的。而法国革命之后建立的国家，由于其理论基础是法国当时的政治体制，是建立在所

---

① Russell Kirk, *The Conservative Mind from Burke to Eliot*, Chicago: Chicago University Press, 1960, p. 45.
② ［法］埃德蒙·伯克：《法国革命论》，商务印书馆，2009年版，第54页。
③ 陈志瑞："保守与自由——埃德蒙·伯克的政治思想"，《世界历史》，1997年第5期，第43页。

有人民的意愿之上的，所以法国可以动员远远超出封建时代的君主国所能动员的社会总资源，因此这种社会结构使得法国一国应对数个强大的欧洲封建国家时，激发了巨大的潜力。

　　一个国家对自己所处的环境的解释，决定了其对外政策。除了少数特例（如19世纪的普鲁士和当代的以色列，由于它们所处的环境具有明显的特征和紧迫的危险，所以国内对所处环境的观念高度一致，这使得它们的国内结构对外交政策的影响有限），而在现实的国际政治领域，许多国家并没有既定的对自身所处环境的固定观念，这个时候国内结构决定了对国家所处环境的看法，而这种对周围环境的看法又直接决定了外交政策。基辛格在这里举的例子是拿破仑法国和俄国。拿破仑法国的国内结构，明显不同于周围的其他欧洲国家，拿破仑时期法国的这种国内结构，决定了它对自身所处环境的看法是不同于别的欧洲国家的，而这种观念使得拿破仑对法国做出的外交政策决策与那些以"神权"统治法国的君主是完全不同的，甚至是无法理解的。虽然是同一个法国，但由于不同的国内结构，所以得出不同的环境观念，所以做出截然不同的外交决策。这个例子是典型的对反对物质本体论的单一国家假说的思考。按照物质本体论的现实主义的理论，无论法国是何种国内结构，它都会自动形成一个固定的符合自己"国家利益"的外交政策。在苏联的例子中，苏联之所以觉得在东欧建立一些与它拥有相同的国内政治结构的友好国家带，是因为苏联的特殊的国内结构的意识形态给苏联的外部环境提供了一种观念，这种观念让苏联相信，只有让这些国家也实行社会主义的国内结构对苏联才是最安全的。换言之，基辛格想说明，如果不是苏联，而是另一个不同国内的国家处在苏联的地理位置上，同样还是这个国家，但会实行完全不同的外交政策。苏联作为一个国家行为体，并不会自动给出一个最大化其国家利益的外交政策。因为对于"什么才是最大的国家利益"这一观念，共产主义的苏联和别的国家会得出完全不同的答案。用基辛格的原话就是"是其国内结构提供的观念的结果"。

　　以上是基辛格对于宏观意义上的"外交政策"的分析，他认为在宏观的外交政策上，各个国家的选择情况千差万别，不存在单一国家假说中存在的自动地符合国家利益的对外政策。各国不同的"国内结构"这一被单一国家假说认为是不重要的、可以忽略的因素，恰恰起着至关重要的作用，并导致各国选择了完全不同的对外政策，还造成了同一个国家在国内结构变化以后选择了前后完全不同的对外政策（基辛格以法国为例证），这种作用在基辛格看来远远大于典型的物质本体论基础之上的现实主义认为的"为决策提供某种背景"的程度。

紧接着，基辛格讨论了在微观上对于具体的某项外交政策的制定，一国的国内结构所发挥的作用。基辛格认为，"一个国家的国内结构其实最终决定着一个国家对外政策的长远目的"。这一切源自"对外政策最困难也确实是最悲剧性的方面是如何处理揣测性问题"。在本文前一节，我们已经明确，在方法论上，理性主义国际关系理论一般坚持方法论个体主义。方法论个体主义的基础之一是个体是理性的（或有限理性的）。基辛格描述了个体主义方法论的困境，他认为，现实中的外交决策并没有给个体理性提供多少余地，"存在以下两种情况：当可采取的行动的范围极其广泛时，据以采取行动的知识却很少，甚至含糊不清；而当掌握了知识时，影响事变的能力往往又极小"。也就是说，即使假设"个体理性"是既定的，那么这种自动运行的"个体理性"在现实的外交决策中也无法获得足以做出理性选择的前提信息。基辛格用二战前的国际关系史作为例子："1936年，人们都不知道希特勒究竟是一个被人误解的民族主义者还是一个疯子。待到大家都搞清楚时，却不得不付出千百万人的生命作为代价。"

综上所述，经过检验，我们得出一个结论：基辛格的外交思想并不认同单一国家假说。基辛格认为"国家的根本利益"并不是一个客观的物质性的存在，而是受到国内结构的深刻影响。国内结构的这种影响不仅仅是"营造国家决策的环境"，从某种意义上说，国内结构直接决定着"什么才是国家根本利益"。

二、理性国家假说的检验

如本章第一节所述，理性国家假说认为：无政府状态下的国家行为体本身就会具有一种既定的理性。在这种理性的指引下，国家会自动在各种各样可能执行的对外政策中进行理性的比对和选择，然后最终会趋近那个与国家利益最符合的政策选项。这样的理性也同样体现在国家行为体制定某一具体外交行动的决策中。这些决策会在国家理性的指引下趋近国家的意图达到的目标。现实主义理论中的这种国家理性在本质上趋近于实质理性。① 由于现实主义国际关系理论均遵循这种理性国家假说，所以现实主义理论在分析国际关系的时候，重点研究对象是决策的外部环境因素和国家行为体的具体目标，这些都是客观的物质性的因素。由于现实主义认为国家行为体具有这种实质理性，因此，现实主义学者往往并不考虑不同国家行为体的具体特点、不同领导人的心理因素和个人特质、世界观、价值取向等主观因素。这些在现实主义看来都是既定的，不需要讨论。总之，现实主义理论在理性国家假说之下，认为在相似的外部环境中，当不同的国家和领导人面对相似的情况的时候，都会在国家理性的指引下自觉寻求最佳的对外政策，并表现出类似的国家对外行动。②

基辛格在担任哈佛大学教授的时候，于1961年出版了《选择的必要：美国外交政策的前景》，此书的第八章"政策制订人和知识分子"，以及他在1966年发表的《国内结构与对外政策》（《达地勒斯》1966年春季号，美国文学与科学学院学报第95卷第二期）的第三部分"领导集团的性质"，③ 较为系统地阐述了基辛格外交思想对理性国家假说的超越。基辛格认为，国家并不存在这种统一的自动生成的"理性"，这是一种看似客观的幻象。在现实政治中，不同国家各自的决策方式千差万别，一个国家的外交决策不仅会受到客观物质性因素

---

① 实质理性由赫伯特·西蒙所提出，其主要内容是强调行为者根据自己的目标、按照预期效用的大小排列和选择政策方案。

② 秦亚青："西方国际关系学的现实主义与新现实主义理论"，《外交学院学报》，1996年第3期，第42页。

③ 参见［美］亨利·基辛格：《美国对外政策（论文三篇）》，上海人民出版社，1972年版，前言部分。在前言中，基辛格说："这三篇论文都是我辞去哈佛大学教授职务之前写成的。"翻译此书的复旦大学资本主义国家经济研究所编译组认为，该论文的内容与基辛格1960年写的《选择的必要》基本观点相似。

的影响，同时还受着许多观念层面因素的影响。这些观念因素是复杂的。

（一）关于国家主义论

基辛格否认存在国家理性，他强调决策最终是由人做出的，而人是有主观意识的。

具体来说，基辛格在他的论文中，首先否定了外交决策的理性和"客观"性，他强调外交政策不是机器生成的，而是由人制定的。即使有很多人觉得外交政策的选择是基于很多不以人的意志为转移的"客观"因素，因为外交决策的结果也应该是客观的和相对固定的，其实这也是一种心理状态，是一种主观的"理解"。外交决策的核心在于，虽然既有的条件看似全是"客观"的，但是人不可能选择所有的客观事实作为条件，而只可能选择部分事实用于决策。在这个过程中，人的主观意识就起了非常大的作用。决策者在作出选择的时候，他实际上是受到很多心理因素的影响，例如他的擢升过程和他在国内政治中的经历。

基辛格用历史事实证明这一论断。他认为，以欧洲为例，不同国家非物质性的文化传统造就了他们外交决策的不同偏好和不同选择。没有一种统一的"理性"来使得这些国家作出相似的"客观"抉择。不列颠式的斡旋与调解，展示了英国的供职议会所熏陶而成的特点。在族际血缘和姻亲关系加上共同的教化这些社会性特质的共同作用下，英国领导集团形成了同舟共济的决策偏好。而与英国完全不同的是，德国采取的是一种激进的、煽动性的、不妥协的"歇斯底里"的政策。这种决策偏好深深地根植于德国的文化与历史之中，并受到德国独特的国内结构的影响。在这个结构中，政党无法担负责任，各个部的部长身不由己地在采用神权文化统治的帝国结构和根本没有执政可能性的议员们所组成的议会结构这二者之间艰难的平衡。在这样的复杂结构中，唯一可能获得支持的方式，是采取歇斯底里式的政策，将国内民众的情绪煽动起来。只有在这种激昂的情绪和民意之下，才能达成某些一致的意见。久而久之，温和的英国式样的外交政策在德国国内很难奏效,反之,这样的政治文化对于冲动、激进的外交政策不但不阻止,反而在事实上纵容甚至鼓励。所以,在历史上,德国的对外政策往往是不稳定的,其后果是经常会造成邻国的担忧。由此可见,在19世纪的欧洲,不存在理性国家,不论是英国的温和斡旋,还是德国的激进,这些国家的对外政策都蕴含着非常大的主观性与偶然性。恰恰是这种"贸然轻举妄动"、"毫无知识依据的盲目自信"和"过分强调知觉"的特征,使得19世纪那种贵族式的对外政策走向消亡。

在论述了历史上欧洲的事实之后,基辛格又分析了现代社会中,是否仍然不存在这种理性国家,现代社会不同国家的决策者会不会制定出相似的"理性"、"客观"的对外政策。他认为,19世纪本质上是贵族概念的对外政策的消亡,使得领袖们更加注重政治生涯方面的经验。倘若贵族政治遵守它的信念,它会反抗专制主义统治的独断专行;它也会使自己主义具备这些品格——那就是支持平民民主与生俱来的那种煽动性的行为偏好。如果贵族政治认为问题涉及基本人权等核心价值,那么它可能会稍微允许些许比较激进的政策,但仍然不会给这种政策提供保障。导致所谓"永久性成功"的约束也不会妨碍政策的灵活性。在现实政治中,政治家的地位有三种情况:第一种,在国内具有巨大声望。如果一位领导者对他自己的威信的估计不全靠他在整个政府结构中的官职和位置,那么他就能具有某种灵活性,从更长远的未来的视角来判断应该选择何种政策;第二种,在国内也仅仅只有有限声望。如果一个领导者所有的威望都仅仅来自于他的职位,那么他的行为方式和偏好就会完全不同,他不会热衷于进取,而是尽量避免挫折,尽量适应自己这种弱势的地位,不求有功,但求无过;第三种,一个领导者具有超越国界的声望。如果一位政治家的声望超越了本国的国界,别国也了解他、关注他。那么这样的政治家在决策的时候,不但会考虑本国国内的观点,还会考虑别国的观点。如果几个国家的政治家都具有这种超越国界的声望,都是国际名人,那么他们在决策的时候就会采取更广阔的视角。基辛格认为,在这种情况下,虽然不能乐观到认为他们的这种广阔的视野会消除所有的分歧,防止所有的冲突,但至少可以达成一点,那就是双方将具有更多的共同语言和更广泛的认知背景,这有利于对话,或者至少有利于让双方知道他们的分歧究竟在哪里,他们分歧的本质是什么。

基辛格进一步分析了二战以后的国家以及国家领导人是如何决策的。在二战后的时代,专家和先知两种类型的领导者日益发挥作用。所谓的专家型领导者是指,这些人对那些共同持有的观念具有既得利益,并且有他们各自的支持者。他们之所以成为专家型领导者,也是与他们"升迁发迹"的过程分不开,在这个过程中,他们通过仔细研究,分析出他们的支持者们所普遍持有的一致意见,然后他倡导这种意见,最后成为专家型的领导者。然而,也正是由于这个经历,使得专家型领导集团的对外决策特点是犹豫的、不果断的,因为他们总是受到他们的支持者的意见左右,并始终无法从根本上摆脱这种境地;而先知类型的领导者升迁发迹的过程,是他们通过不断地推动新的革命获得了他们的领导地位,所以这种人生经历造成他们在成为领导后也习惯于通过不断地推动新的革命来维持他们的领导地位。专家型领导集团和先知型领导集团都有巨大的优势和巨大的局限,都不能自然做出理性国家假说中所描述的客观、理性的决策。

(二)基辛格所处时代的三种领导集团

基辛格在否定了存在一个能够始终作出"理性"、"客观"的外交决策的统一的、通用的理性国家之后,详细讨论了在他所处时代的现实政治中,三种领导集团,以及观念层面的因素对他们的决策产生的重要影响。这三种领导集团的类型分别是:第一,官僚的和实用主义的;第二,意识形态类型的;第三,革命的和先知先觉类型的。不同的领导集团在形成过程中都会受到三个方面的影响:领导者被擢升的过程中所凭借的特质;领导者所活动的国内政治结构;领导者所在社会的基本信仰。如果将结构视为客观因素,那么另外两项(升迁经历和社会信念)则是主观的意识范畴。

1. 官僚实用型领导集团

这种领导集团的特点是:社会秩序稳定,没有明显的社会对立。对于最基本的问题和原则,整个社会已经取得了一定的认同,因此绝大部分既有的核心问题都有一种共识。在这样的情况下，领导集团制定对外政策的时候，就表现出一种程式化、机械化的就事论事和实用主义。基辛格将美国视为典型的官僚实用型，而其他西方国家也是渐接近这种类型。

官僚实用型的领导集团认为，"船到桥头自然直"（事态的前因后果就包含着解决的途径），因此他们不是主动寻求积极的政策，而是倾向于等待事态发展到一定程度时再进行解决。因为整个社会对大的问题有基本的共识，这样的社会文化就赋予这样的领导集团某种盲目乐观情绪，觉得只要努力作出决策，问题就一定能够解决。所有的问题仅仅是程序上的，按照流程做下去就自然会得出结果。这种普遍存在的盲目乐观心理倾向会造成这样一种后果，那就是这样的领导集团很少考虑主动的政策，也不相信晚一点决策会造成灾难性的无法挽回的损失，即使真的出现了艰难的困境，也只需按照流程做就行了。他们相信所有的问题不论多么复杂，都可以机械化地分成几个部分，而每个部分都可以由几个专家来具体找出应对方案。至于每个部分的有机联系和整个问题的本质，他们往往是忽略的。这使得这种领导集团的决策文化是关心技术性问题，轻视政治性问题；追求精细化的机械化处理，忽略宏观的本质分析。虽然，这样的领导集团也并不否认某些价值观与原则性的东西对决策是至关重要的，但这种集团决策文化造成的惯性使得他们在决策流程中都是就事论事的"流水线"，没有一个环节是用来讨论这些"捉摸不透"的重要东西的。这样的实用主义决策流程，重视程序却忽略判断，决策是在惯性之下按照流程做，而不是思考应该怎么做。

最擅长并适合这样流程的人是律师和企业家。因为律师最擅长的工作，就是凭借经验，对一系列通过辩论程序而提出来的特定问题进行熟练的分析。这些人由于适应"官僚实用型"领导集团的特点而成为了领导集团的主要成员。与此同时，由于他们的职业特点，久而久之，他们又反过来加强了"官僚实用型"领导集团的实用主义特点。再加上在美国国内的律师中占有重要地位的盎格鲁·撒克逊文化的律师更倾向于处理就事论事的实际案件而不是假定性案件，这一倾向就更加明显。然而，设计对外政策与从事案件诉讼是不同类型的工作，有着截然不同的特点，政策设计的本质特点就是对未知的情况做出假设性的判断，需要依靠一种超越现有结构的预见力。

这样的状况造成了美国这样的"官僚实用型"领导集团国家决策的一些特点：首先，这强化了美国国内早已存在的将对外政策同应付手头问题的方式混为一谈的倾向。在这种倾向下，面对一项对外政策，一开始，问题会被细致地分为几个问题，分由不同的部门去处理，一方面这样导致各部门在意见不一致情况下的平衡难题，另一方面这种分配其实浪费了外交决策的时间，使得事态有可能发展到比较严重的程度。等到那种真的情况出现，官僚体系内的各个部门都会夸大其词地说明自己部门的观点和理由，最后，被选择的外交政策并不一定是最合适的，而是出于那个最擅长讨价还价的、最会包装自己的部门。这种"律师化"的政策制定方式，使得最终出炉的对外政策成为"在一定利害关系之间进行一系列调整的过程"。

基辛格认为，以上这种以部门间相互辩论和讨价还价为流程特点的决策方式，也许在制定国内政策的时候可以平衡多方观点，但却绝不适合对外政策的制定。因为，对外政策的特点是，注重的是长远利益，要寻找类似理性国家假说中所说的那种最适合国家利益的对外政策。相比之下，国内政策需要在辩论程序中寻找代表，并且要争取选民，而对外政策却处在完全不同的情境中。对外政策在美国的结构中，那种"不求有功，但求无过"的倾向会很严重，除非有某个部门对问题专门负责，不然很多问题就会在行政化的操作中被忽略过去。而当对外政策中的某个问题变得紧迫，需要一个部门专门应对时，这个问题通常已经是困难重重了，有关部门此时就会为他所负责的那一块工作讨价还价，或是推卸责任。对外政策最需要的才能是对整个问题有全局性、本质性的把握能力，然而，在美国的"官僚实用型"领导集团中，最终被采纳的政策仅仅是因为，提出这项政策的某个部门具有更强的说服和平衡的本领。基辛格认为，虽然从某种意义上说，所有行政体制，不论是哪种国家都或多或少存在这种现行，但以美国为代表的这种典型的"官僚实用型"领导集团在这方面的特点是最显著的。

　　基辛格用他所处时代的国际政治为这种理论找到了注脚。他认为，美国在冷战期间，之所以在柏林危机、裁军问题、越南战争等重大事件中，一开始都表现得很僵化很犹豫，不愿过早阐明自身立场，而总是说些笼统的不关痛痒的外交辞令。然后随着时间的流逝，保持灵活性的可能越来越低，在重重压力之下，当美国必须对某一样外交政策进行摊牌而不能再采取模糊立场的时候，某个部门或某个官员就被指派专门负责这个问题，这样，情况就发生了变化。这个部门和这个官员此时的目的并不是制定最符合美国长远利益的对外政策，而是迅速了结这个危机。

　　美国的"官僚实用型"领导集团的另外领导者的来源是企业界。企业界的职业经理人也是从一个选拔机制中层层被挑选出来的。而选拔的标准与律师办案有一个最大的相似之处就是，并不看重解决假设问题的能力，而是看重、控制已经掌握的因素的能力。而在控制已经掌控的因素的能力中，最重要的就是协调各部门的能力。职业经理人的特殊才能，就是平衡、协调各个部门使之运作起来，而不是重新规划企业的未来。在这样的需求下，标准化的问题解决程序是富有成效的，企业家更多依靠的是他们的应急判断力、经验和人脉，而不是对问题本质的深刻思考能力。在紧急的国际政治事件发生后，企业家的这种应急决断力，表现出了他们的坚强的意志——然而这可能意味着这种魄力是以忽视深刻分析问题的本质为代价的。而制定对外政策是一项专业性很强的工作，职业经理人对此并不熟悉，在这种情况下，他们就依靠技术顾问和专家提供观点，他们选择并传播这种观点，但并不对此进行深入的思考。这样，美国"官僚实用型"领导集团中既有的那种把问题分配下去的流程，受到了职业经理人出身的领导者的青睐。对外政策就被作为一个个可分解的技术流程而迷失了其本质目标。有一个并不正确却流传广泛的观点，那就是"如果双方观点不同，那么真理肯定在位于二者的中间地带"。政府关于对外政策的决定，最后都是各种机构之间妥协与平衡的产物。在这种情境中，个人的语言表达能力、说服力，甚至外貌、口音、个人性格的偶然性甚至会发挥重要的作用。各种各样的部门和官员，为了竞争和讨价还价，总是将问题极端化和简单化，最后如何平衡各部门利益的程序性问题反而压倒了对外政策的实质性问题。久而久之，政策制定者对官僚程序的依赖程度与日俱增。他们习惯于标签化和简单化所遇到的复杂的国际社会中的实际问题，以及在错综复杂的不同国际问题之间的微妙关联和其深刻的本质，鲜有决策者去做深入研判。基辛格认为，苏伊士运河危机、法国决心加入核大国以及在越南战争等事件中，美国的决策就反应了"官僚实用型"领导集团的特点。

总之，"官僚实用型"领导集团的特点是，在处理细枝末节的技术性问题上是擅长的，但是在处理复杂的长远性的国家对外政策时，就缺乏把握历史进程的鉴别力。

2. 意识形态型领导集团

基辛格认为这种领导集团的特点是：这个集团的领导者，不论他们个人持有什么样的意识形态，但他们是在共产主义特权阶层中得到升迁提拔的。这种人生经历会使得他们拥有一定的思想基本范畴。他们会不自觉地利用这种思想范畴提供的方法，来保持全世界各国共产党的一致，或是处理它们之间的争论。基辛格将苏联视为典型的"意识形态型领导集团"，这个类型的领导集团也不拥有自动的理性国家，他们在制定对外政策时深受他们所特有的意识形态的影响。

在基辛格看来，苏联的马克思列宁主义最核心的观点是认为各种客观因素（例如社会结构、经济结构、阶级斗争）要比政治家的主观的思想（如个人信念等）更为重要。因为，政治家个人的信念和善意是非常主观的，也是非常容易变化的，苏联无法将自己的国家安全建筑在这些不稳定的意识的"沙堆"之上。在这样的认知之下，对于苏联而言，获得国家安全的唯一的办法，就是追求绝对安全，也就是在客观物质力量上超过其他所有对手或盟友。从而使得不论别国的决策对苏联是善意还是恶意、无论别国的领导者对苏联是善意还是恶意，都变得不再重要。然而，历史早已证明，一个国家的绝对安全，意味着别的所有国家的绝对不安全。因此，别国也会奋力提升自己的物质实力。在这样的竞争中，苏联要达到目标就必须不但要增强自己的绝对实力，还要增强自己的相对实力（也就是削弱别国的实力）。这在苏联看来是一种防御性的对外政策，但对于别国而言其实就是一种进攻性的政策，甚至已经与传统意义上的侵略相差无几。

对于这种类型的领导集团，他们更注重的就不再是观念层面的善意，而是物质层面的权力。基辛格认为，正是这样的思想，指导了苏联在二战后撕破了在反法西斯战争中与西方社会建立起来的友谊和信任，而一定要在东欧建立直接由共产党控制的政府这样一种物质权力之后，才能感到安全。然而，这样实际上对苏联造成了一种两难：如果不急切地在东欧建立共产党政权，苏联与西方的关系就不会如此紧张；但是，如果没有东欧的共产党政权，一旦与西方关系紧张，苏联则可能面对危险。在面对这道两难选择题的时候，苏联毫不犹豫地选择了物质权力，而牺牲了诸如"日内瓦精神"这样的观念层面的善意。基于同样的心理原因，苏联致力于破坏西方在中东地位的前景，拒绝了肯尼迪政府许多合作的建议。而在"古巴导弹危机"中，古巴建立导弹基地的冒险行为，其实也是苏联基于这种心理的必然表现（最后苏联在导弹危机中退却，仅仅是因为它认为绝对的力量对比当时并不有利于苏联）。

苏联的意识形态使得它坚信，苏联式的共产主义必然超越资本主义，并最终取而代之。这是一种客观性的历史规律，是物质性的，是不以人的意志为转移的。因此，在与西方的谈判中，苏联认为不论怎么和对方谈，都无法改变这一历史规律。因此，谈判仅仅是表演或是策略性的让步，并没有改变苏联式的共产主义最终取代西方资本主义制度的历史洪流。基辛格引述1963年7月14日苏联《真理报》的文章表明这一观点。[①] 在这样的情况下，如果苏联的这种心理不改变，那么西方国家对苏联的外交就很难发挥作用。

与此同时，意识形态型领导集团内部，领导者个人得以升迁发迹

[①] 基辛格引述道："我们（苏联）完全赞成消灭帝国主义和资本主义。我们不仅相信资本主义必然死亡，而且正在尽一切努力，使得这一点能够通过阶级斗争实现，而且能够尽快实现。"

的经历，使得他们的对外政策一方面小心翼翼，一方面却又充满暴力和冷酷。基辛格解释了这种心理的形成原因。因为在苏联这样意识形态型领导集团中，领导权力的更替或者交接并不存在一个既有的合法程序。为了获得权力的交接，就必须花费巨大的精力用于使用政治手腕。领导人想要被提升到高层的位置，只有通过消灭一切可能的对手（他们往往采取官僚机关的罢免方式，甚至直至在肉体上消灭竞争者）。基辛格列举了斯大林、赫鲁晓夫、勃列日涅夫和柯西金的例子。基辛格写道："斯大林处决了所有帮助他上台的人。而赫鲁晓夫罢黜了他的老师卡冈诺维奇，还处理了曾经在他人的叛乱中救过赫鲁晓夫性命的朱可夫元帅。朱可夫自己也遇到了相同的经历，他提携了勃列日涅夫和柯西金，可这两个人却推翻了他。并在赶走他的二十四小时内发动了一次诋毁赫鲁晓夫的运动。"[1]

在意识形态型领导集团中获胜的人，经过这段斗争经历，都是全神贯注、冷酷无情、一心一意并且被强烈的权力欲推动着。长期的斗争使得他们疑心重重。他们将在国内政治中对待自己的竞争对手的心理状态，用于制定对外政策。

基辛格认为，苏联领导集团的这种特质，不但影响了他们对西方国家的对外政策，也直接指导了他们对其他共产主义国家的政策，甚至更为严重。一旦发生分歧就按照苏联在国内斗争中的方法排斥并毁掉对方。基辛格认为苏联对中国的态度，特别是在中国与苏联的论战中苏联表现出的行为，在很多方面比苏联与非共产主义世界之间的争吵更激烈。正是这种心理层面的因素，使得苏联像对待异教徒一样对待持不同观点的其他共产主义国家，在这样的心理下制定的对外政策使得双方分歧无法解决，甚至愈演愈烈。

即使共产主义领导集团的基本概念的范畴是相似的，各个共产主义国家的国内结构对于国际关系的影响也不完全相同。在意识形态已经制度化了的国家（苏联），和在意识形态还处在初期，并仍然将革

---

[1] Henry Kissinger, *American Foreign Policy*, *Expanded Edition*, New York: W. W. Norton, 1974, p. 24.

命的狂热作为动力的共产主义国家,情况是不大相同的。在苏联这样的国家,可能形成一种特殊形式的、类似美国的经验主义的实用主义。但这种实用主义所发挥的作用与在美国那样的"官僚实用型"国家是不同的。从根本上说,苏联更注重的还是主义和概念等意识形态。苏联领导人发表长达数小时的有关共产主义意识形态的讲话,这种形式对苏联而言并不是表面的,而是会深刻地影响这个国家之内什么是"合理"的主观看法。这些主观看法恰恰决定了苏联的对外政策。

基辛格这一段对于"意识形态型领导集团"的分析,恰恰找到了很多现实主义理论强调物质性权力的根源。这种根源恰恰不是物质性的,而是非物质性的,是一种在意志层面的理念(苏联式的共产主义的意识形态)作用下其决策者做出的反应。

3. 先知革命型领导集团

在美国式的"官僚实用型"领导集团和苏联式的"意识形态型"领导集团之外,还存在着"现实革命型"领导集团。这种类型的领导集团往往出现在二战之后的新兴国家,例如印度尼西亚和古巴。美国式的"官僚实用型"领导集团所关心的是解决现有问题和操纵稳定的国内环境,并不是新兴国家的迫切要求,他们最关心的是如何建设尚未固定的未来。而苏联式的"意识形态型"领导集团由于其"意识形态"存在太多僵化的规范,使得新兴国家领导者的个人能力受束缚,因此他们也不倾向这种类型。新兴国家的领导人往往领导了他自己的祖国取得了独立斗争的胜利,在艰难困苦中他们养成了一种乐观和坚定的性格,使得他们能够超越那些看似非常强大的敌对的客观环境。他们有革命家的特质,并不首先考虑物质层面的因素,而是考虑精神层面的威望。基辛格举了印度尼西亚的苏加诺和古巴的卡斯特罗的例子,认为对物质的追求无法让他们冒着生命危险投身革命,如果他们真的想得到物质,那么在旧体制中,他们只要发挥他们的才干,一样能够获得显赫的地位却不用冒革命的风险。所以他们追求的是对未来的一种预见,是一种追求政治权力的热情。对于革命家来说,最有意义的并不是目前现存的世界,而是他们为之奋斗的、未来争取实现的世界。

在这样的情况下，先知革命型领导集团追求的并不是物质性的经济利益（比如本国经济的正常速度发展）。因为，虽然先知革命型领导集团同样欢迎经济的发展，但是正常的、常规的经济发展所能给他们提供的成就感和荣誉感是非常有限的。一个社会要使经济获得发展，就必须是按部就班的、痛苦的、缓慢的，只能通过客观的技术条件一步一步地实现，并将经历很长一段时间。而这种缓慢和低效率，对于革命家而言是无法忍受的，因为他们在带领自己的国家取得独立革命胜利的时候，所获得的荣誉感和成就感远远超过这个，那是一种强烈的、迅速的、爆发式的心理体验。而经济发展必须基于物质现实，所以必然是缓慢的，而且功劳的分配往往也是复杂的，并不那么泾渭分明。所以，对卡斯特罗这样的革命型领导集团而言，吸引他们的不是经济发展，而是整个拉丁美洲的宏大革命前景。

而且，新兴国家在取得独立革命胜利之后，国家秩序比革命时期要正常，这就使得国内压力有可能转向对经济生活的需求，如果得不到满足就会造成某种国内结构的动荡。先知革命型领导集团应对这种情况的策略，深深源自于他们的心理。他们不会选择用发展经济来解决经济问题，而是会选择采用一种激进的、鲁莽的、大胆的、引人注目的对外政策。他们相信，一方面，这种对外政策会缓解国内的压力，而且还会使得本国在国际上拥有更具优势的地位，从而促进本国经济。特别是当他们处在冷战的大背景下的时候，这种好处更加明显——超级大国往往会援助那些引起波澜的新兴国家。

曾经遭受殖民统治的历史，使得先知革命型领导集团有一种深深的不安全感，因此他们倾向于采取独裁或威权的形式进行统治，他们不喜欢民主制度，因为那样会让冒着巨大风险取得革命胜利的领导人在和平年代变得可有可无。他们在国内政治中，努力把自己塑造成国家统一的象征、社会统一的象征，如果出现反对派，就立刻会被他们塑造成是对社会统一的破坏力量和分裂力量。而国内的民众，由于曾经遭受过殖民统治和战争的苦难，他们盼望着一种稳定感和安全感，因此，那些痛苦的记忆会有利于先知革命型领导集团对反对派的这种负面塑造。这些国家的领导集团，虽然并不一定信奉共产主义的全部学说，但往往会借用马克思、列宁主义中对于资产阶级剥削的经济学学说来为他们的权威统治提供合法性的理论依据。

激进的对外政策，往往成为这种类型国家的领导集团回避国内政治困境的有效手段，有时甚至是解决国内困境的理想工具。国际舞台为他们创造了吸引人关注的重要机会，他们对西方国家采取强硬的态度，唤起国内民众对于反殖民时代斗争的回忆，很多国家正是在这样的斗争中完成了国家统一，所以在他们的记忆中，与反殖民斗争无关的那些不是有利于这些先知革命型领导集团的。

在核武器时代，大国为了避免引发核战争的灾难，采取行动的时候与过去的时代相比是比较保守的，先知革命型领导集团巧妙地利用了这种外部环境，避免了许多以往采取冒险性对外政策可能带来的西方制裁的风险。基辛格指出，对待这样的国家，最有效的方式是利用它们的心理特征和国内结构的脆弱性，在其国内制造动荡。

从基辛格所详细描述的三种领导集团的理论中，我们可以清晰地发现，在基辛格的外交思想中，对于现实主义理论的物质性本体论衍生出的理性国家假设，不但有所涉及，而且还做出了详尽的反驳。他通过理论与历史论证了外交决策是人做出的，而人具有巨大的主观性。不同类型的国家，由于拥有不同类型的领导集团，他们的决策基于完全不同的心理特质之上，因此，他们做出的对外政策是截然不同的，并不存在一种放之四海而皆准的"国家理性"。

第三章　基辛格外交思想再定位

基辛格具有双重身份，一方面他是一位国际关系学者，但更重要的一方面，他是一位外交实践者。他的外交思想的首要目的并不是形成一个理论体系或抽象出一个对世界每一地区的国家关系都适用的理论，而是在真实的世界中解决复杂的问题。因此，我们至少有理由怀疑现实主义（无论是古典现实主义还是结构现实主义）无法全面涵盖基辛格外交思想的要义。我们应该摒弃仅仅以现实主义国际关系理论为框架解读基辛格思想的定式，获得更多的养分。

在第二章，本书尝试证明了基辛格外交思想对现实主义物质本体论的突破。

本章要解决的问题：一是基辛格的思想是什么？二是基辛格外交思想的本体体系是什么？笔者将把基辛格外交思想与建构主义进行比较（并辅之以理性主义），进一步确定基辛格外交思想在国际关系三大理论中的相对位置。然后在充分消化吸收基辛格主要外交思想的基础上，打破长期以来对其思想的条块分割，将缺乏内在逻辑的"基辛格外交思想全集"消化成一份"基辛格外交思想的核心"。最后，在这一核心的基础上，完成对基辛格主要外交思想谱系的绘制。

第一节　基辛格外交思想与建构主义的联系

通过上一章的辨析，我们可以发现基辛格的外交思想并不符合各种现实主义共有的几个前提假说。通过阅读和分析他的学术著作，我们可以找到清晰完整的论据来证明基辛格的外交思想从未囿于现实主义的理论硬核——物质本体论。因此，以现实主义国际关系理论作为框架来理解基辛格可能造成对其外交思想认识的简单化和标签化。然而，由此我们会自然地想到使用国际关系理论中的其他几种范式（如自由主义、新自由主义、建构主义等）作为标准来检验基辛格的外交思想。

当现实主义理论的学者用物质本体论分析国际政治、并用单一的物质性的路径来实现和平理想的时候，其他国际关系学者却开始怀疑物质性权力在维持世界稳定中的作用，并开始探索非物质性权力在国际政治中的作用。首先将非物质性权力因素引入国际关系理论的是新自由主义。新自由主义将制度、规范等社会学范畴的非物质内容引入国际关系，突破了现实主义（无论是古典现实主义还是结构现实主义）物质权力这一坚硬的内核。在这样的突破之下，新自由主义理论一方面并不否认国际社会的无政府状态，但另一方面却认为国际冲突是可以避免的，国际合作是可能的，人们可以让观念本体发挥作用（国际机制是一种有效的观念本体）。新自由主义对这物质性内核的突破启迪了一些学者更加注重观念本体。他们开始怀疑国家间无政府性（Anarchy）的物质属性。这些学者逐渐认为国家间的无政府状态不是既定的，也不是固定的，而是国际社会中不同成员在互动实践中建构出来的观念的一种具体体现。因此，国家间的无政府状态是可以改变的。这些学者的思想最终形成了建构主义理论。1998 年，《国际组织》在纪念创刊 50 周年的时候，邀请了新现实主义、新自由主义和建构主义的代表学者对三大理论进行了深入的阐述和讨论。数年后，中国社会科学院世界经济与政治研究所国际政治研究室和《世界经济与政治》编辑部于 2004 年 4 月 17—18 日联合召开了"国际关系主流理论及其批评"研讨会。在这两次重要的研讨中，国外学者以及中国学者就现实主义、自由主义、建构主义的历史发展、主要争论和学术地位，进行了系统深入的讨论。

那么，我们接下来选择哪一种理论与基辛格的外交思想进行比较呢？本书选择建构主义，并辅之以理性主义。原因如下：国际关系理论的几种主要的范式,虽然被并称为几大理论,但在哲学层面上,这几大理论并不是平行的。如同在本书的第一章业已论述的那样,现实主义的几种主要范式:古典现实主义(人性现实主义)、结构现实主义(新现实主义)、进攻性现实主义等,虽然被并称为几种主要的现实主义范式,但实际上它们在哲学上的分析层次是完全不同的。因此从某种程度上说也是缺乏可比性的。比如约翰·米尔斯海默的进攻性现实主义,从根本上说仅仅是肯尼思·沃尔兹的结构现实主义的一个理论分支。如果将根基深厚的古典现实主义与进攻性现实主义平行地进行比较,将是很困难的,其意义也是有限的。基于同样的理由,当我们对基辛格外交思想进一步的进行辨析和定位时,如果选择理想主义(自由主义)、新自由主义与之比对,将是一种重复的研究(因为理想主义本体论也是物质性的,而新自由主义的分析层次又无法与基辛格外交思想平行)。因此,我们必须寻找一个新的对照物和参照系。经过比较,我们发现建构主义可以作为一个选项,因为建构主义的本体论是观念本体论。将建构主义与基辛格外交思想对比,我们将获得新的信息。但随之而来的另一个难点是,在国际关系理论界,建构主义理论其实并不是一套完整的理论,而更像是一种思想。如果仅仅将基辛格外交思想与建构主义进行比较,我们得到的信息也将是有限的。所以在本节中,我们引入了理性主义作为另一个参照物,将基辛格思想放在建构主义与理性主义之间的理论光谱中确定其位置。这样就可以在本体论、认识论、方法论等多个层次上进一步标定基辛格外交思想更为精确的相对位置。

一、在理性主义与建构主义之间

卡赞斯坦、罗伯特·基欧汉与克拉斯纳等学者在《世界政治理论的探索与争鸣》(《国际组织》杂志创刊50年特刊)中,将建构主义与理性主义最具代表性学者的论文汇聚一堂,深刻讨论了二者的区别与联系,这推动了国际关系理论的一次大发展。这为我们研究基辛格外交思想提供了丰富的养分。由此我们可以判断基辛格的外交思想位于理性主义与建构主义之间的相对位置。

（一）理性主义、建构主义的本质与特征

"理性主义"又叫"唯理论"，其本质是一种认识论，主要观点与经验主义相对。理性主义认为人所拥有的理性能力能够在工具意义上结束物质的短缺。因此，理性主义从某种意义上来说，发挥了宗教的作用，鼓励人类激发自身的理性能力，能动地使用智慧，促进社会的发展并完善人类本身。培根与笛卡尔被认为是理性主义的近代开创者。[1] 理性主义认为，不论个体的人类抑或是群体的人类，其行动与思想都具有这样的特点，那就是，个体与群体都会按照既定的目标理性地作出选择和调整，直至达成目的。国际关系理论中的理性主义也采取以上这一基本主张。[2] 理性主义坚持先验的个体理性与固定的无政府状态，这使得理性主义指导下的国际关系理论不论是传统现实主义还是结构现实主义，都不去探究各个国家行为体如何界定自己的"利益"和"身份"。这使得它们都将国内政治的丰富内容置于研究之外。

建构主义的主要代表人物是亚历山大·温特。建构主义虽然更像一种思想而不是一个完备的理论体系，但建构主义最大的贡献是在本体论上进行了革命。建构主义不认为国际体系结构是一种物质性结构，而坚持那是一种观念结构、文化结构。

---

[1] 笛卡尔认为世上的一切都是完美的数学与几何形式的不完美的个例。上帝创造了两个实体（Substanz），一个是认识的实体（Res Cognitans），这就是人的理性；一个是具有伸延性的实体（Res Extensa），这就是被认识的对象。这两个实体构成了整个的现实世界。笛卡尔认为数学和几何的方法才是真正可靠的方法，并将它们运用到哲学研究中。因此，笛卡尔的哲学被称为理性主义（Rationalismus 或翻译成唯理主义）。与之相反，休谟认为，人除去感官经验之外，没有任何真正的能力，他甚至认为人也无非就是一系列感官印象的总和，所谓思想、概念、哲学思辨、形而上学都是虚假的。鉴于休谟为代表的思想被称为经验主义（Empirismus）。参见苏长和："理性主义、建构主义与世界政治研究——兼评《世界政治理论的探索与争鸣》"，《国际政治研究》，2006 年第 5 期。

[2] 苏长和："理性主义、建构主义与世界政治研究——兼评《世界政治理论的探索与争鸣》"，《国际政治研究》，2006 年第 5 期。

（二）理性主义与建构主义的主要分歧

理性主义与建构主义主要存在以下三个方面的分歧，它们分别是：本体论、认识论与方法论（其中，两种主义在本体论上的差别最为明显，在认识论与方法论上的差异则弱于在本体论上的差别）。在这三个方面，两种理论主要体现出以下不同。

第一，本体论上的区别："身份"与"利益"的观念，是一种先验给定的固定值，还是一种通过长期与其他行为体的互动与实践而形成的动态过程。

在本体论上，理性主义坚持工具理性的基本理论前提，把个体和群体的"身份"与"利益"观念视作是一种是固定的、外生的常量。理性主义的国际关系理论在分析国政政治的时候并不讨论这个常量。这个常量是趋于固定的，而这种固定所依赖的是个体与群体的人类的理性。谋求自身利益的最大化是人类的一种本性，生而有之而且固定不变。同样，在理性主义国际关系的视野中，不但将"利益"与"身份"视作固定的常量，还将国家之间的无政府状态视作固定的常量。基于以上假设，理性主义关心的是建立在逻辑演绎基础之上的技术性知识。

建构主义则认为，个体或者组织的身份与利益是无法通过先验自动获得的，只能是后验的。身份和利益并不是固定的常量，而是一个变量，是行为体之间不断进行实践与互动的结果。建构主义重视通过社会实践而来的知识。国家间无政府状态也只是国家间长期互动而形成的观念互动的产物，并非国际政治中永恒的常态。正如亚历山大·温特所描述的：在不同文化下的无政府状态中，行为体的行为方式是截然不同的，而不同文化的无政府状态之间又存在转化的可能。（值得注意的是，在强调观念作用的同时，建构主义也从不否认物质因素的作用。但不同的是，建构主义将物质视作观念的手段，只有当物质和观念相结合的时候才是有价值的）。

第二，认识论上的区别：寻求普遍因果规律还是寻求表意性解释。
理性主义试图寻求具有普遍意义的确定性的因果规律，因为理性主义的逻辑是：首先，个体的人类天然拥有理性能力；其次，世界是由物质组成的，许多客观性的规律发挥着固定的作用。基于以上两点，人类能够依靠抽象的逻辑思维过程发现物质世界的客观规律并利用它们改造世界。

建构主义并不认为个人能够理性地遵循客观规律，它对理性主义寻找客观规律的可能性表示悲观。"建构主义则认为其实并不存在真正客观的世界和物质性的规律，只是人类的观念认为这些世界是由这些客观的物质构成的。此外，理论本身也是难以检验的，因为无法找到一种评价一个事物是否是客观的完善理论。"[①]

第三，方法论上的区别遵循个体主义还是集体主义。

理性主义国际关系理论一般坚持方法论个体主义。方法论个体主义认为：个体拥有理性，或者最起码拥有有限理性；在个体理性的基础上，周围的一切客观环境组成了个体进行选择的背景要素；许多个体进行理性选择会导致一种集体理性。

建构主义与理性主义完全不同，它趋向于采用方法论集体主义，即着重研究个体行为的社会性与制度性的决定因素。也就是诸如规范、观念、文化等因素如何决定个体的身份与利益、动机与行为；或者个体行为的社会性根源是什么。

（三）基辛格外交思想在二者之间的相对位置

基辛格的分析视角，始终是历史的、实践的。他时时刻刻都注重问题发生的具体历史时空以及那个时空所具有的技术特点与政治文化特点。[②] 基辛格对于美国学术界关于几大国际关系理论的论战发表了明确的评价："多年来美国就国际政治的性质展开的争论其实已经过时。决定一个国家对外政策的最重要的因素包括该国的价值观、意识形态以及如何看待'什么是国家利益'。而这一切都不是固定的，都

---

① 苏长和："理性主义、建构主义与世界政治研究——兼评《世界政治理论的探索与争鸣》"，《国际政治研究》，2006年第5期。

② Henry Kissinger, *American Foreign Policy*, Expanded Edition, New York: W. W. Norton, 1974, p.4.

由这个国家所处的具体的历史时空决定着",并不存在"一种包治百病的灵丹妙药"。① 因此,在行为体的"身份"与"利益"是先验给定的还是互动实践的结果这个问题面前,基辛格更接近于建构主义。他的外交思想蕴含着与建构主义相似的一些特点。

建构主义注重人的"观念"的塑造,而信息与知识传播的方式和不同的传播方式下有多少人可以获取信息、掌握知识,直接影响着对"观念"进行建构的可能性。因此,基辛格在看待通讯技术对国际关系的影响时,视角是独特而深刻的。他并没有简单地将通讯技术的变革看作是与其他技术变革等同的因素,而是将其看作一种至关重要的变量。他写道:"许多人将信息时代的技术革命看作是人类历史上最具意义的一次知识变革。这场伟大的变革带来了一连串的后果,影响了人类的政治、经济、社会等方方面面。人们认识到了这些显著的变化,但却几乎没有深入地思考过这场革命给国际关系带来的根本性的变革。就算有少数学者讨论,其论题也仅仅局限在全球性即时通讯带来的技术层面的细枝末节的变化。"②

基辛格用人类历史上印刷术对世界政治的影响做类比以阐述他的观点。他认为印刷术打破了教会对信息的垄断,为民族国家的形成奠定了基础。印刷术发明后,人类社会中信息与知识的传播方式改变了,传播的速度与广度也发生了质的变化。由此带来的一个重大后果是,掌握知识与信息的人在总人口中的比例发生了变化。或者说,知识与信息资源在人类社会中的分配情况发生了根本性的变化。因此,人们对"身份"与"利益"等观念的塑造方式改变了,塑造出来的"身份"和"理由"本身也改变了。基辛格认为此后人类社会"长达200多年的战乱与纷争,本质皆为人类的观念对知识与信息传播方式的革命的一种被动的反应"。"现代通讯技术的变革给人类社会造成了巨大的冲击。这种冲击与数百年前的印刷术带来的冲击非常相似。在印刷

---

① Henry Kissinger, *Does America Need a Foreign Policy?: Toward a Diplomacy for the 21st Century*, New York: Simon & Schuster, 2001, p. 12.
② Ibid., p. 326.

术产生之前的人类社会中，大部分知识是只能通过大脑的记忆才能得以传播。当时即便存在一些记录知识的方法，也是复杂而昂贵的，普通人无法获得那样的方法。因此当时知识的传播是非常困难的。知识难以普及，仅仅掌握在少部分人的手中，而他们据此拥有巨大的权力。当印刷术发明之后，这一切得到了改变。知识的记录方式变得廉价而高效，随之带来的是知识存储量的上升和知识传播范围的扩大。接触知识的人的数量达到一个前所未有的新高度。权力分配的格局也相应地改变了。印刷术打破了知识被少数人垄断的局面，这就是教会丧失垄断的技术前提。进而，印刷术又在政治、哲学等各方面带来了巨大的变革，促使民族国家诞生，加速了科学的进步。今天的电子通讯技术再一次改写了人类知识传播与记录的方式。在印刷术时代，书本上的知识的检索过程是复杂的，要将不同书本中的知识汇集起来并加以分析得出新的思想是一件困难的事情。而在今天的信息数据库时代，检索与关联变得方便而快捷。可以预见，这一切必将带来一系列新的变革。回想印刷术给人类社会带来的200多年的动荡，面对新的技术，人类又将花费多少时间来适应和吸收这种变革。"[1]

与历史上的印刷术相似，现代社会以计算机互联网为标志的新的通讯技术也在深刻地改变着信息和知识传播的方式，并导致获取知识和信息的人口比例的变化，导致了新一轮知识与信息资源分配的深刻变化。人类的观念也会因此而产生根本性的变化。举例来说，在一个经济技术革命的时代，信息通讯技术，特别是计算机和互联网，把生活水准的巨大悬殊直观地展现在世界每个国家的每一个家庭眼前。从这个意义上说，信息技术在人类历史上第一次使得一个地区的决策会受到其他地区的决策的影响。而当今的政治却没有跟上这种技术的变化。

---

[1] Henry Kissinger, *Does America Need a Foreign Policy?: Toward a Diplomacy for the 21st Century*, New York: Simon & Schuster, 2001, p. 327.

基辛格写道:"过去历史中的人们无法预想当今的人类可以获知的信息是如此丰富,更无法想象在今天的社会中,一个简单的手指敲击键盘的动作就可以获得海量的信息。历史上,知识传播方式的变革必然会引发政治的变革。今天这种信息技术的变革也许会比历史上由印刷术带来的革命更为深入和广泛,这种变革的速度也将是空前的。"

至少就大国之间的关系而言,核时代改变了实力的意义和作用。核时代降临之前,战争往往源于对领土和资源的争夺。一个主权国家去侵略另外一个国家,其目的是增强自己的物质实力。而今天,领土对一个国家的国力的重要性已经大大地减弱了。技术进步在增强一国实力上发挥的作用已经远远超过扩张领土。基辛格以新加坡和以色列为例子:这两个国家既没有广阔的土地,也缺乏自然资源,但是它们凭借其领导者和人民的智慧,不但远远比那些在地理幅员和自然禀赋上远超它们的国家更富裕,而且它们组建的军事能力也令人瞩目。基辛格外交思想在理性主义与建构主义之间的位置见表3—1

表3—1 基辛格外交思想在理性主义与建构主义之间的位置

作为方法	理性主义	建构主义	基辛格外交思想	体现出这种思想的著作
本体论	先验给定	互动实践的结果	互动实践的结果在某些历史阶段,各国对身份利益的观点接近,但在变革时代,各国的观念大相径庭(更接近建构主义)	1961年《选择的必要》、1966年《国内结构和对外政策》、2001年《美国需要外交政策吗?》
认识论	寻求普遍因果规律	寻求表意性解释	寻求表意性解释,更注重具体国家、具体历史阶段(更接近建构主义)	
方法论	方法论个体主义	方法论集体主义	寻求个体行为的社会根源(更接近建构主义)	

(四)基辛格思想与罗伯特·杰维斯思想的区别

基辛格认为在核时代应该注重观念的力量,应该致力于改变对方的观念，而不是对方的物质实力。这种思想与罗伯特·杰维斯的国际政治心理学有一些相似之处。为了更好地理解基辛格外交思想，下面将对二者进行简单的比较，以发现它们的区别与联系。

新现实主义的开创者肯尼思·沃尔兹较早运用了分析层次的研究方法。1959年，他发表的学术著作《人、国家与战争》将国际政治分为三个层次：人、国家与国际体系。戴维·辛格进一步拓展和完善了国际关系的分析层次。1961年，他发表了《国际政治中的层次分析问题》，书中他将国际体系作为国家对外行为的宏观层次，将国内因素作为微观层次。① 在国际政治理论的研究领域内，罗伯特·杰维斯也以他的研究层次理论而闻名。他从决策者的心理认知这一微观分析层次入手，将微观层次上的国家决策者的知觉作为自变量，将国家间的冲突行为作为因变量。他讨论的是这两个变量之间的因果关系。他的研究基于这样一种理论假设，那就是，国家的对外政策或一项外交政策的开端是人作出决策，一项外交政策的结果也是由人来最终执行的，而人对客观世界的认识是不同的。对同样的客观世界，不同的人有着不同的理解，而不同的理解又会造成不同的政策。人具有认知局限，所以会出现错误知觉。② 三种错误知觉的生成机制是：第一，认知相符现象；第二，是诱发定式；第三，是历史包袱。四种常见的错误知觉是：第一种，决策者将对方想象成内部团结一致、令行禁止的行为体；第二种，决策者高估自己的影响力和被影响程度；第三种，愿望思维；第四种，认识失调。③

基辛格外交思想是超越现实主义的物质本体论的。与建构主义理论相似，基辛格非常注重"观念"、"意识"的决定性作用。因此，虽然基辛格与罗伯特·杰维斯同样发现了人的心理对决策的影响，但二者对这种影响的大小的看法是完全不同的。罗伯特·杰维斯是在理性

---

① David Singer, "The Level-of-analysis Problem in International Relations," in Klaus Knor and Sidney Verba, eds. *The International System: Theoretical Essays*, Princeton, N.J.: Princeton University Press, 1961.

② [美]罗伯特·杰维斯著，秦亚青译：《国际政治中的知觉与错误知觉》，世界知识出版社，2003年版，第12页。

③ 同上书，第14页。

主义框架下的国际关系理论里,将"决策者心理"作为微观层次的一个可研究的物质性对象。而基辛格则认为,"观念"、"认知"是与物质性权力处在同一层次的最根本的影响因素。基辛格与罗伯特·杰维斯思想的区别见表3—2。

表3—2　　　　　　基辛格与罗伯特·杰维斯思想的区别

人物 区别	肯尼思·沃尔兹	戴维·辛格	罗伯特·杰维斯	亨利·基辛格
本体论	物质性			超越单一物质本体论
人的认知能力的地位	仅仅是整个分析层次中的微观层面的一个可研究的物质性影响因素			国际政治最本源的两个影响因素中的一个

二、基辛格外交思想与建构主义的相似观点

如上所述,基辛格外交思想在本体论、认识论、方法论上都表现出与建构主义非常相似的特质。那么按照常理,如果两种理论的思想方法是类似的,那么它们在观察问题的时候得出的结论也很可能是一致或者相似的。那么,我们能不能在基辛格的外交思想中找到与温特的建构主义理论类似的对世界的看法呢?如果我们能够找到二者观察世界的相似结论,就能进一步论证基辛格外交思想与建构主义具有某种相似性。经过对基辛格原著的阅读,我们发现了几处与温特的建构主义相似的结论。其中最具有代表性的证据是,基辛格和温特均认为国家间的无政府状态并不是国际体系与生俱来的。恰恰相反,无政府状态其实是各个行为体经过一定历史时期的互动后产生的阶段性的表现。这不是一种既定的状态,而是一种文化和观念层面的现象。温特在《国际关系的社会理论》一文中提出国际体系中存在着三种不同的无政府文化:第一种,霍布斯式文化;第二种,洛克式文化;第三种,康德式文化。而基辛格在《美国需要外交政策吗?面向21世纪的新外

交》一书中，也提出了国际社会同时存在的四种国际体系：美国与西欧式、亚洲式、中东式、非洲式。基辛格与温特的观点惊人地相似。其中，康德式文化的无政府状态与美国与西欧式国际体系吻合、洛克式文化的无政府状态与亚洲和中东式的国际体系类似，而霍布斯式文化与非洲式的国际体系吻合。

温特对无政府状态的性质的看法与现实主义截然不同。现实主义基于其物质性内核，认为无政府状态是一种客观的、固定的状态，在研究中是一个给定的自变量。"相当多的研究者将国家间的无政府状态视为他们理论的逻辑起点。他们将国家间的无政府状态视为国际关系的推动因素。而温特的建构主义却作出了完全不同的判断。首先，他认为，国家间的无政府状态并不是与生俱来的特性，这是国际体系内部各种行为体互动和实践的产物。其本质是观念结构和文化；第二，国家间的无政府状态并不会自动引发权力政治和国家的自助行为，这两者也是行为体之间互动和实践的产物；① 第三，行为体之间的互动与实践，由于各自不同的特点，可以形成不同的无政府文化。不同的无政府文化遵循不同的行为逻辑。温特认为主要存在三种无政府文化：霍布斯式、洛克式、康德式。在这三种无政府文化中，行为者分别扮演着敌人、朋友、对手这三种不同的角色。在霍布斯式的无政府文化中，行为体扮演着敌人的角色；在洛克式无政府文化中，行为体扮演着竞争者的角色；而在康德式无政府文化中，行为体扮演着朋友的角色。温特进一步分析认为，现实主义强调的完全自助的无政府状态，实际上只存在于霍布斯式无政府文化中。而洛克式无政府文化中，国家之间的竞争并不是没有限度的。国家主权是这种竞争的底线；在康德式的无政府文化中，国家与国家之间的关系与现实主义的描述相去甚远。"②

---

① 张建新："建构主义国际体系理论及其社会结构观"，《世界经济与政治》，2002 年第 12 期。

② 同上。

基辛格在《美国需要外交政策吗？面向21世纪的美国外交》一书中表达了与温特的建构主义非常相似的观点。基辛格认为根本不可能只采用一种办法分析和解释当代国际秩序，当今世界上至少有四种国际体制并存①：

第一种：美国与西欧

在美国与西欧以及与西半球的关系上，美国的传统理想在很大程度上是适用的。在这些地区，基于民主和经济进步之上的美国理想仍然没有过时。以上地区的国家政治上民主，经济上实行市场机制，彼此兵戎相见的可能性几乎等于零，虽然一些偏远地区有可能因为族裔之间的冲突爆发战争。它们不靠诉诸战争或战争威胁解决彼此间的争端。备战也是为了对付来自本地区以外的威胁，而不是针对大西洋地区的国家。西半球国家也没有彼此设防。

第二种：亚洲

与19世纪的欧洲国家相比，亚洲诸强国幅员更大，人口众多。它们把彼此视做战略竞争对手。印度、中国、日本和俄罗斯感到，一些亚洲国家确实有能力威胁本国安全，更不用说几个亚洲国家的联合了。韩国和东南亚各国实力紧逼印、中、日、俄四国。这些国家之间爆发战争虽非迫在眉睫，但也不是完全不可想象的事。亚洲国家的军费开支逐年上涨，主要用于提防其他的亚洲国家（不过中国的部分军费还用于为中美之间在台湾问题上发生冲突做准备）。和19世纪的欧洲一样，亚洲地区的长期和平不仅可能，而且可能性还相当大。但要维持亚洲的和平，均势至关重要。

第三种：中东

中东地区的冲突与17世纪的欧洲最相似。大西洋地区或西半球的冲突起因于经济因素，亚洲的冲突源于战略竞争，而中东地区冲突的根子是意识形态和宗教，因此不适用威斯特伐利亚和平外交的原则。倘若双方争执的焦点不是某个引起一方不满的具体问题，而是另一方

---

① Henry Kissinger, *Does America Need a Foreign Policy?: Toward a Diplomacy for the 21st Century*, New York: Simon & Schuster, 2001, pp. 9–14.

的合法性乃至存在的权力,达成妥协的可能性微乎其微,为一劳永逸地解决这类冲突作出的努力极有可能会适得其反。克林顿总统和巴拉克总理在2000年夏季的戴维营首脑会议上悟出了这一点。在涉及双方圣地的问题上,寻求"妥协"只会使他们更清楚地认识到各自的立场无法调和。

第四种:非洲

与欧洲历史毫无相似之处的大陆是非洲。46个非洲国家①称自己是民主政体,可它们的政策并没有体现一条总的意识形态方针,非洲国家的国际政治也没有受到一种均势概念的左右。非洲大陆广袤无垠,且大多数非洲国家的影响力极其有限,因此根本不存在什么非洲均势。冷战结束后,大国在非洲的争夺也基本消失。再者,殖民统治给非洲遗留下了诸多问题,如种族之间的冲突、严重的欠发达、健康保健服务极其落后,从而埋设了爆发冲突的隐患。当年殖民者为便于统治划定的边界造成了部落之间与种族之间的分裂,彼此相异的宗教和部落被划入同一行政区内,日后这些行政区成为独立的国家。此后,各种野蛮的内战开始在非洲肆虐,演变成为国际冲突,此外还有折磨人类良知的种种流行病。在非洲大陆,民主国家面临的挑战是设法帮助非洲参与全球的经济增长,以偿还它们历史上对非洲欠下的债。国际社会有义务结束、至少是缓解政治及种族冲突。

基辛格认为,以上几种国际体制不仅涵盖面广,内涵也大相径庭。制定外交政策的时候,应该具有历史与实践的视角,认清当前具体的国际体系所处的具体阶段。美国外交政策面临的一个特殊难题是:它需要辨别意识形态上的细微差别,并制定一项长远的战略。迄今为止,它还没有解决好这个难题。②温特的三种无政府文化与基辛格的四种国际体系见表3—3

---

① 基辛格在作出上述论述时,非洲有46个国家,目前这个数字为54。
② Henry Kissinger, *Does America Need a Foreign Policy?*: *Toward a Diplomacy for the 21st Century*, New York: Simon & Schuster, 2001, pp. 9 – 14.

表 3—3　　温特的三种无政府文化与基辛格的四种国际体系

温特三种 无政府状态	温特举例	基辛格四种 国际体系	基辛格分析
康德文化 （朋友规则）： 1. 不动用武力； 2. 互助	"北约"之类的多元安全共同体或集体安全	美国和西欧： 政治上民主制； 经济上自由市； 互相不动用武力	西半球国家 彼此不设防
洛克文化 （竞争规则）： 竞争以国家主权为底线	威斯特伐利亚体系	亚洲： 视彼此为战略竞争对手	要维持亚洲的和平，均势至关重要
		中东： 类似17世纪欧洲，根源是宗教与意识形态	不适用和平外交的原则，立场难以调和
霍布斯文化 （敌人规则）： 自助、暴力	古代的国际关系体系	非洲： 殖民统治遗留下诸多问题；彼此野蛮战争	不存在非洲均势

第二节　基辛格外交思想的核心：选择性双重本体论

通过本书第一章的检验，我们发现基辛格外交思想突破了现实主义的物质本体论。在第二章的第一节，我们将基辛格外交思想与建构主义作对比，发现了二者的一些相似之处。但基辛格的外交思想与建构主义也并不完全重合，其外交思想实际是处于二者之间。近几年国际政治理论学术界讨论的热点是现实主义与建构主义的互相融合。塞缪尔·巴金（Samuel Barkin）等学者提出了现实建构主义（Realist Constructivism）等新的理论。[①] 他的著作《现实建构主义：重新思考

---

① Samuel Barkin,"Realist Constructivism", *International Studies Review*, Vol., Issue 3, 2003.

国际关系理论》① 对这一问题进行了深入的探讨。但作为实践者的基辛格，其实早在数十年前就形成了一种跨越现实主义与建构主义的独特外交思想。这种思想的核心是选择性双重本体论。这一节就将详细阐述基辛格外交思想的本质特点。基辛格外交战略的相对位置示意见图 3—1。

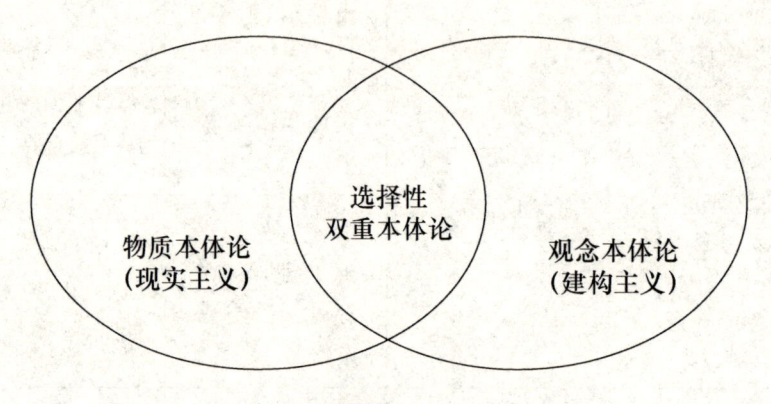

图 3—1　基辛格外交战略的相对位置

一、基辛格外交思想的特殊性

基辛格具有国际政治学者与美国外交决策官员的双重身份，这种身份与大部分当代国际关系理论家是不同的。基辛格的这一身份使得其外交思想始终围绕实践，而不是囿于学术理论。基辛格自己并不追求在形而上的理论层面建构自己的理论，从某种意义上说，基辛格自己也不一定有意识地划分过其思想属于哪种形而上的理论范式。但这并不妨碍我们经过对比，在国际政治理论乃至政治哲学的光谱中定位基辛格外交思想的相对位置。因此，如果仅仅用现有的国际关系几大理论范式作为分析基辛格外交思想的框架是不充分的，应该将视野拓展到更广阔的领域。

对于社会科学的研究方法，现在大体上可以分为传统学派（古典

---

① Samuel Barkin, *Realist Constructivism: Rethinking International Theory*, Cambridge: Cambridge University Press, 2010.

派）和科学论者派（其主要代表为行为主义计量分析学派）。传统学派强调社会科学的研究对象与自然科学的是完全不同的，无法完全采取计量统计的方法；传统学派更多依赖于研究者个人的能力，依靠"感悟"、"直觉"来完成对历史政治的分析；传统学派追求的是发现事物本质上的差别。金灿荣教授认为，基辛格的《大外交》是传统学派的作品。按照金灿荣对传统学派的基本描述，我们可以发现基辛格的几乎所有著作都是采用传统学派的研究方法，即采用历史—政治描述的方法来进行研究，其间处处体现出基辛格个人的"感悟"与"直觉"。

基辛格本人在进行研究的时候，也深入地思考过自己应该采取什么样的方法来进行研究。基辛格相信外交与治国之道更接近于哲学而非科学。基辛格认为："当应用到诸如进步和目的这样的概念时，经验方法就完全失败了，这是一个只能由形而上的方法建构的领域。"基辛格相信"正如波舒哀和尼布尔所阐述的那样，基于神学基础之上的历史哲学史是可能的"。斯宾格勒认为对历史的理解应该由创造性的想象力而不是对历史事实的小心的经验的求证来实现。基辛格对此的评价是："他的视野超越了许多进步理论的纯粹的事实因果分析和浅薄的教条主义。"基辛格相信，斯宾格勒这种"直觉认识""指出了通往不可抗拒的美的洞察力之路，能够置身于历史事件之中而通过创造性的直觉理解历史事件的真正意义"。

基辛格处所的研究环境——哈佛大学，也为他提供了广阔的空间，容许他以这种哲学的方式来进行研究。基辛格的博士论文"《重建的世界》实际上是一部非常个人化的文件——几乎是基辛格和他自己之间的对话"，如果用今天国内的学术标准评判，基辛格的许多论文，包括《重建的世界》和《美国的政策》，也许都很难发表。他的文章多采用独特的写作方式，几乎都是大段的主观陈述。

基辛格在哈佛大学的同事斯蒂芬·R.格劳巴德指出了这个问题。他写道："基辛格踏进一所具有独特长处的大学（哈佛），因而能够以非常奇特的方式探讨一个相当不落俗套的题目。人们认为哈佛的长处完全在于它有一批不同凡响的教授、无与伦比的图书馆和实验设备。

但基辛格从这些方面受益较少,而从其他肉眼不太注意的方面倒获益甚多。基辛格获益于哈佛的自负与自信……基辛格的学位论文不可能在美国别的许多大学里写出来,这不是因为别的大学缺少一个哈佛那样超凡的图书馆,而是因为它们既没有那种传统,又不具备那种敢于让学生中的许多人随心所欲的自信。"

这个问题并不仅限于基辛格研究,在整个社会科学的研究中都有体现。当我们阅读着诸如阿历克西·德·托克维尔(Alexis de Tocqueville)的《旧制度与大革命》、卡尔·亨利·马克思(Karl Heinrich Marx)的《论犹太人问题》、爱德华·霍利特·卡尔(Edward Hallett Carr)的《20年危机(1919—1939)》这些人类最优秀的作品并吸收其养分的时候,我们可以发现这些著作采用的都是一种独特的更接近哲学的研究方式。

求得有用的思想,升华人生的境界,表达对自然的敬畏是研究的价值所在。如果在人文社会科学中,我们以科学和学术的名义来限制思想对宇宙的感悟力,那便会失去很多与未来对话的机会。如果以科学与学术的名义,杜绝"感悟"与"直觉"这种偏于感性与哲学的研究方法,那么这种学术本身就是缺乏开放性。

二、国际关系理论的进化特性:适应人类技术现实

近年来,国内国际关系理论界开始用社会进化的视角重新审视国际政治,并认为国际关系理论应该不断发展以适应国际政治的变化。其中比较有代表性的论文是唐世平的《国际政治的社会进化》。[①] 然而,兼为国际政治学者与实践者的基辛格在其著作与论文中一直在强调国际关系理论根据现实不断进化的必要性。但其外交思想的这一特点在国内的基辛格研究领域并未受到重视。

[①] 参见唐世平:"国际政治的社会进化:从米尔斯海默到杰维斯",《当代亚太》,2009年第4期。

（一）国际关系本身就是一定阶段的人类技术的产物

基辛格的外交思想一直被置于国际关系领域进行研究。然而，基辛格本人却是以一种更大的视角来观察国际关系的。他认为"国际关系"本身就是一定阶段的人类技术的产物。国际关系的特点是国际性。国际关系与国际政治并不是一直以来就存在的，只有当人类的生产力和技术条件达到一定阶段之后才可能出现。"国际关系"与"国际政治"这两个词的历史并不长，它的前提基础是民族国家的形成。而民族国家的概念在17世纪末才在欧洲出现，随着大航海和欧洲的殖民活动传播到世界其他大陆。"国际关系"要真正形成，与一系列代表人类技术的词汇紧密相连。这些词汇出现在基辛格诸多的著作中，这些词汇包括：大航海、印刷术等。例如基辛格认为，"印刷术"使得"世界各地的人可以接触到越来越多的宗教"。[①] 在大航海以前，当各个大陆还是相隔绝的时候，这些政治与其说是国际政治，不如说是发生在有限地理区域内的国与国关系。甚至"19世纪的国际体系，实际上也只是以欧洲为中心的活动"而已。只有在第二次世界大战以后，在新的生产力和技术条件下，人类才真正进入全球范围内的对外政策时代。而矛盾的是，现在的人类技术，让世界上某个角落的政权力量都足以对其他部分产生联系和影响，但现在的人类技术又恰恰还不足以让我们完全充分地发挥我们的"个体理性"，我们面对的现状是："国际关系的问题是新的，问题的规模是宏大的，而这些问题的性质往往是抽象的。"这意味着，我们仍然无法拥有足够的物质力量来充分发挥"个体理性"，以准确确定我们的"身份"和"利益"。在这个时空，仍然只能通过互动与实践才能建构"身份"和"利益"。

（二）每一种国际关系理论范式兴起的本质原因

目前的国际关系理论，主要有古典现实主义、自由主义（理想主

[①] 参见 Henry Kissinger, *Does America Need a Foreign Policy?: Toward a Diplomacy for the 21st Century*, New York: Simon & Schuster, 2001.

义)、结构现实主义、新自由制度主义、建构主义等范式。我们在看待这些范式的时候,存在两种思维定式,第一,将它们看作同一时空下并列的产物,它们各有各的优势,各有各的局限,所以它们共同解释当今的国际政治现实的某些部分;第二,每一种理论的兴起都是因为国际关系学科本身的进步。

这两种思维定式掩盖两个重要的事实:第一,国际关系理论的主要范式,是在人类历史上依次出现的。古典现实主义早已过百岁,而建构主义还很年轻;第二,每一种范式的兴起,其本质并不一定是国际关系学科本身的进步,也可能是每个时代的人类技术现实之下,国际关系理论对人类现实的适应。(为了更清楚地表达这个意思,我们可以类比物理学。亿万年前原子就已存在,但物理学没有发现这一现象。直到近代物理学才发现原子的存在。因此,这是物理学学科的进步。然而,在国际关系学科中,情况截然不同。比如,新自由制度主义的出现,是因人类的技术现实使人类的经济生活进入到全球化的时代。因此新自由制度主义是对人类社会新现实的反映,而不是理论本身的进步。因为,在原始时代和奴隶时代,根本没有出现经济相互依存的现实,甚至没有国际关系,因而不论国际关系学科在当时多么发达,都无法提出新自由制度主义)。

基于以上的理由,如果我们重新回顾一下主要的国际关系理论出现和兴起的顺序,就不难发现,与其说这是一部国际关系学科的发展史,倒不如说这是一部国际关系学科对人类技术现实的适应史。

首先,出现的是乌托邦主义。原始人在物质极端匮乏的情况下,只能用良好的愿望来慰藉由于人类技术落后而造成的虚弱与恐惧。

其次,当人类掌握了一定的技术条件,告别了极度的匮乏之后,物质权力的竞争开始具有决定性的作用。从原始社会到封建社会,再到第二次世界大战结束。国际关系这一学科,逐渐反映出物质权力在人类社会中的决定性作用,于是形成了古典现实主义的理论范式。现实主义在这个漫长的历史时期,一直占据着最重要的地位。在一战前后,人类的技术进入到新的阶段,伍德罗·威尔逊的理想主义在当时人类新技术的鼓舞下,设想出一套理想的方案来化解冲突。但可惜的是在当时的人类技术条件下，物质权力的竞争依然具有重大的意义，"九国海军公约"是这种竞争最好的注脚。所以，理想主义在当时迅速兴起也迅速破灭。古典现实主义依旧反映着当时世界的技术现实。

最后，人类技术的新现实，造就了以下两个崭新的现实：第一，新的通讯技术、全球化下的经济相互依存，第一次造就了真正意义上的国际关系和全球社会。结构现实主义和新自由制度主义只有在这个时候才可能出现在历史舞台上。所以，与其说它们是国际关系学科的发展，倒不如说它们是对全球化现实的反映；第二，核武器，特别是以氢弹为代表的威力巨大的热核武器，使人类第一次拥有了"过剩的能量"——联合国常任理事国中的任何一个，都有能力对整个国际社会造成灾难性的破坏。物质权力的竞争在终极意义上，已经失去了意义。与此同时，以电话、电视为代表的现代通讯技术使得消息第一次可以在瞬间传遍全球。改变对方的观念成为大国关系中具有决定性意义的目标。建构主义只有在这个时候，才可能引起国际社会的注意。人类技术现实与理论范式示意图见图3—2。

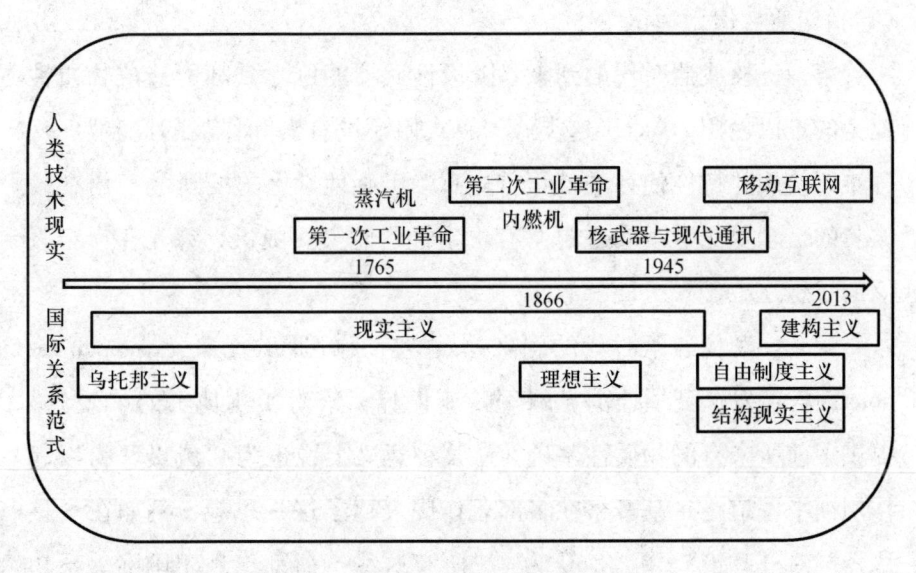

图3—2 技术现实与理论范式示意图

按照图3—2示意的这一思路，基辛格明确指出，以往的美国战争理论正是基于当时的人类技术现实。在第二次世界大战之前的人类技术条件下，得天独厚的地理优势（太平洋和大西洋）给美国提供了较为安全的地缘环境。在那样的技术条件下，第一次世界大战和第二次世界大战的历史证明，一个敌对国家如果想要达到足以打破全球性的物质权力均衡的程度从而威胁美国的安全，只有通过在军事上成功地侵略许多国家才能实现。因此，美国的关于战争的理论都是基于这样一种物质性事实的基础之上的。具体而言，由于地理上和物质上的优越，使得美国得以有机会在威胁逐渐明了以后再投入战争，因此美国的政治家无需对含糊不清的局面和细微的外交事件进行分析。

（三）基辛格外交思想必须适应的两个现实：核武器与现代通讯

人类的技术现实在基辛格看来，最重要的是两个方面。一个方面是物质权力的技术现实，一个是意识传播的技术现实。对于第一个方面（物质性权力），基辛格认为最集中体现就是武器系统。而对于第二方面（意识传播），基辛格认为最集中的体现就是广义的通讯技术（包括交通、信息通讯）。

第一，核武器时代的到来。毁灭性武器的巨大破坏力造成物质性权力的难以使用。"对于这类武器，人们还没有实际作战的经验"，这种难以使用的特性使得"威慑首先有赖于心理学上的准则"。① 潜在侵略者的信念要比客观实在更富有决定性的意义。威慑，首先存在于人们的思想之中。②

第二，现代通讯时代的到来。人类广义的通讯技术（communications）已经发达到了让消息瞬间传遍世界，这为影响他者的"观念"提供了前所未有的物质性基础。从某种意义上说也为"威慑"得以起作用铺平了道路。基辛格在多部著作中表达了这一思想，例如在《核武器与对外政策》中，他认为："所有这些革命都出现于国际关系初

---

① 基辛格认为，威慑是"使对方面临他不愿冒这种程度的危险从而制止战争的一种政策"。
② 在《国内结构与对外政策》、《核武器与对外政策》、《选择的必要》、《美国需要外交政策吗?》、《论中国》中，基辛格均提到了核武器与通讯技术的作用。

次真正成为全球性问题的时候。古典历史仅限于地中海盆地，对世界其他角落发生的事情一无所知。中世纪时，欧洲各国执行的政策，几乎完全与亚洲各帝国相隔绝。18世纪与19世纪时，欧洲各国对全世界发生了兴趣，它们乘亚洲国家一时不活动的机会，以扩展欧洲外交的方式推动它们的事务。但是，由于现代科学技术的关系，同时在当代的思想动荡面前，孤立的区域已不复存在。任何外交行动或军事行动都能即可产生涉及全世界的影响。"[1]

三、基辛格外交思想的核心：选择性双重本体论

典型的现实主义国际关系理论强调物质本体，典型的建构主义国际关系理论强调"观念"本体。与它们不同，基辛格的外交思想并不是一个封闭的系统，而是具有一条贯穿始终的主线：第一，国际政治的本体并不是一元的，并非仅强调物质本体或观念本体，物质与观念共同存在；第二，这两个本体，哪一个更具有决定性并不是固定不变的，而是随着人类技术的发展而变化。每一个历史阶段的情况都不一样。在当前的核武器与即时通讯时代，观念的重要性在增大。基辛格外交战略的"选择性双重本体论"示意图见图3—3。

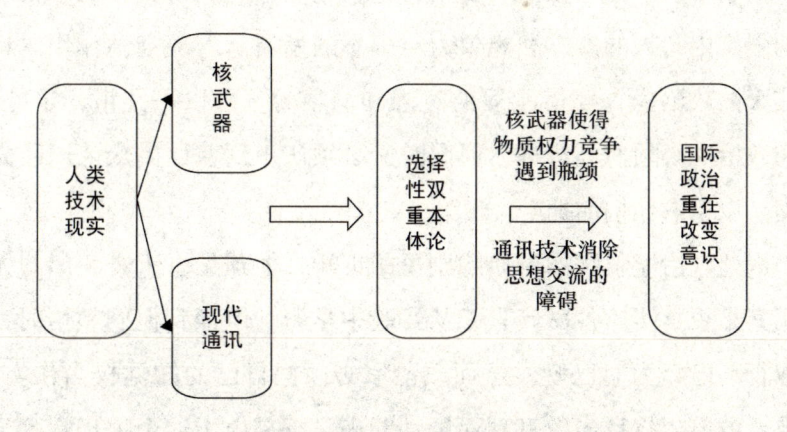

图3—3 基辛格外交战略的"选择性双重本体论"

---

[1] Henry Kissinger, *Nuclear Weapons and Foreign Policy*, New York: Harper and Row, 1957, p. 12.

（一）选择性的哲学基础

基辛格虽然钦佩 19 世纪革命时期的那些杰出的外交家，但他并没有将这种钦佩变成死记硬背那些可能适用于今天的具体的外交公式。相反，基辛格在《核武器与外交政策》、《选择的必要》、《国内结构与对外政策》等多部著作和文章中指出，美国当时面临的革命形势，无论是其渊源还是其发展方向来说，都是独特的。当时的环境是：国际关系已经变成全球范围的，军事力量呈现两极化，而其他方面的力量，如政治、经济和道义等力量，则分散于各国，战争方式有可能造成大规模毁灭。在这样的情况下，再着力于搞古典意义上的均势已经毫无意义，因为物质力量上的小调整已经无济于事：战略核武器已经使得武力不再受地域的限制，军事力量变得如此强大，想要通过传统办法搞联盟来合力应付核武器时代的军事力量是无法实现的。在这样的背景环境中，大国争夺的不再仅是物质力量谁更强一些，而是哪一方的观念更具有吸引力，更能争取人心。意识形态是最综合最高层次的意志竞争。因此，世界大国之间陷入空前规模的意识形态斗争，而未卷入的第三世界新兴国家则在考虑究竟应该选择哪一方。[1]

基辛格一点也不相信历史宿命论。相反，他认为在客观事物和环境的限度内，人的意志和想象力对事态的发展起着决定性作用。特别是伟大的政治家，凭借刚毅的意志和洞察力，可以平乱世，定乾坤。这类政治家必须有创造性，但同时又必须认识到普通民众认识能力的限度，以争取他们的拥护。[2]

因此政治家就犹如古典戏剧里的英雄，他预见了未来，但却无法证明其是否真实。各民族只能从经验中学习，但等到他们领悟时，要采取行动已经为时已晚。然而政治家必须把自己的知觉权当作实际，把自己的愿望权且当作真理而行动起来。正是由于这个道理，政治家

---

[1] Graubard, Stephen, *Kissinger: Portrait of a Mind*, New York: W. W. Norton & Company, 1973, p. 8.

[2] Ibid., p. 15.

的命运往往同预言家一样，在本国不受尊敬，要使本国人采纳自己的意见几乎总是难乎其难，而往往要等到他们的预言已经应验，人们回过头来才能看到他们的伟大之处。①

因此，问题也许可以归纳到前面所讲的那个哲学问题上。过分地强调客观，把客观事物说成是完全独立于人之外而存在，这可能导致一定的消极心理，使人宁可去适应环境而不求驾驭环境。还可能使人严重低估改变客观甚至创造客观的能力。对我们提出的最高的挑战，也许就是重振创造我们自己的客观的能力和意愿。②

基辛格基于以上两个基本的人类技术现实，认为在客观事物和环境的限度内，人的意志和想象力对事态的发展起着决定性作用。基辛格认为："凡是认为核时代的问题基本属于技术方面的人，最好研究一下长崎和广岛的厚子弹爆炸之后美国的反应"。"我们把原子弹列入军械库，而没有把它的所含的意义同我们的思想联系起来。我们只把它看作战争概念中的一种工具。"③

基辛格在《核武器与对外政策》序言的第一段就阐述了这一点。他写道："正是在各国间分裂倾轧现象空前严重的时候，人类掌握了毁灭自己的方法。人类在努力与新技术的恐怖作斗争的时候，又面临一种新的障碍，那就是由于现代大规模毁灭手段的威力巨大，过去的经验大多已经变得不再适用，我们从以往的经验中只能吸取有限的帮助。当代的人要想评价他们正在经历着的各种革命是什么性质，将处在何种特别困难的地位，而以往的一切经验会让人们用旧的眼光来看待新事物。他们很难了解，被看作最为理所当然的事，也许就是最令人误解的事。因为一套新的经验需要对问题有新的思想方法。如果一种革命不能发展出与它相适应的思想方法，我们就不能掌握这种革命。

---

① Henry Kissinger, *A World Restored: Metternich, Castlereagh and the Problems of Peace, 1812–1822*, Boston: Houghton Mifflin Company, 1957, p. 329.

② Henry Kissinger, *The Necessity for Choice: Prospects of American Foreign Policy*, New York: Harper and Row, 1961, p. 357.

③ Henry Kissinger, *Nuclear Weapons and Foreign Policy*, New York: Harper and Row, 1957, p. 18.

核武器对于对外政策的影响就是这样。"①

核武器这一物质基础使得观念层面的战略成为可能，物质的高速发展却使得物质的重要性下降，而意识的重要性上升。在这种情况下，对科学技术这一物质性权力的关注，便远远超过对战略理论这一非物质性权力的关注。然而基辛格认为，"没有战略理论，无论是武器系统的发展还是使用都是不可能的"，"理论僵化所食的后果是军事上的灾难"。②

(二) 观念本体：核时代的选择

随着人类技术现实——这一重要自变量的根本性变化，基辛格认为，在他所处的核武器与现代通讯为特征的时代里，物质本体与观念本体的重要性也随之发生了根本性变化。

基辛格本人很明确地表达了他的这种立场。他认为，核武器的出现，使得传统国际关系理论中的"权力"、"均势"等概念发生了根本性的变化，这种变化是深刻的，甚至改写了"权力"、"均势"在国际关系中的地位和作用。"怀念比较安定和很少变动的过去是人之常情。但是事实是不能改变的，我们只能利用它们。在我们发展出与核时代的危险和机会相适应的理论以前，许多人所共知的关于战争、外交以及和平的性质的说法都必须加以改变。""均势的传统标准是疆域。一个国家只能通过征服获得压倒性的优势；因此，只要领土扩张被阻止或被严格限制，均势是可能保持的。在现代却不再是这样。一些征服几乎无法增加实际的均势力量；权力的巨大增长完全可以在一个主权国家的领土范围内实现。中国获得核武器所增加的实际军事权力大于它征服整个东南亚。如果苏联征服了西欧而没有核武器，那么它的权力与其不征服这些土地而仍安于自身领土之内却拥有核武器相比要更小。也就是说，均势真正而根本的变化已经在主权国家的领土范围内

---

① Henry Kissinger, *Nuclear Weapons and Foreign Policy*, New York: Harper and Row, 1957, p. 5.

② Ibid., pp. 24 – 25.

发生。显然，迫切需要了解在核时代权力及权力均衡究竟意味着什么。"①

从根本上说，一方面，基辛格是通过《核武器与对外政策》获得其在美国决策层的声誉的，但另一方面，这项研究的成果也深深地影响了基辛格本人的思想，成为他"政策的根据"。基辛格对于核武器之于国际政治的影响，并不是简单地认为国际政治领域从此增添了核武器这样一个新的重要因素，而是认识深刻地洞察到核武器将改变国际关系理论的许多传统概念从而开启一种新的理论。简而言之，对核武器与外交政策的关系的理论，不仅仅是基辛格外交思想的重要组成部分，更是基辛格外交思想的出发点和基石。基辛格诸多外交思想都是建立在当今世界已经步入核武器时代这样一个基本事实之上的。核武器使得以往的许多国际政治经验不再适用，核武器时代的对外政策必须建立在崭新的理论之上。"在我们发展出与核时代的危险和机会相适应的理论以前，许多人所共知的关于战争、外交以及和平的性质的说法都必须加以改变。"

基辛格在《核武器与对外政策》序言的第一段就阐述了这一点。他写道："很难想到一个命题比核武器和对外政策这个问题更使人深切地感到需要谦卑。正是在各国间分裂倾轧现象空前严重的时候，人类掌握了毁灭自己的方法。人类在努力与新技术的恐怖作斗争的时候，又面临一种新的障碍，那就是由于现代大规模毁灭手段的威力巨大，过去的经验大多已经变得不再适用，我们从以往的经验中只能吸取有限的帮助。"②

对于基辛格对核问题认识的深度，也就是基辛格不把核武器理论作为其战略的简单的一部分，而是其所有战略理论的基石和根据这一点，就连与基辛格同时代的对手，苏联中将、苏联军事科学院斯·克拉西里尼科夫教授也作出了高度评价。在1958年6月《核武器与对外

---

① Henry Kissinger, *American Foreign Policy*, *Expanded Edition*, New York: W. W. Norton, 1974, pp. 60 – 61.

② 张景全："核武器对同盟的影响——以朝核问题与日美同盟的互动为例"，《当代亚太》，2009年第8期。

政策》的俄文翻译版序言中，克拉西里尼科夫将军写道：基辛格认为，由于大量出现新的、更加可怕的大规模杀伤性武器，过去的战争经验大部分都没有用处了；当核工艺学将变成普通工艺学、大多数国家将掌握核武器生产工具的时候，必须使对外政策适应地球上的这种情况。他不是毫无根据地指出现代的人们由于过去经验的作祟，很难理解目前所进行的科技革命的整个深度。这一点的具体表现就是，人们企图使新的事物适应已经习惯的旧的观点，而这种新的事物却要求人们拥有另外的全新的思维方式。因此，他号召人们改变许多早已形成的关于战争、外交与世界性质的概念，以便制定符合"原子世纪"条件的新理论。基辛格写作这本书的目标是"叙述可能作为战略核政策的根据的一些想法"。[1] 原文中，克拉西里尼科夫甚至在这一句上加了粗体。

斯蒂芬·R. 格劳巴德也认为，很明显这种问题具有军事方面的含义，但是基辛格认为那几乎是次要的。在他的心目中这种挑战是精神上的和政治上的。[2]

基辛格认为，核武器的巨大威力使其几乎无法使用，但这种无法使用并不会自动带来和平。不愿使用武力、不愿冒着引发核战争的危险的，不是所有国家。美国由于其传统确实不愿意冒这样的风险，但苏联并不必然也拥有这样的心理。核时代美国的这种不愿意动用武力的心态和观念，使得武力这一最后的制约因素消失，其后果是不负责任的国家为所欲为，对核战争危险无所忌惮的疯狂者为所欲为。物质性权力达到了一种极端的状态，人类第一次拥有这种巨大的毁灭力量，却无法使用，或即便敢于使用也未真正使用过。而传统的物质性权力的施展与核战争之间又不存在清晰的界限。其后果就是，物质性权力的作用下降了，而心理层面的作用上升了。核时代，物质性层面的重要性让位于其观念层面。

---

[1] 参见［美］亨利·基辛格：《核武器与对外政策》，世界知识出版社，1963年版，第426页，俄译版序言。

[2] Graubard, Stephen, *Kissinger: Portrait of a Mind*, New York: W. W. Norton & Company, 1973, p. 97.

核时代的美国战略的困境是，以核武器为代表的现代武器的巨大威力和极端残酷性，使得美国（基于其传统与价值观）不愿意冒战争的风险。然而，从本质上说，美国无法使用物质力量来达到其政治目的。而美国的对手则认识到美国的这种心理，并利用了这种心理。因而，美国面临的困境都将基于美国对新的科学技术的本质意义的认识能力。基辛格认为，在使用（核）武力以前，人们想象武力有多大，威胁就有多大。但是除了在第二次世界大战末期，美国在广岛和长崎真正投入战争的两颗处以核技术初级阶段的原子弹之外，不论美国还是其对手都还没有在冷战中真正动用过核武器。因此，双方都没有使用核武器的经验，也没有核战争发生以后如何应对的经验。因此，在核时代，物质性的权力问题越来越转化成一个观念性的问题，"在相当大的程度上，新武器对战略、对政策、对生死存亡问题所产生的影响，都有赖于我们对其意义的解释。"① "从此以后，抵抗侵略已经不再是像第一次世界大战和第二次世界大战那样，是一个加入一场进行已久的战争从而左右战争局势的问题了。美国能否抵抗住来自外部的侵略，不但取决于美国的物质实力，还依赖于美国的决策者对侵略这一概念的认识程度。"② 由于核武器威力的提高，进攻的方式不再仅仅限于（物质层面的）军事上的进攻，也包括政治和心理上的攻势。"氢弹时代的国际政治主要方式已经改变了，这个时代主要靠从内部颠覆对手，注重心理层面的竞争。"③

以核武器加导弹为标志的现代武器，其特点是巨大的毁灭性的和极短的攻击时间。这使得美国传统战略立足的物质性事实的基础彻底改变了，地理位置已经不能再给美国提供显著的安全优势，而中间国家无法应对核国家的侵略，或者即使应对也失去意义。人类历史上首次出现一种局面，那就是一个主权国家在其领土内的行为，就可以改变势力均衡。

---

① Henry Kissinger, *Nuclear Weapons and Foreign Policy*, New York: Harper and Row, 1957, p. 14.
② Ibid., p. 16.
③ Ibid.

当基辛格发表《核武器与对外政策》时，迪安·古德哈姆·艾奇逊（Dean Gooderham Acheson）为该书撰写了前言，指出了美国最大的窘境："尽管我们拥有庞大的原子储备，但是由于种种理由，我们无法也不愿使用原子武器来对付苏维埃的征服，然而这种征服依然在进行着。这是我们所处的窘境。"① 而他把以基辛格为首的研究团队呈现的这份战略报告评价为"他撰写出了一本在我看来是关于我们所面临的最困难问题的最优秀作品"。需要指出的是，这本书并不是基辛格一个人撰写的，而是整个研究团队的成果。但其主要结论、判断都出自基辛格本人，因此完全有理由将这本书认为是基辛格个人外交思想的完整体现。基辛格在序言中特别说明："为了对这个研究团体说句公道话，我必须着重说明，本书虽然是根据他们的讨论编写的，但是书内的结论、判断和分析都是我自己的意见。初稿本身就从来没有经过这个团队的全体考虑过，毫无疑问有些成员甚至会对书中的重要结论持有异议。我深深地感激这个研究团队中的那些看过个别章节并且提出极有价值建议的成员。……但是对于这本书所有的结论，上述人士一概不负责任。"②

基辛格早在1957年出版的《核武器与外交政策》一书中就对核扩散表示了悲观。他判断，"再过15年以后，核技术的传播将使许多目前列为二等的国家拥有核武器，这是不可避免的"。③ "核时代的挑战不仅规模庞大，而且无法回避。在未来的100年中，全世界各国都会普及对核能的和平使用。可以预见到那时很多国家都有能力制造核武器。因此，在未来制定外交思想的时候，必须立足于核技术的常规化这一事实。"④ 从技术层面来说，基辛格认识到核武器甚至威力更

---

① 参见 Henry Kissinger, *Nuclear Weapons and Foreign Policy*, New York: Harper and Row, 1957. 核战略项目负责人迪安·古德哈姆·艾奇逊（Dean Gooderham Acheson）撰写的前言。
② 参见 Henry Kissinger, *Nuclear Weapons and Foreign Policy*, New York: Harper and Row, 1957. 在序言部分中基辛格指出，别的参与研究人员不对报告中的结论负责。其实也是用另一种方式声明这份报告主要是他的个人成果。
③ Henry Kissinger, *Nuclear Weapons and Foreign Policy*, New York: Harper and Row, 1957, p. 16.
④ Ibid., p. 5.

大的热核武器（氢弹）的制造并没有多大的技术壁垒，具有相当技术水平的工业国家就能拥有制造能力，或者有些国家可以通过购买获得。今后必须以任何战争都可能发展为核战争为假设前提来思考战略。而对于这些中小国家，基辛格认为，"这些较弱的国家可能更不负责、损失不着什么东西"，因此，一旦这些国家拥有核武器，局势将更为复杂。

潜在工业能力的优势的意义被弱化。基辛格认为，由于美国的生产能力超过敌人，美国在两次世界大战中都获得了胜利。因此，美国就倾向于把物质性的资源优势和技术优势，看成是最重要的军事优势。但在基辛格心中，"战略理论的优势至少同资源的优势是一样重要的"。核武器改变的另一个事实是，原来某国试图进行侵略是可以察觉的，例如进行吞并和扩军备战，因为扩军备战达到一定数量之后，一个国家需要更多的物质性资源以继续支持其扩军备战的需要（如能源、钢铁、厂房），这样就必然会提出领土要求。二战时期的德国在欧洲扩张和日本在亚洲扩张都证明了这个道理。但是在核武器时代，一个国家（如苏联）完全可以在本国的领土之内，不断进行核试验与核军备，以达到打破战略平衡的目的。而国际社会在道义法律上却因为这是一国的内政而无法干涉。核时代的这个特点会鼓励许多有能力拥有核武器的中小国家跃跃欲试。

由于担心战争——核战争——全面核战争之间难以划分界限，难以控制级别，美国在全面战争和全面和平之间没有可用的中间选项，所以结果往往是任由对方为所欲为。理论没有为新的物质性权力（核武器）找到中间用途。面对美国这种要么全面战争，要么束手无策的心理，基辛格认为苏联发展出一套有效的战略来应对，精心地设定每一次挑战的程度，结合心理层面的运用，使美国每一次都觉得这样的挑战不足以冒全面战争的风险去抵制，从而使决策层犹豫不决，而苏联却依靠这样每一步小的进展，实现长期性的大进展。

综上所述，基辛格认为，核时代大国之间的竞争，其实质已经从物质的竞争转变为观念的竞争。

第三节　基辛格外交思想的有机体系

一、(国际)外交思想关键：建构对方意识

基辛格通过他众多的论文与著作，表达了一个基本的看法，那就是在核武器时代的技术现实之下，国际政治中的许多概念（包括领土、主权、权力）发生了变化。因此，这个时代外交思想的关键是建构对方的意识。

（一）"修昔底德陷阱"的失效

"修昔底德陷阱"（Thucydides'trap）是古希腊学者修昔底德（Thucydides）提出的。在《伯罗奔尼撒战争史》中，他描绘了公元前5世纪雅典和斯巴达两国发生的战争。雅典日益壮大，造成斯巴达的恐惧。这就是"修昔底德陷阱"。今天，这个短语用以指代崛起大国（Rising Power）与维持现状国家（Status Quo Power）之间不可避免的战争危险。"修昔底德陷阱"的近代版本是《克劳备忘录》（Crow Memorandum），主要描述一战前崛起的德国和恐惧的英国。最新的引申版本是崛起的中国和维持现状的美国。

然而，基辛格早在1972年就指出了这种类比的一个致命缺陷。基辛格说："我与梅特涅不可能有共通的地方。他是首相兼外交大臣，在他所处的时代，从欧洲中部去别的大陆至少要花3个星期。他当首相和外交大臣的时候，战争是由职业军人操作的，而外交掌握在贵族的手里。他那个时代和今天的世界相比，既不存在相同的领导集团，也不存在相同的国情和文化，对这两个不同的时代怎么能相提并论呢？"[①]

自1500年以来的崛起大国与维持现状大国的11次战争，都是发

---

① Fallaci, Oriana, "Kissinger: An Interview", *The New Republic*, Vol. 16, 1972.

生在热核武器出现之前，也都是发生在移动互联网出现之前。基辛格在《核武器与对外政策》一书中早已指出，核武器改变了以往战争的性质。今天的中美不但在战略核力量方面可以达到相互确保摧毁（或者至少是给对方造成不可接受的灾难性损失），在经济上的相互依存也已经达到了类似相互确保摧毁的程度。在这样两个极端重要的现实前提改变的情况下，再提及技术条件完全不同的核时代以前的历史，甚至是技术背景更加落后的伯罗奔尼撒战争，都将只能获得非常有限的启示。这种错误类似用经典物理中的原理预测量子物理领域的现象，或是用平面几何的原理解决立体几何世界中的问题。

按照基辛格的选择性双重本体论，今天的人类技术现实，与"修昔底德陷阱"的时代相比，至少有三点本质的不同：第一，中美如果爆发全面战争，每一方无论胜负，都无法避免灾难性的损失；第二，中美之间的军事冲突与全面战争之间没有清晰地切割，任何局部战争都可能引发全面核战争；第三，现代通讯技术使得中美两国各个阶层的人都拥有了前所未有的了解对方的机会。

在人类技术的新现实面前，从某种意义上说，"修昔底德陷阱"已经失效。

（二）"凡尔赛悲剧"的本质

基辛格认为：一战以后，国际社会对德国的《凡尔赛和约》，其本质是基于物质本体论的古典现实主义。因此，其主要目的尽可能地削弱德国的物质实力。苛刻的条件和巨额赔款使德国陷入悲惨的境地。但历史证明，削弱德国物质实力而不改变德国主观意愿的现实主义的解决方案，不但没有结束灾难，反而导致德国的复仇和第二次世界大战的浩劫。

如果《凡尔赛和约》发生在公元前，在当时缓慢而稳定的人类技术条件现实之下，"收天下之兵，铸以为金人十二"这样的现实主义战略，也许是可行的。但是在一战与二战之间的时代，正是人类的技术突飞猛进的时代，像德国这样的国家，只要拥有复仇的意愿，通过技术进步很快就能重新建立本国的物质权力。随着人类技术的进步，人类逐渐解放自己的物质束缚，免于匮乏的能力逐渐增强，观念的作用不断上升。

"凡尔赛悲剧"使得美国在二战后清晰地看到了削弱对方物质实力的有限作用。因为美国无法把德国和日本在地球上抹去。因此，如果美国在二战后如同英法在一战后对待德国那样，那么凡尔赛悲剧就会重演。处于悲惨境地的德国和日本，总有一天会用复仇的火焰燃起更大的战争灾难。因而，美国在二战后对西德和日本的政治改造，就是看到了新的技术条件下观念的决定作用。削弱德国和日本的物质实力并不是维护世界秩序的可靠办法，只有把它们纳入由美国为主导的西方国际体系，使它们告别悲惨的境地，发自内心地放弃挑战国际秩序的意愿才是最重要的。

基于二战后对德日改造相同的原因，在冷战中，对待共产主义的"革命国家"苏联，美国的终极战略也不是将苏联从地球上抹去。在物质力量上完全击垮苏联是没有意义的，只会在将来由于苏联的复仇而引发更大的灾难。因此，基辛格和其他美国决策者所制定的"将苏联纳入由美国主导的国际体系"的目标是美国真实的长期目标，而并非对苏联的欺骗。基辛格认为，冷战也不完全是因为美国在物质实力上全面超过苏联而结束的，另一个重要原因是苏联领导阶层和民众思想的深刻改变。

二、(国内)外交决策关键：实现自己意志

(一)信息量的增大迫使人类分析信息的方式发生改变，这一现实呼唤政治家的才能

计算机和互联网的发明使人类可以制造与传播储存海量的数据，但同时也让人类迷失在数据的海洋里，忽视了对问题本质的探究。这导致政治家的视野不但没有扩大，反而缩小了。在面对信息时代的国际关系时，领导者往往是被大众媒体牵着鼻子走，被动地等待事件的发展，直至事态明了化之后才作出决策。领导者提出的包装新颖的见

解并不少，但有深刻内容的却不多。要解决这个问题并不是一朝一夕的，必须深入美国的教育体制内部。只有制定出一套适合计算机与互联网时代的新的领导者教育体制与选拔体制，才能应对新的现实。①

知识是经过梳理的信息，而智慧又建立在对知识的融会贯通之上。在现代通讯技术的背景下，现代社会中人类获得的信息数量远远超过了历史上曾经达到的数字。但与此同时，分析信息的能力却没有同步提升。这导致信息与知识出现了脱节。更进一步，又随即导致了知识与智慧的脱节。在国际关系领域处理实际问题，不仅需要知识，更需要智慧。现代通讯技术仅仅提升了我们获取信息的能力，但不会自动提升我们的智慧。这种智慧包括一种对未来的直觉及对问题本质的深刻洞察力。政治的艺术就在于在现实与未来之间建造桥梁，在民众认知能力与政治家自身的远见之间铺设道路。仅仅掌握丰富的知识并不能成为一个伟大的政治家，只有深刻洞察人类智慧中的未来之光，并义无反顾地敢于引领历史的走向，才能成为伟大的政治家。② 被人们称之为"现实主义者"的俾斯麦也曾用更含蓄的语言表达过相同的意思，他说："即使伟大的政治家也至多只能倾听上帝的脚步，跟随着行进几步，触及上帝的衣襟。"③

而在现实中，许多以理想主义者自居的领导者并没有表现出与俾斯麦一样的谦卑之心。在功利主义的影响下，他们急功近利地追求即刻的效果。他们越来越依赖官僚体制中的决策流程，而不是锻炼自己的洞察力与判断力。在信息瞬间传遍全球的时代，他们忽视了历史与哲学的重要性，他们关心的是迎合民众当下的情绪与偏好，而从未深刻思考过人类未来的走向。④

通讯技术达到一定阶段之后，会引发一系列具体后果，比如当电视直播和视频网络普及之后，更多的人可以了解外对政策，这导致

---

① 参见 Henry Kissinger, *Does America Need a Foreign Policy?: Toward a Diplomacy for the 21st Century*, New York: Simon & Schuster, 2001.
② Ibid.
③ Ibid.
④ Ibid.

"无孔不入、沸沸扬扬的新闻媒介正在把外交政策变成一种大众消遣。为了应对收视率上的激烈竞争，媒体只盯着眼前的危机，常常从善恶之争的角度，而不是从历史纵深角度加以报道，而且还要有一个明确的结局。"①

通讯技术影响了新闻媒体，而新闻媒体的新变化又接着将这种影响传导到领导者身上，改变了他们的决策方式。"领导者们利用并操纵人们当前的情绪而使自己成名。他们在确定目标时不是遵循自己的观念，而是依靠新闻焦点小组提供的咨询。他们把未来看作是昨日的翻版。"②

（二）基辛格对官僚决策机制的质疑，其哲学层面的根源其实来自于对理性主义的怀疑

在核武器时代，国际问题越来越复杂，有关的事实也太多，光靠个人直觉是难以处理的。于是，在这样的现实下，现代国家以理性主义为出发点，追求决策的"客观"，于是"精心刻意地把问题的有关方面压缩到例行公事的几种标准上"。另一方面，决策的机制也制度化，设计出一套公式化的例行程序，以有效地应对大部分问题。这种"设计"的初衷是想使外交"决策"科学化，但其实际后果却南辕北辙。因为"随之出现的庞大的官僚机器就产生了一种能量，以及一种它本身所具有的既得利益"，"其代价则是在国际事务方面丧失灵活性"。

基辛格对这种基于理性主义哲学而设计出的标准化决策流程能否处理重要的对外事务表示严重怀疑。他认为，这种程序将很多问题看作是"常规的事件"，"却未能抓住问题的要害或以与问题不相干的方式命令行事"，最后不但无法解决问题，反而"成为一种障碍"。基辛格认为，即便这种官僚结构的处理程序是科学的，有时候确实可以处理一些"最常见的"问题，但其作用和功能也只限于节省时间，"让

---

① Henry Kissinger, *Does America Need a Foreign Policy?: Toward a Diplomacy for the 21st Century*, New York: Simon & Schuster, 2001, pp. 12–13.
② Ibid., p. 328.

高级领导层有精力去创造性地处理一些意外事件和致力于必要的革新",而不是越俎代庖地去处理核心的对外政策。

对基于理性主义的寻求"客观性"的努力,基辛格认为"隐藏着把手段和目的混为一谈的危险","领袖的注意力也从判断的工作——这对政治家是最大的考验——转移到搜集事实的工作"。在这种执行标准化决策流程的行政结构中,高级行政人员的精力不是得出最佳的政策,而是在内部协调各方观点,保证这台机器能够继续开动。行政机器的最终目的——得出最好的决策——反倒变成次要的目的,"全神贯注地伺候行政机器"本身,反倒成为最重要的目的,也消耗了高级行政人员大部分时间和精力。

布热津斯基也认同基辛格的这一判断,他也深感官僚体系对外交决策的负面影响。在《实力与原则》一书中,布热津斯基认为:"这些部门(国防部和国务院)的看法和有限考虑的事项经常不一致,甚至分歧很大,需要专人进行协调。只有当人们知道被指派负担这项任务的人享有总统个人的信任并且能代表总统发表权威性的讲话,这项工作才能做好。基本上两个办法可以确保做到这一点。一是加强已建立的'国务卿制定政策模式',一是使总统直接领导外交政策的官僚政治含义合法化。这样一来,必须有一人成为最终的仲裁者和国家的指挥中心,以免安全政策完全成为官僚政治妥协的产物。然而,由于传统的作用以及近年来我和基辛格作为国家安全事务助理所起的作用引发的争议,今后可能为维护甚至加强国务卿的作用而作出努力。在外交政策事务上,总统身边也需要有一个人具有他那样'总统式的远见',能够超越狭隘的官僚政治的局限。"[①]

上一章试图证明基辛格外交思想突破了现实主义物质本体论。这一章,我们用观念本体论的建构主义与基辛格思想进行比较。结果发现,基辛格外交思想在本体论、认识论、方法论上都与建构主义有着相似之处,并得出了某些非常相似的观点。其中具有代表性的是,建

---

① [美]兹比格涅夫·布热津斯基:《实力与原则:1977—1981年国家安全顾问回忆录》,世界知识出版社,1985年版,第599—601页。

构主义认为无政府状态不是既定的，无政府状态存在康德式文化、洛克式文化、霍布斯式文化三种类型，而基辛格在《美国需要外交政策吗？面向21世纪的美国外交》一书中表达了与温特的建构主义非常相似的观点。基辛格认为根本不可能只采用一种办法分析和解释当代国际秩序。当今世界上至少有四种国际体制并存：西欧与美国、亚洲、中东、非洲。温特与基辛格的观点表现出惊人的相似。

基辛格自己并不追求在形而上的理论层面建构自己的理论，从某种意义上说，基辛格自己也不一定有意识地划分过其思想是属于哪种形而上的理论范式。但这并不妨碍，我们经过对比，在国际政治理论乃至政治哲学的光谱中，定位基辛格外交思想的相对位置。

基辛格外交思想是建立在选择性双重本体论之上的。这一价值主线既不同于现实主义的物质性内核（即只强调物质性，过于注重客观因素的决定性作用），同时又不同于以建构主义为代表的观念本体论（即认为一切都是意识的产物，无论国家还是无政府状态其实都是意识的产物）。基辛格的价值主线是一种选择性的、动态的本体论。一方面，基辛格非常强调人类社会每个阶段的技术能力——这一最根本的物质性前提；另一方面，基辛格又强调，在每一个阶段的技术条件之上，都应该有不同的战略理论来适应这种技术现实。也就是说，在每一个阶段的人类技术现实之下，物质与观念哪个起决定作用，不是固定的，而是发展变化的。在19世纪的欧洲，在拿破仑战争中，物质权力是起着相当大的作用的（但同时合法性也是一个重要的因素），而当人类进入了基辛格所处的核武器与以现代通讯为特征的时代，物质权力的竞争已经到了相互确保摧毁的时代，因而继续进行物质权力的竞争，对于大国而言，无法带来更多的安全。而与此同时，新的通讯技术却消除了国与国之间意识交流的物理障碍。因此，基于这样的人类技术现实，在这个时代的国际政治现实中，影响观念比物质竞争更重要，更具有决定性作用。

本章的主要内容可以用图3—4、图3—5概括：

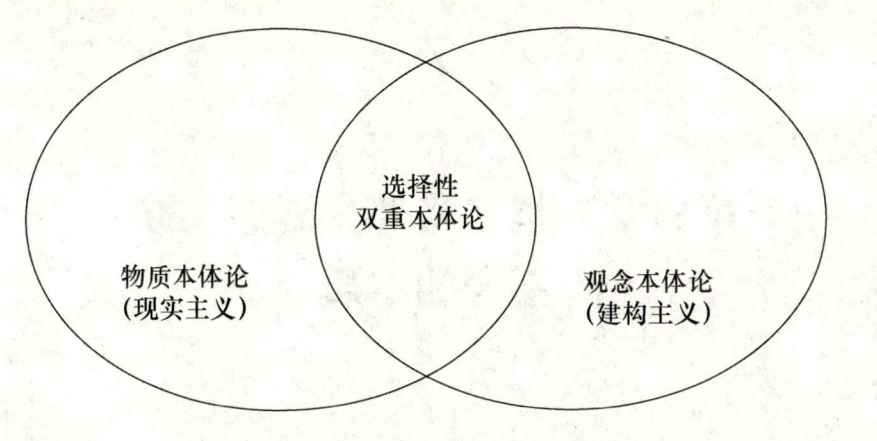

图3—4 基辛格外交战略的相对位置

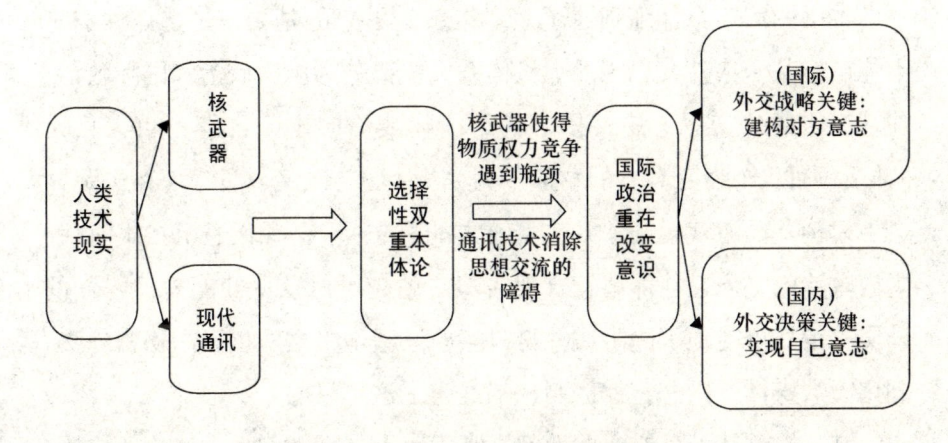

图3—5 基辛格的选择性双重本体论

在解决了"基辛格的外交思想是什么"的问题之后，第四章我们将在基辛格的具体外交实践中检验其思想。

第四章　基辛格外交思想实践：
不变的本质

本书的第三章详细阐述了基辛格外交思想的基石——选择性双重本体论。基辛格外交思想的有机体系又主要分为国内政治和国际政治。在基辛格的外交思想中，核时代的国际政治的本质已经不再仅仅是"改变硬件"（改变对方的物质权力），而是"改变软件"（在国际社会中建构新的游戏规则，并改变对方的意志）。在现代通讯技术时代，国内政治的本质是让那些符合现实却"超越了民众认知能力极限"的外交决策尽可能地消除阻碍并得以实施。基辛格之所以崇尚秘密外交、利用大众媒体、厌恶官僚体制，都是为了这个目的。

基辛格具体的外交实践便都是基于以上选择性双重本体论的应用。本章将以基辛格外交生涯中较为重要的几项外交实践为例，检验并分析其中反映出的基辛格外交思想的不变的本质。基辛格外交战略的有机体系示意图见图4—1。

第一节　对苏战略不变的本质

基辛格在成为外交决策者之前，在哈佛大学工作期间撰写的学术论文表达了这样一种思想，他认为在核武器时代，美国出于对核战争的厌恶与恐惧，实施了以全面战争理论为核心的"大规模报复"战略。这种战略的局限是在全面核战争和无所作为之间没有中间选项。苏联利用了美国战略的这一弱点，每次对美国发起一次不足以引发全

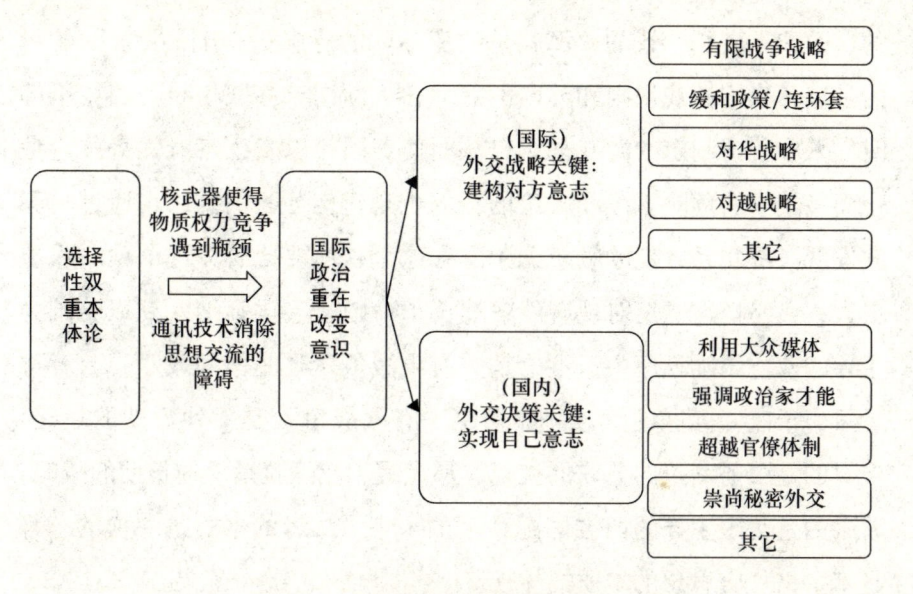

图 4—1　基辛格外交战略的有机体系

面核战争的适度的挑战。对这样的挑战，美国无法有效回击，只能选择无所作为。久而久之，苏联的无数小步骤就积聚成了一个大的进展。基辛格认为解决这一战略困境的办法是推行"有限战争"战略。"有限战争"战略的目标，并不是在美苏武器装备的物质性对比中争得上风，而是在美苏之间建构一种新的游戏规则。为了成功构建这种游戏规则，首先要"弥补苏联领导人想象力的缺乏"，让他们也意识到核战争的灾难性后果；然后在双方的博弈中建构这样一种新规则：美国对苏联挑战的回应，并不意味着美国会挑起全面战争。这样美国就可以使用常规力量或者"有限核战争"作为手段来抵制苏联的挑战。

然而，当基辛格成为外交决策者之后，在外交实践中却逐渐开始推行对苏联的缓和政策，他重视与苏联的日常谈判并加强与苏联的经济联系。这一变化使得美国很多学者和官员认为基辛格外交思想的理论与实际是不相符的。[①]

而实际上，基辛格在学术著作和政府文件中清楚地表明了"有限战争"与缓和政策作为具体的外交政策，虽然外在表现不同，但它们

---

① 参见 Nutter, G. Warren, *Kissinger's Grand Design*, Washington D. C.: American Enterprise Institute for Public Policy Research, 1975。

的目的和本质是一致的,那就是改变苏联的意志。"有限战争"的目的是重新建构游戏规则和苏联的意识,逐渐诱导苏联在与美国竞争的时候采取美国制定的游戏规则,从而使美国得以发挥自身优势并避免全面核战争的危险。缓和政策的目的也是建构苏联的意志,通过与苏联发展经济联系,使苏联意识到遵守这个秩序要比破坏这个秩序收益更大,最终把这一反对现有秩序的"革命国家"逐渐纳入到以美国为主导的西方国际秩序中。不论是"有限战争"还是缓和政策,二者都是致力于改变苏联的意志。如果说"有限战争"是一种短期的战略,应对的是眼前紧迫的苏联的挑战,那么缓和政策就是一种长期的战略,着眼的是美国主导的西方国际秩序的未来。二者的本质是一样的,都是基辛格外交思想的本质的体现。

一、"有限战争"战略的本质:建构新的游戏规则

基辛格强调"有限战争"的作用。"有限战争"的本质并不是一种物质权力的对决,而是一种观念的争夺。在他的外交思想中,"有限战争"与全面战争的本质与出发点是截然不同的。全面战争是一种典型的物质性权力思维的战略,目的是摧毁对方的物质权力,使对方不再拥有发动战争的物质能力;而"有限战争"则是一种基于非物质的观念权力的战略,其目的是消除对方继续战争的意愿,让对方觉得接受条件比继续抵抗更有吸引力。因此,"有限战争"绝不是一次"小规模的全面战争",也不是"大规模报复战略的廉价替代品"。[1] 其本质是以影响对方心理为目的的政治行动。"有限战争"最重要的特征不是其物质性,而是其非物质性。在全面战争的战略中,改变物质性因素,既是手段也是目的,而在"有限战争"中,改变物质性因素仅仅是手段而不是目的。"有限战争"真正的目的是改变对方的意志。如果忽略了"有限战争"的这种政治性本质,那就背离了"有限战

---

[1] Stephen Graubard, *Kissinger: Portrait of a mind*, New York: W. W. Norton & Company, 1973, p. 114.

争"的意义。因此"有限战争"的操作难度要大于全面战争。全面战争中，整个战争的过程是一次改变物质性权力的较量。只要两国进入战争状态，外交行动就接近终止或成为一种从属。而"有限战争"在整个过程中始终是将战争手段与外交手段相结合，注重物质因素与观念因素的互动。

（一）"有限战争"战略的实施前提：让苏联了解全面核战争的灾难性

基辛格认为，"有限战争"要得以实施，前提条件是美国和苏联在对"全面核战争的灾难性"认识上达成基本共识。虽然美国与苏联实行不同的社会制度，奉行不同的意识形态，并且在很多问题上采取截然不同的态度，但只要双方就"全面核战争的灾难性"拥有最基本的共识，以上这些不同就不会成为美国实施"有限战争"战略的障碍。由于人类历史上从未发生过全面核战争[1]，所以"全面核战争的灾难性"并不是一个人类真实经历过并普遍认知的事实，而是一种基于心理的观念。这种观念并不会自动形成，需要通过一系列外交和政治手段建构。基辛格认为："在第二次世界大战之前，军事计划往往是保密的，不能让敌方知道我方的真正意图。而在核武器时代，只有让对方充分了解我方军事行动的含义，才能获得安全。除非我们的外交手段能把我们的意图暗示给对方，否则打一场'有限核战争'是不可能的。我们必须通过外交手段把我们所了解的核战争的性质和范围告知苏联领导人，以此来弥补他们想象力的不足。"[2] 基辛格相信美国和苏联对核武器（特别是以氢弹为代表的热核武器）的巨大破坏作用是有共识的，但对于美苏双方对"全面核战争的灾难性"的认识程度是否处于同一水平并不确定。因此，基辛格在《核武器与对外政策》

---

[1] 美国和苏联都进行过大量核武器试验，这些试验中也出现过 5000 万吨 TNT 当量的"沙皇核弹"，但是这些仅仅是武器试验，双方都没有经历过真正的全面核战争。虽然美国曾经在第二次世界大战中在日本的广岛和长崎将核武器用于实战，但那也不是全面核战争。

[2] Henry Kissinger, *Nuclear Weapons and Foreign Policy*, New York: Harper and Row. 1957, p. 16.

一书中用了大量的篇幅从技术层面描绘全面核战争的灾难性后果，以求得在苏联领导者的观念中建构"全面核战争的灾难性"这一"有限战争"战略得以实施的共同心理知识背景。在《核武器与对外政策》这份战略报告中，介绍核武器的巨大破坏力和全面核战争的灾难性后果的技术层面描述占有极大的比重。全书共12章，分为3部分。第一部分是"有关生死存亡的问题"；第二部分是"科学技术与战略"；第三部分是"战略与政策"。基辛格在这本书的第二章、第三章、第四章、第十一章花费大量篇幅详细介绍了核战争的灾难性。该书附录中包含了3张表格，分别为"美国和苏联十大城市人口"、"从'伦'的计量看伤害人体全身遭受辐射剂量的直接影响"、"不同类型核武器造成的背景辐射的程度"。这些图表的主题全部与全面核战争的灾难性直接相关。

从这个意义上说，《核武器与对外政策》既是基辛格的外交思想，又是基辛格一次改变苏联领导人意志的实际外交行动。这份报告的公开出版和苏联的俄译版序言，从另一个侧面证明了基辛格这次建构努力的成功。基辛格同时代的一位对手，苏联中将、苏联军事科学院博士斯·克拉西里尼科夫教授在《核武器与对外政策》的俄译版（1958年6月）序言中写道：

"基辛格用实际材料，正确而又有说服力地描绘出在未来的战争中由于采用核技术美国可能受到的惨祸图景。基辛格指出这样一个事实：在现代工业发达的国家里，有熟练工作能力的人口大部分集中在城市里，城市是国家资本和技术的集中地。他引用数字来说明在战争期间核武器的攻击可能带来的惨祸。只就美国50个最大的城市来讲，由于核武器的攻击，美国总人口的40%，即3500万—4500万人，和全部工业的60%就有被消灭的危险。美国现有医务人员，包括兽医在内，只有26万名。那么，千百万的负伤者将无法得到医疗和救助。作者由此得出一个完全合理的结论：使用现代武器的'全面战争'所造成的惨祸，将远远超过各国人民以前所体验到的。突然下降的放射性微粒可以使一国的广大地区的人民必须在长时期内过着完全隔离的生活，而由于锶-90的降落所引起的遗传性后果，则使整个人类有退化的危险。"①

(二)"有限战争"的重要工具:常规快速反应部队

基辛格认为,美国的人口和工业潜力强于苏联,而在全面战争的战略思维下,这种优势无法转化成实际的优势。美国在全面战争的战略下倚重发展战略核力量,希望通过战略核力量的绝对数量优势取得对苏联的优势。这种思想导致美国缺乏能够采取局部军事行动和专门为这样的军事行动而设置的常规快速反应作战部队。因此,基辛格强调美国必须建立这种常规快速反应作战部队。"有限战争"的军事层面的战略应该是海军战略,而不是陆军战略。这种战略要求部队是小型的,火力是强大的,机动性是高的,而且是高度自主的。其目的不是传统地面战的占领对方领土或是建立一条战线。虽然从本质上说,这种常规快速反应作战部队是一种物质力量,但这种物质力量的目的不是改变美苏双方的军事力量对比,而是改变美苏之间竞争的"游戏规则",从而改变美国的被动局面。

基辛格进一步指出,"有限战争"战略下谈判的本质目标也不是试图劝说对方削弱其物质权力,而是调试双方的心理预期,避免全面核战争的灾难。只有双方都接受某种超越他们争端的共同标准,谈判才可能成功。谈判的重点应该是更好地了解双方的意图,从而降低由于错误估计而爆发战争的危险。希望通过谈判就防止对方突然袭击的想法是不切实际的。务实的谈判目标应该是使双方将可能发生的战争限制在有限的范围之内,减少战争的灾难性(具体而言,例如,在敌对行动爆发之前就达成协议,规定50万吨当量的武器都应该是"干净的"炸弹,并且不将对方人口稠密的大城市作为攻击目标等)。最终,让苏联拥有以下的意识状态:第一,美国在全面战争和无所作为之间存在中间选择;第二,美国能够采取各种有限军事行动,但这并不是全面战争的前奏。

---

① 参见[美]亨利·基辛格:《核武器与对外政策》,世界知识出版社,1963年版,俄译版序言,第426页。

在核武器时代，只有意志的力量才能提供物质的力量所无法提供的安全前景。外交能够提供军备所不可能提供的安全。在这里，基辛格体现出了明显的超越现实主义的物质性内核的思维。他认为，虽然在物质权力层面，美苏双方仍然都期望获得一种超越对方的技术优势，但是，一方面这种优势（由于核武器本身的技术特点）的意义是有限的；另一方面，美苏双方都有意愿在武力解决分歧方面"有所克制"。基辛格认为这种"有所克制"的愿望，就是一种存于美苏双方心理之中积极的共同点，应该培育这种积极的共同点。

基辛格总结了三种可能造成双方灾难性冲突的情况：第一种，苏联觉得自己的核力量超过美国，因此攻击美国不会遭到惩罚。美国的对策是保持有效的、不可摧毁的战略核能力并用外交手段让苏联拥有此种意识；第二种，在某一局部地区，苏联预判美国不会做出强烈反应，而美国恰恰做出了超出苏联预期的强烈反应；第三种，美国发动了一场有限战争（例如一场有限核战争），但苏联却将其预判为全面战争。在第一种情况下，外交是不可或缺的手段，而在另外两种情况下，物质无能为力，非物质权力的外交是唯一的可用手段。

在核时代的美苏博弈中，试图减少双方的核军备是一种停留在物质层面的思维。这种思维并没有找到问题的本质。问题的本质在于三点：第一，物质层面的核武器储备并不是战争的根源（比如英国也拥有可以对美国造成重创的核武器储备），真正造成忧虑的根源是一个拥有核军备的国家（苏联），其心理上是否试图进行一次重大的冒险。问题的核心是缓和这种心理层面的紧张局势；第二，以往的裁军是建立在这样一种技术前提之上，那就是武器系统的发展是缓慢的。然而，当人类进入核时代，技术的进步是迅速的，而且可以在一国国内的实验室完成。因此，使得裁军具有实际效果的技术前提已经改变了；第三，企图通过谈判而让对方削减现有武器储存或者阻止在未来制造更先进武器的愿望是不切实际的。这种十全十美的"最终解决"计划是难以实现的。

（三）"有限核战争"的实质：战术核武器的合法性建构

作为"有限战争"战略的一部分，基辛格还提出了"有限核战争"这一概念。他认为"有限核战争"的实质包含两层含义：第一，突破核武器的物质层面，在心理层面寻找使用核武器的合法性；第二，预先设想一旦某一方使用战术核武器之后的对策，以防止全面核战争。从这个意义上说，"有限核战争"与常规快速反应部队一样，也是一种心理层面较量的工具。

基辛格担心中国和苏联会寻找到某种心理层面的调试方式，甘于承担发动核武器攻击的道义责任，在非全面战争的情况下使用战术核武器。例如，在非中心地区（如中东或东南亚）用战术核武器毁灭美国的几个常规师。在这种情况下，如果美国没有一套"有限核战争"战略，就将处于两难境地：要么默默忍受几个常规师的损失，要么冒着引发全面核战争的风险而反击。

在美国国内，有人认为基辛格讨论"如何使用核武器"是丧失道德的现实主义。但基辛格认为，绕开这一敏感话题并不能使人类避免有限核战争的风险。掩盖危险和拒绝承认并不能消除危险。斯蒂芬·R. 格劳巴德也认同基辛格的这一主张，他认为"这种战略不能到了最后一分钟才临时制定出来。如果真的那样，到时候惊慌失措将是压倒一切的情绪"。[1] 基辛格在这里小心地触碰这个敏感话题的目的，是针对可能发生的有限核战争，试图在爆发全面核战争之外寻求一种可能的出路。他并没有鼓吹在每一次有限战争中都肆无忌惮地使用战术核武器，他只是强调应该拥有这种心理层面的战略准备。基辛格认为"核时代只允许我们从种种祸害中选择一个"。他提及有限核战争的目的恰恰是为了避免全面核战争。

有限核战争的实施还有赖于在美国国内通过教育建构民众的心理。有限核战争不仅仅需要物质层面的条件（如核武器的小型化），而且

---

[1] Stephen Graubard, *Kissinger: Portrait of a mind*, New York: W. W. Norton & Company, 1973, pp. 116–117.

需要心理层面的铺垫——必须改变美国国内公众舆论中一提到核武器就认为是不道德的和不可接受的观念。必须教育民众学会区分有限核战争和全面核战争。基辛格认为，如果不进行这种舆论引导和民众观念的建构，那么其恶果将是一旦遇到对方发动有限核战争，美国本国的舆论将在咽下局部失败的苦果和发动全面核战争之间迷失方向。基辛格详细表述了对有限核战争的 5 点建议，这 5 点意见均是心理层面的，其本质是一种思维方式：①

1. 除非作为一种最后的手段，必须避免使用热核武器（氢弹）。

2. 如果一个国家拥有氢弹（热核武器），那么这个国家不会在使用这一巨型武器之前束手投降。但与此同时，一般国家又不愿冒受氢弹攻击的危险，除非最基本的生存权遭到了致命威胁。

3. 美国的外交政策必须使美国在苏联面前呈现出一种坚定的姿态，表明美国的态度并不是无条件地退缩。美国应制定一种格局，在这种格局中，并不是每一次争端都会涉及国家生死存亡。但是同样，美国必须坚决地表达美国达到一些过渡性目的的决心和美国将用武力抵抗苏联的任何军事行动的决心。

4. 美国的军事政策的重点应是发展出一种理论，以指导美国在使用武力时可以采取逐步升级的原则。

5. 有限战争必须以全面战争的能力作为后盾。美国必须维持一支足够强大的和受到周密保护的报复力量。但拥有这种物质性力量本身并不是为了使用其物质性的威力，而是在心理层面使得侵略者无法幻想通过发动全面战争而得益。

二、缓和政策的本质：驯良革命国家

基辛格在成为国务卿之后，其具体的对苏政策主要是缓和。于是，以尼克松时期负责国际安全事务的助理国防部长沃伦·纳特和梅尔

---

① 参见 Henry Kissinger, *Nuclear Weapons and Foreign Policy*, New York: Harper and Row, 1957.

文·莱尔德为代表的一些美国国内的官员和学者认为:"基辛格当哈佛大学学者时期的言论,恰恰是对他作为一个外交决策官员时的对苏缓和政策的最严厉批判。学者基辛格会说,寻找一种没有风险的政策是必然要失败的,因为所谓没有风险的政策恰恰会招致最大的风险。"①

作为制定美国外交政策的高级官员,基辛格在任期间不能再如同作为学者时候那样有大量的时间撰写许多理论著作,但从他发表的许多正式讲话中,可以整理出他的一套基本政策框架。这些讲话包括1974年9月在参议院外交委员会上的讲话(这次讲话被认为是基辛格出任国务卿以来最全面阐述自己的政治哲学的一次讲话)②、1973年基辛格在英美友好协会的讲话、1974年基辛格在美国退伍军人团的讲话、1975年基辛格在联合国大会的演讲等。③

基辛格在这些讲话中表现的总体战略设想是,缓和可以给当时的国际局势提供一种机会,建立一种有利于和平的国际秩序。在美国和苏联两国经过几十年的反复博弈之后,双方从严重的猜疑逐渐转变为达成某种最基本层面的共识,那就是双方在避免核灾难和建立一系列建设性关系方面具有共同的利益。

基辛格认为美国在工业基础、国际贸易、生活方式等方面拥有强大的感召力,美国外交应该创造美苏之间的缓和气氛,在全球相互依存关系不断扩大的背景下,使美国和苏联及其各自的盟国集团建立一系列相互卷入的、彼此都存在既得利益的更紧密的关系,以推动一种前景,那就是:从缓和逐步走向互相卷入,然后使得现有的美国主导下的国际秩序取得合法性,得到世界各大国的认同和遵守。建立这种合法性的最主要动力是通过相互的密切接触(这种接触首先要缓和气

---

① Nutter, G. Warren, *Kissinger's Grand Design*, Washington D. C.: American Enterprise Institute for Public Policy Research, 1975, p. 22.
② Ibid., p. 19.
③ 这些讲话详见1973年10月29日美国《国务院公报》第527页、1973年12月31日美国《国务院公报》第779页,"基辛格在英美友好协会的讲话";1974年9月16日美国《国务院公报》第375页,"基辛格在美国退伍军人团的讲话";1975年9月22日美国《国务院新闻公报》第496期,第4页,"基辛格在联合国大会的演讲"。

氛才能实现），让各个大国认识到，如果它们不顾国际行为准则破坏相互依存关系的纽带，那么在维护其重要的既得利益方面，它们失去的将会比赢得的更多。①

"我们的作法产生于这样的信念，那就是在同时进行一系列问题的谈判时，在某一问题上有所进展就能推动其他问题的谈判。如果我们成功了，那么任何协定都不再会是一个脆弱的、经不起下一次危机考验的孤立成果。所谓'连环套'就是这种思想所表达出来的问题之间的相互关系。这种关系是实际存在的，而不是我们主观想象的，因为美苏两国的利益在一系列问题和领域中都相互抵触。我们争取达成一系列协议来解决具体的政治问题。我们谋求把这些协议同适应核时代危险的国际行为新准则联系起来。苏联在同西方的这种关系网结成利害关系之后，可能会更多地意识到，如果恢复对抗它将遭受何种损失。的确我们希望苏联在促进缓和紧张局势的整个过程中发展对自身利益的关心。换句话说，一件事导致另一件事，而一旦建立起这种关系网，苏联如果背弃其中的一部分，它就有可能丧失一切。"②

"这种做法是在外交上沿着广阔的战线推进，而不是一步一步、一次解决一个问题。无论是在个别协议或全盘结果方面，都不考虑以一种让步换取对方另一种让步的问题。唯一要遵守的准则是，每一个安排都应从双方的利益出发，使双方都得到好处。在这个过程中即使苏联所得的比西方多也无需忧虑。因为基本的力量对比不会由于这种微小的变动而受影响。美国更长远的战略目标应该是让妄图推翻现有国际秩序的苏联逐渐地认识到，如果它与美国建立起某种相互依赖的关系网，便可以得到比推翻现有体系更大的益处。"③ 美国应该拥有耐

---

① Nutter, G. Warren, *Kissinger's Grand Design*, Washington D. C.：American Enterprise Institute for Public Policy Research, 1975, p. 24.

② 转引自 Nutter, G. Warren, *Kissinger's Grand Design*, Washington D. C.：American Enterprise Institute for Public Policy Research, 1975, 参见 1974 年 10 月 14 日美国《国务院公报》第 508 页,"基辛格在参议院外交委员会的发言"。

③ 转引自 Nutter, G. Warren, *Kissinger's Grand Design*, Washington D. C.：American Enterprise Institute for Public Policy Research, 1975, 参见 1974 年 9 月 16 日《国务院公报》第 375 页,"基辛格在美国退伍军人团的讲话"。

心慢慢推进这样的外交活动，比如经常推动一些规定各国间关系准则的联合宣言（如《美苏关系原则声明》、《防止核战争协定》以及《赫尔辛基宣言》），目的是使各国养成注意共同协议准则的习惯，逐渐树立遵守这些准则的责任感。[1]

因此，在评价基辛格外交思想的时候，不应该只看他"一城一池"的具体政策是对抗还是缓和，而应该将他所有的外交政策看作是一个整体的动态过程。不论是对抗还是缓和，基辛格对苏战略中不断用具体外交行动编织这张相互卷入的大网的目的是一贯的，是建立一个稳定的国际秩序。

随着政治关系在广泛的战线上得以改善，经济问题也可以在同样广泛的战线上得到解决。美国与苏联签署的协议都是规章制度性质的，这些协议并没有给予苏联眼前的好处，而是构成了一幅幅蓝图，表示如果政治关系继续改善的话，今后经济关系也将相应扩大。"伴随着美苏双方相互依赖关系的发展，双方的经济往来可以慢慢改变苏联封闭的经济体系，最终将苏联的经济融入整个国际经济体系之中。这种经济上的相互依存将巩固政治和军事上的均势。"[2]

基于这样的基本思想，基辛格认为，如果美国直接插手苏联的内政，比如在改善美苏经济关系时将苏联必须放宽向外国移民等政策作为前提条件，将不仅是徒劳的而且是有害的。这样将不符合"建立共同利益网"这样一个大目标。因为苏联社会发生变化将是一个缓慢的过程，不应该因为某个具体领域的得失而封闭双方接触的机会。如果说"有限战争"战略是重新建构美苏双方在短期内"如何竞争"这一游戏中的新规则，那么缓和与"连环套"战略就是在更大的视野下，在相当长的一段时期内美苏双方谁都无法取得决定性优势的情况下，建构一种全新的"如何相处"的游戏规则。这两种战略的本体论和价

---

[1] 转引自 Nutter, G. Warren, *Kissinger's Grand Design*, Washington D. C. : American Enterprise Institute for Public Policy Research, 1975, 参见 1974 年 9 月 16 日《国务院公报》第 375 页, "基辛格在美国退伍军人团的讲话"。

[2] 转引自 Nutter, G. Warren, *Kissinger's Grand Design*, Washington D. C. : American Enterprise Institute for Public Policy Research, 1975, 参见 1974 年 10 月 14 日《国务院公报》第 511—512 页, "基辛格在参议院外交委员会的发言"。

值本质是完全一致的，都是通过建构对方心理以及建构新的观念层面的游戏规则来改变世界格局，都是突破物质本体论的。基辛格的大战略已经从抵抗苏联，变成更宏大的驯良苏联——将苏联从一个"革命国家"驯良转化成一个遵守由美国主导的西方国际秩序的国家。既然从物理上消灭苏联在核武器时代代价巨大，而使苏联遭受永远失败和重创也不能长久（就会像历史证明的那样，《凡尔赛合约》使得德国处于悲惨境地，一个遭受失败的大国，积聚起复仇的烈火会造成更大的灾难）。唯有从心理层面将一个强大的苏联转变成一个遵守国际秩序的、按规矩出牌的大国（就像拥有核武器的强大的英国和法国），这个世界才能稳定地向前发展。

对于基辛格这样的宏大构想，沃伦·纳特等人并不赞同。他们不相信扩大与苏联的联系使之产生与美国主导的国际体系的相互依赖会使得苏联的行为受到约束。沃伦·纳特用第一次和第二次世界大战的历史批驳基辛格。他认为，这样的论点很难在历史上找到依据，经济上的相互依赖并不是什么新的东西。"第一次世界大战前夕，诺曼·安吉尔就曾在他所著的《大幻想》一书中辩称，错综复杂的世界贸易联系完全排除了从战争中捞到好处的可能性。然而20世纪里相互交战的欧洲国家，同19世纪一样，一般都是关系密切的贸易伙伴。格雷戈里·格罗曼斯教授在1973年7月17—19日举行的第93届国会第一期会议期间，在联合经济委员会就苏联经济展望举办的听证会上所做的证词中称，历史提供不出什么东西使我们相信贸易能够保证和平。在第一次和第二次大战前夕，德国都是俄国的最大贸易伙伴。"[①]

显然，这种类比存在一个明显的漏洞，那就是二战以前的人类历史与二战后基辛格制定外交政策时代的人类历史是基于完全不同的技术水平的。第一，第一次世界大战和第二次世界大战爆发时都是没有核武器的；第二，在第一次世界大战与第二次世界大战乃至19世纪的欧洲，基于当时的生产力，特别是基于当时的通讯技术、交通工具，

---

① Nutter, G. Warren, *Kissinger's Grand Design*, Washington D. C.: American Enterprise Institute for Public Policy Research, 1975, p. 61.

"最大贸易伙伴"和"密切的贸易伙伴"的含义与基辛格时代基于喷气式飞机与全球直拨电话条件下的"最大贸易伙伴"和"密切的贸易伙伴"的含义是完全不同的。基辛格在设计其整套外交思想的时候，都是紧密联系核武器和新通讯技术等重要技术事实的。脱离了这个前提假设来提出类比，是缺乏说服力的。

为了完成这个缓和的大战略，美国在纯物质层面的竞争上反而是将优势让给了苏联。这一点，基辛格遭到了美国国内许多官员的强烈批评。以下这些数字足以证明，基辛格认为在核时代更能影响国际格局的是在意志上"驯化苏联"，而非在物质上超越苏联。

沃伦·纳特在批评基辛格的报告中指出：美苏两国，根据1975年出版的《年度国防报告：1976财政年度及过渡时期》，美国的国防开支从1964年以来减少了差不多1/6。而根据美国的官方统计，同一时期的苏联国防开支却增加了1/3，到1970年已经超过美国。如果把由于进行越南战争增加的花费扣除，美国的国防开支自1963年以来实际上是逐年下降的，而苏联的国防开支则是稳步上升的。[1]

最直接的影响是在现有军事力量的对比上。在战略核力量方面，苏联已经从很大的劣势上升为大体与美国均等。而在常规力量对比上，苏联的武装人员的总数几乎是美国武装人员总数的两倍，而10年前，苏联仅比美国多1/6。美国的水面作战舰队的规模已经缩减到小于苏联舰队，而10年前（1965年）美国的舰队规模比苏联大1/3。[2]

基辛格的战略是基于这样一种假设：意识可以改变物质。改变苏联的意识，使之重新定义国家利益，让苏联发现尊重国际秩序的收益大于破坏国际秩序。因此要在经济上与苏联发生关系，将苏联逐步纳

---

[1] 参见 Nutter, G. Warren, *Kissinger's Grand Design*, Washington D.C.：American Enterprise Institute for Public Policy Research，1975，p. 38. 文中引用《年度国防报告：1976财政年度及过渡时期》、参谋长联席会议主席在参议院武装部队委员会就1975财政年度美国军事态势所做的证词，93届国会第2期，1974年2月5日，会议第一部分，参议院听证会记录，第300页。

[2] 参见 Nutter, G. Warren, *Kissinger's Grand Design*, Washington D.C.：American Enterprise Institute for Public Policy Research，1975，P. 38. 文中转引《年度国防报告：1976财政年度及过渡时期》、参谋长联席会议主席在参议院武装部队委员会就1975财政年度美国军事态势所做的证词，93届国会第2期，1974年2月5日会议第一部分，参议院听证会记录，第300页。

入美国主导的全球体系，最重要的是改变苏联领导者的意志。

而沃伦·纳特等官员采用的却是另一套典型的物质性内核的战略。他们基于另一种假设，即意志不可能反过来改变物质。因此，美国战略的重点是停止经济接触，以帮助营造苏联国内经济短缺这种物质性事实。所以他们反对与苏联建立经济联系，认为应将物质资源用于增强美国及其盟国的防御。他们认为："除非我们获得政治上的让步作为报答，使我们的安全至少不受损害，否则我们不应该在经济和技术上帮助苏联。总之，我们应该坚持增进安全。因为苏联从经济援助和扩大贸易上获得的利益，增强了它的领导人在国内外的地位。应当要求苏联领导人以减少对西方的威胁来换取他们在巩固国内政权上得到的好处。我们正是应当在这样的基础上同苏联谈判，要求它在限制战略武器会谈、共同均衡裁军、限制向中东提供武器、东南亚中立化等问题上采取行动。"①

在这一点上，苏联作家亚历山大·伊萨耶维奇·索尔仁尼琴（Александр Исаевич Солженицын）也与沃伦纳特持相同的观点。他认为，西方与苏联建立经济相互依存的努力必然要向苏联提供援助。而这种援助会在客观上帮助苏联领导集团度过经济难关而巩固国内统治。这样就不利于在苏联国内形成一种强大的来自民众的压力，这种压力就是由民众的物质匮乏造成的对制度自由化的向往。索尔仁尼琴1975年在华盛顿演讲时称："如果苏联的统治者知道西方会协助他们摆脱每一次的经济困难，他们就受不到要求把他们的制度自由化的压力。另外，每当外部紧张局势有所缓和时，东方总是要强化其内部控制。"②

这是两种截然不同的战略，二者的最终目标都是改变苏联。但基辛格强调的是改变苏联领导者的意志，让他们自己主动改变；而沃

---

① Nutter, G. Warren, *Kissinger's Grand Design*, Washington D. C.：American Enterprise Institute for Public Policy Research, 1975, p. 40.

② 参见 Nutter, G. Warren, *Kissinger's Grand Design*, Washington D. C.：American Enterprise Institute for Public Policy Research, 1975, pp. 42–43. 书中引用了1975年7月14日《美国新闻与世界报道》第49页刊载的索尔仁尼琴在华盛顿的讲话。

伦·纳特强调的是促进苏联国内匮乏的物质状况，用事实逼迫苏联改变。基辛格的这种战略扎根于他对核时代的认识。他认为核时代使得人类第一次告别了匮乏。基辛格在《美国对外政策》中就写到："毋庸置疑，苏联的消费者迫切要求其领导人满足他们的需要，但同样真实的是不断发展的现代经济能够同时供应大炮和黄油。"① 基于这样的技术前提，基辛格认为，独立于资本主义体制之外的苏联即使得不到美国的经济合作，也不会在国内出现极大的物质匮乏。这种物质匮乏不可能达到引起苏联内部改变的程度。

沃伦·纳特对基辛格的对苏缓和的外交思想做出了批评。他写道："他（基辛格）要在消除两个超级核大国对抗风险的同时，创造出一个稳定各方力量的局面和一个合法的国际秩序。他采用的方法是，把苏联套进一个千丝万缕的罗网之中，使它永远不愿摆脱出去。他这个许诺是兑现不了的。基辛格把他这一套叫做'创造性外交'，其实还不如叫'浪漫性外交'更恰当些。他的外交思想是理想主义和现实主义兼而有之，二者比例因时而异。这样的治国奇才在美国历史上是罕见的。"②

基辛格实际上早于1974年在参议院外交委员会的发言中，就分析了以沃伦·纳特为代表的这种物质性基础的对苏战略。

基辛格说："如果只有苏联的动机发生根本性改变才有理由实现缓和，那么这就会产生这样一种压倒一切的诱惑力：不是把美苏关系建立在现实的估计上，而是建立在微弱的希望上；把苏联表面论调的改变看作是它的哲学发生根本变化的迹象。现象同实质混淆起来，政策在猜疑和过分乐观者两种极端之间摇摆，这两种极端都是不现实的，两者都是危险的。那种过分乐观的观点忽视美国与苏联在可以预见的未来是注定要竞争的；而那种过分悲观的观点则没有注意到美苏两国之间存在一些共同的利益。在核武器时代，双方都不能用武力战胜对

---

① Henry Kissinger, *American Foreign Policy*, Expanded Edition, New York: W. W. Norton, 1974, pp. 87–88.

② Nutter, G. Warren, *Kissinger's Grand Design*, Washington D. C.: American Enterprise Institute for Public Policy Research, 1975, p. 46.

方，因此双方必须学会如何共处。缓和政策给美苏双方提供一种弱化分歧的协商空间，为双方关系提供一种从竞争转为合作的希望。"①

基辛格认为，国际秩序的稳定并不是由于追求和平而获得的，而是由于建立了一种普遍承认的合法性而形成的。"合法性与公平、公正并不是同一个意思，合法性从本质上讲是一种有关行得通的安排和可以容许的对外政策目的和方法的国际协议。这种协议的最低限度是，接受这一协议的大国不会像"巴黎和会"后的战败国德国那样，由于对协议的极端不满而在若干年后再一次挑起战争来破坏国际秩序。"②一个稳定的秩序的特点是其自发性，而非强制性。一个合法的秩序虽然不能防止发生冲突，却能限制冲突的范围。战争虽然仍可能发生，但只是为了维护现行体制，其后的和平将作为普遍同意的"合法性"的表现而得到支持。古典意义的外交（即通过谈判来调整分歧），只有在"合法"的国际秩序下才是可能的。

"当一个国家无法接受现有的国际秩序，或无法接受正在形成的国际秩序，那么它就有可能成为一个挑战秩序的革命国家。"③ 在这种情况下，问题就不是在现有的制度内调整分歧，而是要调整制度本身。"革命国家"有一个显著的特点，就是它完全不能接受现有的国际秩序，现有的国际秩序没有任何方法能够使"革命国家"感到放心。因此"革命国家"坚持要获得绝对安全，也就是使对手完全失去反对它的物质能力。然而，这样"革命国家"自身的绝对安全就意味着别的国家的绝对不安全。

基辛格认为区分一个国家在本质上是否是"革命国家"至关重要。有的国家并不是彻底的"革命国家"，而仅仅是虚张声势，因为这样可以在讨价还价中获得好处。"如果一些国家，它们确实表现出'革命国家'的一些特征，但并不是根本性的特征，而仅仅是一种策

---

① 参见 Nutter, G. Warren, *Kissinger's Grand Design*, Washington D. C.：American Enterprise Institute for Public Policy Research, 1975, 文中引用 1974 年 10 月 14 日美国《国务院公报》第 507 页。
② 同上。
③ 同上。

略。这种国家实际上是愿意接受既存的国际秩序的合法性的。它们是为了讨价还价的目的而夸大其词。在这种情况下,维持现有秩序的国家做出有限的让步,并通过不断编织相互依存的关系网来驯化这样的国家是可行的。然而,当这个国家并不是仅仅假装成'革命国家',而是真正的'革命国家',并拥有强大的煽动力,不断积蓄力量,目标是推翻现有秩序并建造一个由它主导的新秩序的时候,让步与接触就是绥靖,而绥靖会因无法满足这个'革命国家'无穷无尽永不满足的要求而产生恶果。在这样的环境里,外交就失去了作用。因为外交的本质是一种有限度的使用实力的艺术。这个时候,对'革命国家'的外交就只能是精心排练的舞台表演,很难产生实际的效果。"①

基辛格成为官员之后,他对于"革命国家"与合法性的基本观点没有变化,但从他公开发表的讲话中可以看出,对于"苏联是否是一个真正的革命国家"的问题,基辛格进行了重新思考。基辛格强调:"我们要根据苏联的行动,而不是根据它的言语作出判断。基本准则在于看它是否愿意抱着克制态度采取行动。"基于这种重新思考,基辛格逐渐倾向于用对待一个非真正的"革命国家"的态度来对待苏联。不是坚决回击它,而是驯良它。逐渐让苏联选择至少是部分地承认既有国际秩序。

在《美国对外政策》中基辛格写道:"要打破战后时期的格局,必须执行把冲突根源与这些根源的外表的或是暂时的表现加以区别的政策。我们需要的不只是对保持我们的关系较好的气氛,而且是一个美国和苏联得以尽到它们争取和平的特殊责任的新环境。我们最终的希望是创造共同的利益,使我们能够维持并发展一种自我克制地以谋求国家利益为基础的国际结构。我们采取的做法反映了某些总的概念。用意识形态预先决定苏美关系这种状况不再是拥有实际指导意义的了。当然,我们必须承认,苏联的许多基本准则仍然同我们的基本准则针锋相对。双方必须接受这样的事实:任何一方都不大可能通过论战来

---

① Nutter, G. Warren, *Kissinger's Grand Design*, Washington D. C.: American Enterprise Institute for Public Policy Research, 1975,

说服对方。但是，意识形态方面的因素并不排除对争执的问题进行认真的考虑。不管意识形态如何，两大国之间的任何关系都是高度竞争性的。然而，双方必须认识到，在这种持续的竞争中不会有永久的胜利者；同样重要的是，把自己的政策集中于试图牺牲他人来获得好处的做法只能加剧紧张局势并招致对抗行动。双方必须接受这样的事实：仅仅表示善意并不能掩饰我们的分歧，只有确切地解决主要争端才能解决这些分歧。双方必须了解，争端是相互联系的。我们达成一些基础协议或者某项孤立的协议并不能有效地缓和紧张局势。经验表明，一些分散的成就可能由于关系的其他方面出现紧张或危机而遭到损害。因此，如果要实现不只是表面的变化，我们就必须解决一系列的争端。我们对苏联的倡议要作出建设性的响应。在一个领域内取得的进展会有助于在其他谈判中保持势头。我们也要表明，放肆的行为可能危及我们的整个关系。把美苏关系的各个方面联系在一起，我们就能期望可能的进展，而这能导致对国际行为取得一种基础广泛的谅解。"[1]

在1973年的一次公开讲话中，基辛格认为，他倡导制定的对苏缓和政策，起到了实际效果，让苏联开始逐渐接受国际秩序。他认为："在这个基础上，我们已经成功地在许多重要方面改变了美苏关系。我们两国已经缔结了一项具有历史意义的限制战略武器协定。我们已经大大减少美苏在一些危险地区发生直接对抗的危险。柏林问题已通过谈判得到解决。我们和盟国已同苏联就有关欧洲安全的一些重要问题举行谈判，其中包括减少中欧军事力量的问题。我们已经达成一系列双边合作协定——卫生、环境、空间、科学和技术以及贸易协定。这些协定的目的是要在合作和克制方面创造法定的利益。"[2]

1974年《在参议院财政委员会的发言》中，基辛格认为："缓和是建立在坦率承认基本分歧的基础上的。正是由于我们意识到存在这

---

[1] Henry Kissinger: *American Foreign Policy*, Expanded Edition, New York: W. W. Norton. 1974, pp. 27-28.

[2] 参见 Nutter, G. Warren, *Kissinger's Grand Design*, Washington D. C.: American Enterprise Institute for Public Policy Research, 1975, pp. 51-52. 文中引用1973年10月29日，美国《国务院公报》第578页。

些分歧,因此我们力求把我们同苏联的关系引导到一个较为稳定的结构中——一个由相互有关和相互依靠的协议组成的结构中去。我们关系中的前进行动必须在广泛方面发展,包括范围广泛的相互加强接触的活动,以使两国的集团和个人在维持和平与发展稳定的国际秩序方面拥有法定的利益。缓和政策的前提是双方认识到分歧的客观存在,而缓和政策的最低共同目标应该是防止灾难性的全面核战争的发生。以上两点是美国在美苏关系中推行缓和政策的底线。我们有权力要求苏联采取负责的国际行为,我们在中东危机期间毫不犹豫地说明了这一点。我们还有权力要求我们签署的协议得到忠实的履行。但是,关于苏联的制度的根本变化,问题的关键不在于我们是否宽恕苏联在国内所做的事情。问题的关键是,如果我们仅仅因为反对苏联在其国内的行为而威胁到我们想促成苏联与我们建立和平结构的大目标,那就得不偿失了。我认为我们不能这么做,因为如果这样做,就会冲淡而且最终会冲掉那项必须一直是我们压倒一切的目标:防止核战争。"①

基辛格担任官员后,一直致力于发展对苏联的经济关系,期望逐渐将苏联纳入美国主导的国际体系,但这一观点在美国政府内部并没有达成统一,存在许多反对的声音。比较有代表性的是 1974 年美国国会通过的《贸易改革法案》所附法案——"杰克逊—瓦尼克修正案"。其内容是"禁止给苏联、东欧等限制移民出境的国家以贸易方面的优惠"。②

基辛格面对国内的反对之声,通过在参议院财政委员会上的发言来阐述他的基本政治理念,他认为:"要是继续不给苏联以最惠国待

---

① 参见 Nutter, G. Warren, *Kissinger's Grand Design*, Washington D. C. : American Enterprise Institute for Public Policy Research, 1975, pp. 54 - 55. 文中引用 1974 年 4 月 1 日,美国《国务院公报》第 323 页。

② 查尔斯·瓦尼克是俄亥俄州众议员。1973 年 12 月 11 日,他向美国国会提出一条改革贸易法修正案,要求"在苏联允许犹太人和其他少数民族自由移居国外之前,禁止向苏联提供最惠国关税待遇和得到美国政府的贷款"。他的目的是"通过这次修正案将会提醒全世界,美国仍是各地渴望自由的人的希望"。一年之后,美国参议院又以全票通过了华盛顿州民主党参议员杰克逊提出的另一项与瓦尼克修正案内容相近且内容更加具体的贸易法修正案,他的修正案要求苏联"为不幸的移民打开大门,以每年至少准许 6 万名犹太人移居国外作为取得最惠国待遇地位的交换条件"。1975 年 1 月苏联对此表示坚决拒绝,认为这是对苏联内政的粗暴干涉。

遇，它所产生的重大影响将是政治性的，而不是经济性的。最惠国待遇是1951年主要作为一项政治行动而撤消的。如果我们现在不愿取消这种歧视的做法，那就会使我们朝着改善关系方向前进的意愿引起人们的怀疑。这将危及各地区的温和的演变，包括中东在内。这将妨碍美苏贸易协定的实施，也将妨碍涉及向美国偿还7亿多美元的关于租借法案协议的实施。在对苏关系中，美国政府应该始终坚持从根本上全面改善美苏关系这一长远的战略目标，逐渐拓展各个领域与苏联的关系。事实上，尼克松总统是在1972年的对苏高级会议以后才审慎地推进对苏贸易的。当时我们正处于谋求越南问题解决办法的过程中；柏林问题已达成一项重要协定；第一阶段的限制战略武器会谈协定已经完成；一套规定美苏关系标准的原则已经在最高级会谈中签署。在范围广泛的活动方面，一系列双边合作协定已经签署，并且处于执行的过程中。总之，美苏关系从气氛到实质都发生了重大变化，一个使双方最高领导人作出承诺的正常化的过程已经开始。鉴于当时的国际环境，发展对苏贸易是一项合理的政策，这一政策可以继续推动美苏关系。"[1]

基辛格在1974年《参议院外交委员会的发言》中认为，缓和政策实施后，苏联反映的势头是良好的。他说："由若干因素引起了国际环境的这种变化。到60年代末期和70年代初期，当时不论在美国当政的是哪一届政府，都有利于为改善美苏关系而进行重大的尝试。两种互相矛盾的趋势正为在苏联的政策中占支配地位而竞争。事态发展本来有可能使得天平倒向增加侵略性的一边，或倒向和解的一边。共产主义世界在20世纪60年代四分五裂，这使苏联的领导地位和自称为'正统主宰者'的权力受到挑战。苏联本来可能做出的反应是对资本主义世界采取更富有侵略性的态度，以便显示出军事上的警惕性。可是相反，不断变化的局势和美国采取的政策看来促进了苏联领导人，

---

[1] 参见 Nutter, G. Warren, *Kissinger's Grand Design*, Washington D.C.: American Enterprise Institute for Public Policy Research, 1975, pp. 55–56. 文中引用1974年4月1日，美国《国务院公报》第324页。

使他们至少在暂时缓和紧张局势方面同西方合作。在战略力量上接近于达到同美国均等程度的均势地位的前景，本来可能诱使莫斯科利用它正在扩大的军事能力更坚决地进行扩张，而实际上莫斯科却减弱了它的某些行动的好斗程度，并且谋求通过谈判至少使军事竞赛的某些方面稳定下来。苏联和东欧的实际经济问题本来可能加强其自给自足的政策和建立一种闭关自守制度的趋势，而实际情况是，苏联和它的盟国已经比较接近于承认相互依赖的世界经济的现实。最后，苏联政府在本国人民希望增加福利的情况下，本来可能继续煽动冷战的猜疑来使苏联社会进一步与世隔绝，而事实上，它决定参加缓和紧张局势以谋求平息局势——不管它做得多么不够和缓慢。"①

基辛格还于 1974 年在《参议院外交委员会的发言》中表达了类似观点，他认为："只要假以时日，贸易和投资就会产生效果，使得苏联封闭的、独立的经济体系开始松动，并逐渐与世界市场联系在一起，慢慢建立起一种相互依存的关系网。这一切的后果都将有利于国际秩序的稳定。"②

总之，基辛格的对苏战略与美国传统的全面战争战略是明显不同的。全面战争的最终目标是全面胜利。而基辛格的对苏战略并不想实现某种彻底击垮苏联的终极目标。基辛格在自己的著作中给出了制定这种政策的三个背景因素：第一，在核武器时代，彻底击垮苏联不可能或代价太大；第二，即使美国击垮了苏联，而如果美国在击垮苏联后让它永远处在一个悲惨的境地，那么总有一天它会像德国一样用更大的暴力进行新的复仇。因此，基辛格的目的并不是击垮苏联，而是让苏联转变成一个承认并融入国际体系的非革命国家；第三，更进一步，在现实的世界政治中，如果美国的政策是想获得绝对安全，那必然会引起很多国家的不安，最终毁掉"合法性"基础。由此可见，

---

① 参见 Nutter, G. Warren, *Kissinger's Grand Design*, Washington D. C.: American Enterprise Institute for Public Policy Research, 1975, pp. 55–56. 文中引用 1974 年 4 月 1 日，美国《国务院公报》第 324 页。参见 1974 年 10 月 14 日，美国《国务院公报》第 507 页。

② 参见 Nutter, G. Warren, *Kissinger's Grand Design*, Washington D. C.: American Enterprise Institute for Public Policy Research, 1975, pp. 60. 文中引用 1974 年 10 月 14 日，美国《国务院公报》第 512 页。

基辛格的对苏战略自始至终都是意图建构其观念,而非毁坏其物质力量。

第二节 对华战略不变的本质

在基辛格的外交生涯中,他的一个重大成就是推动了美国与中国关系的正常化。这种正常化从基辛格和美国政府的立场看,并不是平等的正常化,他们更愿意将此解读为"将中国纳入美国主导的国际秩序"。因此,从这个意义上说,基辛格推动与中国建交,有着与推动对苏"缓和"同样的考虑。但是,在思考对苏与对华政策时,基辛格深刻分析了苏联与中国的不同。冷战期间美国外交官乔治·凯南所著《苏联行为的根源》成为美国决策者研究对苏政策的重要参考。而在基辛格的所有著作中,最能体现他对华外交政策本质的著作是《论中国》。在这本著作中,基辛格找到了"中国行为的根源",他据此制定了对华外交政策。也正是基于这种判断,基辛格对未来的美中关系前景,不同于现实主义理论学者的悲观预测(如约翰·米尔斯海默),基辛格表达了较为乐观的判断,认为美中冲突可以避免。

在《论中国》中,基辛格分四步表述他的态度:第一步,让读者意识到中华人民共和国并不是突然出现的,它是古老中国的延续者;第二步,梳理归纳古老中国的价值观基因;第三步,在新中国的行为中寻找这种基因,并验证这种基因的存在;第四步,证明中华人民共和国的行为遵循着古老中国的价值观基因,它并不是一个侵略性的国家,因而与中国成为伙伴是可能的。美国决策者应当注重中国行为的这一根源。[①]

[①] 本节内容参见周一骏:"中国行为的根源——《大外交》与《论中国》中隐藏的逻辑",《学理论》,2013 年第 11 期。

一、中国的双重身份：五千年的中国还是现实的中国

按照语法来分析，"论中国"是一个动宾结构的短语，动词是"论"，"论"的宾语是"中国"。"中国"在作者基辛格和阅读此书的美国人或决策者那里是一个客体，是一个他者。既然是他者，那么阅读的主体就会对这个客体进行界定，划定这个客体的边界。在美国人眼中，至少存在两个中国——一个是拥有数千年文明史的一脉相承的古老中国；一个是成立于1949年的共产党领导的年轻中国。而这两个中国在他们眼中，即使不是割裂的，也至少不是重合的。他们对这两个中国的评判甚至好恶都是不同的。举例而言，如果以较长的时间轴考量美国与一脉相承的古老中国的关系，美国人会发现二者常常是伙伴——在第一次世界大战中二者是盟友，在第二次世界大战中二者也是盟友；如果以较短的时间轴考量美国与共产党领导的年轻中国的关系，美国人会发现二者常常是对手——在朝鲜战争中二者针锋相对，在越南战争中二者针锋相对。

基辛格在《论中国》后记中引用了一战前英国外交官克劳所著的《克劳备忘录》中的内容。克劳认为，当德国的实力足够强大的时候，不管德国的主观意愿是否友好，都应当将德国视为对手。基辛格认为目前美国有很多人持这样的观点。但这与他的观点大相径庭。基辛格认为中国的主观意愿与中国的实际能力同样重要。[①] 历史上，美国未曾遇到克劳的困境——当中国的实力有限的时候，评估中国是对手还是伙伴并不迫切（甚至在基辛格秘密访华、尼克松考虑与中国建交的时候，中国也仅仅是美苏竞争中的不足以称之为对等的竞争者的第三方，当时也没有迫切的评估需求），但是当中国逐渐具备了成为美国敌人的能力的时候，评估中国的意愿、分析中国行为的根源便成了十分重要的问题。回顾历史，1945年二战结束后，当苏联具有与美国为敌的能力的时候，美国进行了类似的评估。评估的代表作是美国外交

---

① ［美］亨利·基辛格著，胡立平等译：《论中国》，中信出版社，2012年版，第508页。

官乔治·凯南的《苏联行为的根源》，评估的结论是苏联是对手而无法成为伙伴。① 美国国内与凯南观点类似的评估推动了冷战的发展。今天，当美国再次面临进行这种评估的需要的时候，首先面临的一个基本问题便是，今天的中国是哪个中国？是那个一脉相承的古老中国，还是那个社会主义的年轻中国？如果二者兼而有之，那么哪个中国的性格特质与价值取向更能在现实中解释这个国家今天的行为，预测这个国家明天的行为？

《论中国》想要回答的恰恰就是这个问题。基辛格试图用书中的史实证明，那个年轻的中国虽然有着美国并不赞同的社会主义特质，但是这个年轻中国的血液中却无法剥离那个一脉相承的古老中国的价值观基因。基辛格在前言就开门见山地写出了这种目的："若要了解20世纪的中国外交或21世纪中国的世界角色，必须首先对中国的历史有一个基本认识，即使有可能过于简单化之虞。"② 在这样的思路指引下，基辛格分四步表述他的态度：第一步，前言：让读者意识到中华人民共和国并不是突然出现的，它是古老中国的延续者；第二步，从第一章到第三章：努力寻找古老中国的价值观基因并加以归纳；第三步，第四章到第十七章（这是全书篇幅最大的部分）：在新中国的行为中寻找这种基因，并验证这种基因的存在；第四步，第十八章和后记：通过前文的论述证明中华人民共和国的行为遵循着古老中国的价值观基因，它并不是一个侵略性的国家。美国应当注重中国行为的这一根源，避免《克劳备忘录》中的错误，与中国成为伙伴。

二、归纳中国的价值观基因

中国实际的价值观是什么样，与美国决策者认为中国的价值观是什么样同等重要。从某种意义上说，后者直接影响着美国的决策。在

---

① 参见乔治·凯南："苏联行为探源"，（美）《外交》季刊第25卷第4期，1947年7月，第566—582页。
② [美]亨利·基辛格著，胡立平等译：《论中国》，中信出版社，2012年版，前言 XIII。

《论中国》中,基辛格是怎么看待中国的价值观的呢?

(一)延续性——中华人民共和国也是中国历史中的一次"改朝换代"

基辛格认为 3000 多年来,中国的文字是一脉相承的。今天的中国人仍旧可以看懂孔子时代的文字,而且各种文化典籍以这种不变的文字为依托,无断代地流传至今。[①]

中国的历史是"分久必合,合久必分"。共产党领导的中华人民共和国,在中国的历史长河中,也只是流经的一个阶段、一个篇章。基辛格极力想证明新中国的这种共性和延续性,引导读者不要将新中国看成中国历史中的一个断层,而只是一次正常的"改朝换代",以此隐晦地唤起美国决策者对中华人民共和国继承了中国法统这一事实的尊重。书中写道:"仿佛受一条亘古不变的自然法则的左右,中央政府每次垮台,都会被重建。每个历史阶段,都有一个志在统一的人物站出来,基本沿袭皇帝的做法,征服敌手,再次统一中国"。"每次改朝换代之后,新朝均沿袭前朝的治国手法,再次恢复连续性。"这段描写可以看作是基辛格对毛泽东领导的政党战胜蒋介石集团的历史含义的一次界定和澄清。

(二)内敛性——历史证明中国在最强盛的时候也不追求扩张

如同英国外交官克劳一样,美国的决策者也始终忧虑一件事情——中国强大之后会如何作为?基辛格从历史中寻找答案,分析了历史上中国作为全世界最强大国家时的所作所为。基辛格认为中国始终保持着一种内敛与自足,"从未主动与其他幅员一样辽阔、历史同样悠久的国家或文明打过交道。"[②] 为了更易于让美国读者理解,基辛

[①] [美]亨利·基辛格著,胡立平等译:《论中国》,中信出版社,2012 年版,第 2 页。
[②] 同上书,第 4 页。

格将这种现象比喻为中国的'光荣孤立'。①

为证明这个观点，基辛格精心地寻找到中国航海的例子——这个例子并非信手拈来——对于海洋大国美国，航海的故事更容易理解，也更具说服力。

基辛格先分析了宋朝。在宋朝，中国的航海技术世界第一，但中国没有任何意愿攫取任何海外殖民地。

基辛格随即小心翼翼地解释了元朝两次远征日本的行为。在这段论述里，基辛格首先强调这两次远征的决策者是"蒙古人"（而不是汉人），②然后强调了这两次远征都没有成功，而且"元朝灭亡后中国再未作尝试"。

基辛格接着论述了明朝的郑和下西洋。中国舰队远至爪哇、印度、非洲之角和霍尔木兹海峡。"中国的舰队拥有似乎难以超越的技术优势，无论舰船尺寸、技术水平还是舰船数量，均令西班牙的无敌舰队（尚是150年以后的事）相形见绌。"在这里以西班牙作为对比，基辛格似乎想要表达这样一种潜台词——明朝的舰队如此强大，却没有流露出任何类似西班牙的海上利益诉求。郑和每到一地，仅仅是宣示中国当朝皇帝的德威，并且厚赠当地的君主，邀请他们前往中国。郑和对"开疆拓土似乎没有多少兴趣"，"除了为天朝扬威这一抽象成果外，郑和没有为中国攫取领土或资源，充其量不过是较早地运用了中国的'软实力'"。

在论述了中国强盛之后在海洋利益上并不贪婪之后，基辛格紧接着论述了中国强盛之后在陆地权益上也不贪婪。基辛格列举了中国皇帝对周边的朝鲜、越南、泰国、缅甸等国的超然态度，又描述了1863年咸丰皇帝对远在万里之外的林肯总统的超然态度。为进一步加强说服力，基辛格紧接着补充了当时的中国在技术与经济上的绝对领先地位。

---

① ［美］亨利·基辛格著，胡立平等译：《论中国》，中信出版社，2012年版，第6页。
② 同上书，第5页。

（三）中国的国内政治概念——推崇和谐，但强调等级

基辛格认为以儒家学说为灵魂的中国国内政治的价值观基因，有两个关键因素：崇尚和谐与强调等级。

崇尚和谐。乔治·凯南在《苏联行为探源》里将苏联政权的政治特性理解为：一方面将外部世界描绘成敌视苏联的；另一方面在国内采取高压的顽固的统治，以压迫与纪律使国民服从。[①] 与之完全不同，基辛格理解的中国国内政治的传统基因是崇尚和谐。"压迫若能让位于共识，帝国即可得以延续。"中国得以延续至今，"主要靠百姓和士大夫信奉一套价值观，而不是靠历代皇帝的镇压"。基辛格比较孔子与马基雅维利。他认为，孔子与马基雅维利一样游走四方，希望获得重用，但是孔子注重的不是权术，而是社会和谐。基辛格强调中国的这种和谐的传统正是中国在强大时也不追求扩张的国内政治的根源。

强调等级。中国国内政治的传统推崇和谐，但走向这种和谐的路径却是独特的。与美国强调平等与民主不同，儒家的社会结构是等级森严的。中国礼仪中的三跪九叩大礼就显示着对领导者的尊崇。

基辛格同时强调中国国内政治传统中的推崇和谐与强调等级，是想说明：美国不应苛求中国采取与美国一样的国内政治形式。中国的国内政治形式有自己发展的历史规律，不可能复制美国式的民主。但也正是由于继承着传统儒家文化的基因，中国独特的国内政治方式追求和谐，并同样可以导致一种良好的结果。美国对此应了解并尊重。

（四）中国的国际关系概念——引以为豪，但不对外输出

基辛格认为中国一直有一套深感自豪的价值观，但从未将此认为是普世价值观并谋求在世界各地传播。长期以来，中国从未长期与另一国在平等基础上交往过，因为相同规模的、具有悠久文化的大国，中国没有遇到过。对周边的藩属国，中国只要求它们承认中国的特殊

[①] [美] 乔治·凯南著，葵阳等译：《美国外交》，世界知识出版社，1989年版，第85—101页。

地位，对远方的国家，中国保持一种"居高临下的疏远"。中国的传统价值观认为，强迫远方的国家认同中国的价值观是不现实的，也是没有意义的，如果对方认同，欢迎他人前来学习。

基辛格在 1966 年发表过题为《国内结构和对外政策》的论文，文章第三节讨论的是"领导集团的性质"。基辛格认为："不论人们对于在国际事务中做出选择的'客观'程度持什么看法，决策总是由个人做出的，这些个人首先意识到似乎存在着多种多样的选择。"[①] 基辛格举例说，19 世纪英国的斡旋、调解式政策，部分反映了受议会熏陶出来的品质以及由家族关系和共同教育所联结起来的和衷共济的特征；而德意志帝国的激进政策，也是受气国内结构的影响。按照这样的理论，在中国传统中官员得以升迁的原因是熟读儒家经典，精通书法和诗歌。因此在对外征战上，他们既不擅长，也不热衷。因此，"同后起的其他区域性国家相比，中国是一个自足的帝国，对扩张领土并不热衷。"

三、验证中国的价值观基因

完成了中国价值观基因的归纳，《论中国》一书的开始在 1949 年至今的历史中，以中华人民共和国曾经的行为为研究对象，寻找并验证那些继承自古老中国的价值观基因。这部分在全书中占篇幅最大，不一一详述。下面以基辛格对"中印战争"的解读为例，梳理他如何寻找中国价值观基因。在"中印战争"的篇章中，基辛格验证了四个基因中的两个：延续性和内敛性。

（一）延续性

基辛格注意到毛泽东试图建立一个崭新中国、逃脱中国历史循环

[①] Henry Kissinger, *American Foreign Policy*, Expanded Edition, New York: W. W. Norton. 1974, p. 15.

的努力，从这个意义上讲，毛泽东追求一种与古老中国的切割，①但是毛泽东本人所受的教育以及他对中国古籍的阅读，都让他自身无法摆脱古老中国的价值观基因。不仅毛泽东本人，决策层的其他人也是如此。对此，基辛格博士写道："毛泽东召见了共产党的高级领导人——正是他们这些领导者矢言要重塑国际秩序、与封建历史决裂的新中国——然而在座的人中没有一个人质疑过距今久远的历史先例与中国当前的战略需求是否相干。"②"难以想象，除了中国还有哪一个国家的现代领导人会借用千年之前战役的战略方针作出一项牵动全国的决定。同样难以想象，他确信他的同事能够领悟他借鉴历史事件的深意。然而中国是独一无二的，没有哪个国家享有如此悠久的连绵不断的文明，抑或与其古老的战略和政治韬略的历史及传统如此一脉相承。"

（二）内敛性

基辛格注意到1959年中印首次发生冲突后，为避免一场危机，毛泽东命令中国军队后撤20公里。③此后印度步步逼近，中国宣布停止撤军后仍然表现出极大的克制。④结果印度继续进逼，并认为再有一击便可大功告成。中国被迫决定以一场闪电式打击迫使印度回到谈判桌前。1962年10月20日的初步攻势持续4天，11月中旬开始大举进攻。此后，解放军立即收兵，返回了离边境甚远的起兵之处。基辛格对此的解读是："1962年的中印战争中，中国没有占领一寸土地。"⑤

总之，基辛格从中华人民共和国的历史中解读出中国的价值观基因。基辛格对中国的这种解读，与中华人民共和国执政党对自己在中国历史中的定位有相似之处。中国共产党相信，"社会主义"是现实

---

① 参见［美］亨利·基辛格著，胡立平等译：《论中国》，中信出版社，2012年版。在此书第一版前言中，原文为：他追溯历史，借鉴了他正在打算破除的中国古典传统。
② ［美］亨利·基辛格著，胡立平等译：《论中国》，中信出版社，2012年版，前言XII。
③ 同上书，第180页。
④ 同上书，第181页。
⑤ 同上书，第185页。

中的中华人民共和国的关键词,但"有中国特色的"是更核心的关键词——此处的"中国特色"包含了中国执政党对一脉相承的古老中国价值观基因的尊重与继承。

第三节　越南战争的本质：人心之争

基辛格在哈佛工作期间对美国政府在越南战争的战略提出了批评,他成为国务卿之后提出的美国对越南战争的有关政策是其外交生涯中的重要部分。他与黎德寿一同获得了诺贝尔和平奖,后又将奖项退还。他为了促进美国"体面地撤军",与尼克松共同策划了对越南的秘密轰炸,从此饱受批评。这也成为批评者称他为"现实主义者"的一个重要原因。然而,基辛格对越南战争战略本质的看法是一贯的,那就是:第一,就战争本身而言,这是一场争取南越居民人心的战争;第二,放眼美国的全球战略,这是一场建立美国信用、争取盟国信任的战争。不论从影响胜负的最主要因素,还是从这场战争的最主要目的来看,这都不是一场物质之战,而是一场人心之争。

一、越南之内的人心之争

基辛格在作为学者时就一针见血地指出了美国政府对越战争的结症所在。他明确指出:"越南战争的一个具有讽刺意味的方面是,虽然我们信仰唯心主义哲学,而我们的失败却是由于我们过分依赖物质因素。相反的,共产党人坚持唯物主义的看法,但他们的许多成就却恰恰是因为他们能够抓住政治权力的性质和基础问题。"[1]

基本的问题是概念上的问题。错误在于美国遵循传统的军事战略的典型原则,将胜利的含义看作是纯物质性的,也就是在领土上控

---

[1] Henry Kissinger, *American Foreign Policy*, Expanded Edition, New York: W. W. Norton. 1974, p. 81.

对方，在军事力量上消耗对方。在这样的物质性内核的现实主义理论的指导下，美国坚信，关键的问题是在物质上把北越最强大的正规军消灭。这样实力弱小的游击队力量就自然消亡了。双方的较量是看在物质上谁的损失大。只要让北越的损失大到他们"不可接受"，并且保证美国的物质损失小于北越的损失就取得了胜利。"我们打的是一场（物质性的）军事战，我们的对手打的是一场政治战。美国的目标是使越共遭受物质上的损失，而越共的目标则是让美国在心理上感到疲惫不堪，难以为继。"① 美国没有能够将军事上的力量转化成心理和政治层面的结果。②

基辛格指出，与美国的基于物质性权力的消耗战略不同，北越的策略却是基于心理的。北越将游击战作为至关重要的战斗方式。因为北越清楚地认识到，这场战争的胜负并不取决于控制领土（因为对于北越来说，他们自己就是越南人，他们一直生活在自己的土地上），而取决于赢得越南普通居民。而赢得居民是一种心理层面的评判标准。赢得居民意味着让他们有一种安全感，可以免于恐怖活动和报复。因此，在基辛格看来，北越运用游击战的形式在南越力量占优势的地区采取恐怖、恫吓等手段，使得那里的居民不敢与美国及南越方面合作。"北越人甚至连其主力部队起到的都是心理层面的作用：他们动用主力部队，目的不是对美军和南越造成物质上的重创，而是'像斗牛士用他的斗牛斗篷一样，为的是使我们像斗牛一样把力量用于向那些政治上的重要性微乎其微的地区冲刺'，从而继续诱使美国将这场战争看作是一场物质性的争夺。"③

基辛格认为，如果这场战争的目的是赢得居民的民心，那么最重要的战略目标就不应是战略要地，而是拥有最多居民的地方。越南的地理特点是，大部分人口（90%以上）居住在沿海平原和湄公河三角洲，而中部高原和边境地区常住居民很少。而美国军队所驻防的地区

---

① Henry Kissinger, *American Foreign Policy*, Expanded Edition, New York: W. W. Norton. 1974, pp. 81–83.

② Ibid., p. 104.

③ Ibid., p. 105.

恰恰是在军事上具有战略意义,但人口却很稀少的地区。这些地区的居民只占越南总人口的不到4%。美国将越南分为三种类型的地区:第一种,政府区,也就是存在南越的某种政府权力的村庄;第二种,争夺区,即双方处于争夺之中,但南越方面计划要进入的区域;第三种,越共区,也就是完全由越共占优势的地区。然而这是一种以物理的方式划分的局势图,基辛格认为,如果是以心理层面的居民人心向背的方式来划分,那么情况并没有这样泾渭分明。实际的情况是,每个地区居住的普通越南村民,他们处在非常矛盾的心理状态中,他们同时担心来自双方的威胁。所以,情况往往是,西贡(南越)出动足够的军事力量在白天控制了这个地区,然后为了安全在晚上撤回县城或者省会。这时候,越共就在晚上来到这些地区,以游击队的形式控制居民。居民既担心白天来的南越势力,又必须考虑晚上来的越共势力,所以居民无法明确地选择自己支持哪一方,抵抗哪一方。他们的实际选择往往是在一个时间段里,哪一边的力量占优势他们就顺从哪一方。因此,实际上,很多区域并不是由南越控制的,而是被南越和越共双重控制着。

更重要的是,在心理层面统治一个地方的居民和破坏对手统治这个地方居民的能力是不对称的。前者需要花费巨大的物质力量,表明他们有能力保护大部分居民,其付出的物质力量要覆盖一个面;而后者只需要用游击战的形式,阻碍政府权力的巩固(例如刺杀两个政府官员或者公开支持南越政府的普通村民),他们所付出的力量,只要足够突破一个点即可。北越看到了问题的本质,这不是一场占领地盘的战争,这是一场争取人心的战争。所以北越从来没有试图保有地盘,而仅仅是利用越南中部高原的地形作掩护。而这样的战略反而使得越共的力量越来越强。基辛格在这里还指出了游击战的基本原理:游击战只要不输,就是赢。政府军只要不赢,就是输。

基辛格还指出,美国传统战略关于双方伤亡人数的看法也完全是一种纯物质性的看法,完全忽略其重要的心理因素。旧的战略用绝对伤亡人数的多少来判断胜负。也就是说在美军看来,只要美军的绝对伤亡人数小于越共的绝对伤亡人数,这就是赢得了优势。但是基辛格却是从心理层面来认识伤亡人数的。他觉得绝对数字即使是可靠的也是没有意义的。因为事实证明，对于一个赢得了第二次世界大战、同时击溃了德国和日本的强大国家而言，这个国家派出自己的士兵到几千英里之外的地方作战，美国国内民众心理上所能承受的伤亡数字与美国的对手越共（他们在自己的土地上，进行的是他们认为关系到生死存亡的战斗）所能接受的人数是完全不一样的。美国传统军事战略的这种计算方法是就事论事的物质性的机械概念，脱离了国内政治等重要的观念因素。

基辛格将这场战争的本质看作是人心之战，他认为，不论是河内的越共还是美国，其行动自由其实都受到南越居民思想状况的限制。不仅如此，双方这场冲突的最终结局也是由南越居民思想状况的最终状态决定的。

基辛格运用了他在《国内结构与对外政策》中的理论，深刻地分析了越南居民的心理状态对战争的影响。他认为，越南人民有史以来有将近一半的时间是在中国、法国等外国的统治下度过的。他们一直巧妙地适应现实的力量分布状况，在文化和社会方面保持了一种非凡的凝聚力。为了能够在这样严酷的状况下生存下去，越南人一直不得不学会计算力量对比的真实情况，而这种计算能力几乎已经成为越南人的一种本能。"历史原因加上文化方面的原因，造成了越南人的一种几乎是病态的猜疑心理。源于这一特点，在很多时候，河内的越共与西贡政权经常此起彼伏地竞争着发出强硬的声音，这并不是真实的意思表示，而仅仅是针对当地居民心理特点的一种政治战，其目的都是表明自己是更强大的一方，从而使得拥护自己的人得到心理暗示。"[1]

美国的战略不应该是使对方完全垮台这一物质性目标，而应是相应的政治、心理目标。所以，应该保护南越政府统治地区和双方争夺地区的普通居民并给他们提供安全感以获得他们的支持。而且还应该

---

[1] Henry Kissinger, *American Foreign Policy*, Expanded Edition, New York: W. W. Norton. 1974, pp. 86–87.

建立农村与西贡政府之间的政治和机构联系来巩固居民的安全，这是至关重要的。这些目标不应该放在低于军事目标的次要地位，军事行动的目的恰恰是转化成心理和政治成果。

二、越南之外的人心之争

以上是基辛格对越南战争军事层面的微观分析。基辛格在分析越南战争的宏观意义时是着眼美苏竞争全局的，他同样非常注重心理层面的因素，那就是信用和威信的建立。

基辛格认为，美国出兵越南之前应该对越南地缘政治的重要性作出充分全面的分析和评估。但是，现实中美国已经出兵50万人参与越南战争。在这样的情况下，越南的地缘政治重要性就不再是最重要的问题了，因为地缘政治重要性仅仅是一个局部的物质层面的问题。这个时候，事关全局的问题是在全球范围内，通过这场已经发生、无法撤消的战争，建立美国的信用和威信，让盟国、中立国甚至敌国建立对美国诺言的信心。基辛格说："不论嘲笑信用和威信是多么时髦的事情，这些字眼并不是空的。其他国家只有在能够相信我们的态度是坚定不移的情况下，才会使他们自己的行动适应美国的行动。"如果美国在越南没有为自己的诺言做出强有力的背书，那么那些指望美国承担责任来保护他们安全的国家的人会感到失望和沮丧。在世界上的许多地区——中东、欧洲、拉丁美洲、甚至日本，稳定取决于他们对美国的诺言的信心。

这种信心的重要性是关键和决定性的。信心比心理层面的另外一种得失——美国参与越南战争在国际社会遭到很多批评——重要得多。后者影响的仅是短期内美国的虚名（而且即使美国立刻退出越南，对美国的批评也未必会减弱），而前者却是美国整个全球战略的基石。

与美国相似，越南战争对于苏联也具有全球性战略意义。苏联对于河内越共政权的大规模援助，已经使得苏联成为了事实上的半个参战方。而这使得苏联陷入一种尴尬的境地：一方面，如果河内的越共政权取得了彻底胜利，摆出一种战胜美国的姿态，那么北京的中国共产党就会利用这一点在全世界各国的共产党中拥有巨大的威信。因为苏联与中国当时在如何对待美国的问题上有着巨大分歧，中国主张不妥协。而河内如果胜利，恰恰证明北京的态度是对的，这一点会让苏联处于下风；另一方面，如果河内的越共失败了，那么苏联的全球信用就会受到巨大损害。别的共产党国家会深刻地怀疑苏联到底有没有能力保护共产党"兄弟"国家。而且别的共产主义国家还会联想起最近发生的捷克斯洛伐克事件——苏联不一定有能力和意愿保护兄弟国家，却有能力和意愿牺牲自己的盟国以维持自己的势力范围。

与此同时，基辛格也站在河内的视角上作出了分析。他认为河内的物质资源是极其匮乏的，其自身的资源无法支撑战争。因此，河内必须用高超的超越物质层面的战略能力来弥补其物质层面的这种匮乏。这种战略在于获得两方面的心理资源：第一，道义支持，争取全世界的关注和同情；第二，物质支持，来自共产主义大国的外援。然而，诸如苏联入侵捷克斯洛伐克这样的事件，分散了国际社会对于越南战争的注意力。所以，越南要获得这种支持就必须向外援提供方证明自己的能力，给外援国以信心。

综上所述，在基辛格看来，越南战争的宏观战略利益对于美国来说是信用和威信，对于苏联来说则是名誉和信用，而对于河内来说是给外援国的"信心"。而这一切都是超越物质层面的。

第五章　基辛格外交思想溯源：
时代・人生・学术

　　任何人的思想都是一定社会条件的产物，每个人所处的时代、他的人生经历和他的学术背景均构成了其思想生长的土壤。在既有的基辛格研究著作和基辛格传记中，包括沃尔特·艾萨克森在内的许多学者和作家努力挖掘基辛格人生经历和学术经历中的"现实主义"因素，并由此得出结论：悲惨的童年造就了基辛格人性本恶的价值观。这个论点具有非常大的影响力，甚至当基辛格多次在不同场合澄清他的童年并不是那样充满苦难，并没有给他的心理造成阴影的时候，许多作家和学者仍然认为，这是基辛格在掩饰自己。然而，如果我们仔细分析基辛格的生平就不难发现，许多论文和传记中描述的基辛格的"苦难童年"是值得商榷的。本章尝试着通过对历史资料和基辛格学术著作的分析，还原一个更为客观的基辛格外交思想的生长土壤。

第一节　时代背景：被忽略的技术现实

　　基辛格之所以能够发展出一套不同于既往的外交思想，首先是因为他所处的时代是核武器与现代通讯的时代。在基辛格所处的时代，美国、英国、苏联、法国、中国等国家相继拥有了核武器和相应的运载工具；而在通讯领域全球直播电话、电视直播的出现，让消息开始能够瞬间传遍世界；喷气客机也在人类历史上第一次使得环球外交访问变得非常便捷。与此同时，在美国国内，总统竞选第一次进入电视时代。这些人类社会的全新技术事实,构成了基辛格外交思想生长的重要时代土壤。

一、物质权力的瓶颈:核武器

基辛格所处的时代是核武器的时代。核武器的出现深刻地影响了人类物质权力的竞争方式。在既往的人类历史上,战争的胜利在很大程度上取决于战争参与方的物质生产能力。生产能力强大的一方,往往能通过物质权力的优势,在战前生产更多的武器、储存更多的资源,并在战争期间迅速补充损耗的武器与资源,从而赢得战争。然而,核武器的巨大威力在历史上第一次打破了人类"生产能力"和"破坏能力"之间的平衡。一颗大当量的热核武器可以瞬间摧毁一座城市,这使得物质生产能力的优势失去了在以往战争中具有的决定性意义。

人类历史上最大的核武器。莫斯科时间1961年10月30日,上午11时32分,苏联在北冰洋新地岛群岛(Новая Земля)西岸的 D-2 测试场①,用战略轰炸机空投引爆了一颗代号为 AN602 的氢弹。这颗氢弹的设计当量为5000万吨 TNT,其爆炸威力相当于美国在广岛投掷的"小男孩"原子弹的近4000倍。② 人类在第二次世界大战期间,一共使用了近200万吨 TNT 当量的炸药,而苏联这一颗氢弹的威力已经相当于整个第二次世界大战武器爆炸当量的10倍。③

在这样的破坏力面前,人类面临新的课题。正如雷蒙·阿隆(法国重要思想家)所言:"人们用技术操纵自然,但无法操控社会力量。历史仍将延续。一方面人们可以借助科学部分地控制自然;另一方面,规划者却对社会无能为力。这种对立日益明显。无论在东方还是西方,

---

① D-2 试验场的位置为:北纬73.85°,东经54.50°。
② Sakharov, Andrei, *Memoirs*. New York: Alfred A. Knopf. 1990. pp. 215-225.
③ Pratt, Sara, *Frozen in Time: A Cold War Relic Gives up its Secrets*. Lamont-Doherty Earth Observatory, Columbia University, 2005.

概莫能外。"①

正如基辛格所意识到的，最迫切的问题是理解新的技术是如何改变传统的军事手段的，核武器对美国整体的外交和政策的抉择将产生什么样的影响。这些问题并不仅局限于军事问题，也不能交给军事官员去解决。虽然这个问题有军事方面的含义，但是，"那几乎是次要的"，在基辛格心中，"这种挑战是精神上的和政治上的"。②

巨大的危险并不来自于物质层面的武力的具体威力，而是来自于观念层面的美国能否应对核武器背景下别的国家提出的政治和心理上的挑战。如果美国没有这种能力，一个人手中的物质性威慑力量不论从技术角度上讲有多么强大，如果这个人遇到挑战的时候在心理上不敢或无法使用这种力量，那么这就不能成为一种力量。

核武器时代是个"搞内部颠覆的时代，是一个用志愿军进行干涉的时代，也是通过政治战和心理战达到统治的时代"。

在物质性层面"我们给自己的武器库增加了原子弹"，但是在观念层面"我们没有把这种原子弹的含义考虑进去"，因为我们"只把原子弹看成一种战争工具，即除了全面战争的胜利之外不知道其他目标，除了全面战争之外，不承认任何其他战争形式"。③

面向未来的对策，美国最重要的任务，也不是在物质层面发明一种更好的原子弹或者争取某种技术上的突破（当然基辛格没有否认这些也很重要），而是在于，在非物质层面发展一种战略来联系实力与目标。具体而言就是在军备建设、盟国政策协调、对苏外交谈判这几个方面。

基辛格认为美国外交传统之所以不同于欧洲外交传统，是因为在核武器出现以前，基于当时的人类技术条件，美国的地理位置赋予了美国某种安全。19世纪初，英国作为岛屿国家，基于当时的人类技术水平，由于其与欧洲大陆的海洋屏障，英国也有类似的外交政策传统，

---

① Raymond Aron, *Mémoire*. Paris：Julliard, 1983, p. 410.
② Graubard, Stephen, *Kissinger：Portrait of a Mind*, New York：W. W. Norton & Company, 1973, p. 97.
③ Ibid., p. 100.

那就是"不存在什么无法及时预防的危险"。在别的地方遭受到侵略的时候，可以置身事外，直到清晰地断定自己的利益受到损害时，才从容不迫地加入战斗，并且最后依靠自己强大的工业潜力来弥补已经丧失的时间。在这种慢条斯理之中，没有什么是不可接受的风险，国家的生存，并不取决于对世界实力平衡的最细微变化的密切关注和评估。在传统的美国外交文化看来，"那些危险充其量只是能够促使国际秩序的动荡"，而不是根本性危机。

基辛格总结道：在核武器时代新的人类技术条件下，美国的这种传统已经完全不适应，在新的情况下，美国与欧洲大陆上的国家的脆弱性是一样的，在这种条件下"我们和欧洲国家在对待外交政策方面的区别，不过是一种程度上的差别而已"。新的武器系统，已经打破了美国那种不大容易受伤害的特殊优越地位，缩小了美国传统上拥有的安全回旋余地。如果再像以前那样，完全等到威胁明朗化，再依靠工业潜力全面参与反抗，那已经为时已晚。[1]

相比之下，欧洲大陆上的国家的地理位置不像美国那样拥有两个大洋的天然屏障，因此欧洲国家必须谨慎地观察欧洲局势，分析细微的变化，推断侵略的征兆。

二、意识流动的通衢：现代交通、通讯、媒体

（一）基辛格时代的现代交通发展状况

1919年6月，英国空军飞行员完成人类首次不间断跨大西洋飞行。（基辛格出生前4年）

1928年5—6月，澳大利亚人完成第一次跨太平洋飞行，途中在美国夏威夷及斐济两地降落并加油。（基辛格5岁时）

1931年10月，美国飞行员首次完成不间断跨越太平洋的飞行。

---

[1] Graubard, Stephen, Kissinger: *Portrait of a Mind*, New York: W. W. Norton & Company, 1973, p. 97.

(基辛格8岁时)①

1957年,赫鲁晓夫乘坐Tu-114螺旋桨式飞机不间断飞行到达美国,该机最大续航能力1.4万千米,最大时速910千米。(基辛格34岁时)

1971年7月9,基辛格乘坐波音707喷气客机由伊斯兰堡到达北京。该机最大航程6300千米,最大时速966千米。(基辛格48岁时)

1972年2月,尼克松乘坐波音707-353B喷气客机的特制型号VC-137C到达北京。(基辛格49岁时)②

(二) 基辛格时代的现代通讯发展状况

1876年3月10日,美国人亚历山大·格拉汉姆·贝尔(Alexander Graham Bell)发明了世界上第一部电话。(基辛格出生前53年)

1907年11月8日,法国人爱德华·贝林(Edward Belin)第一次在公开场合展示人类的第一台传真机。(基辛格出生前17年)

1945年10月,英国人亚瑟·克拉克(Arthur Clarke)首次提出地球同步通讯卫星的理论构想。(基辛格22岁时)

1956年,世界上第一根跨大陆的通讯电缆投入使用。1956年位于英国与北美之间的通讯电缆铺设完成。人类第一次可以进行洲际即时语音通讯。(基辛格33岁时)

1957年,人类第一颗人造卫星发射成功。1957年10月4日,苏联赶在美国之前成功发射了卫星Sputnik-1。(基辛格34岁时)

1969年,人类第一个计算机网络诞生。1969年,美国五角大楼高级研究计划署(ARPA, Advanced Research Projects Agency)研制并建成人类第一个计算机网络ARPAnet。(基辛格46岁时)

1973年4月,世界上第一台移动电话在美国诞生。(基辛格50岁时)

---

① Clyde Pangborn and Hugh Herndon, Jr.: *First to Fly Nonstop Across the Pacific.* Leesburg, Weider History Group, 2006, p. 5.

② "Air Force One Is Named 'spirit of '76' by Nixon", *The New York Times*, United Press International, p. 10.

1993年，美国全球定位系统建成（GPS，Global Positioning System）。（基辛格70岁时）

（三）基辛格时代的现代媒体发展状况

1906年，世界上第一个广播电台在美国诞生。（基辛格出生前17年）

1929年，世界上第一个电视台试播。1929年，英国广播公司（BBC，British Broad-casting Corporation）在伦敦实验播出。（基辛格6岁时）

1934年《通讯法案》。1934年，美国通过1934年版《通讯法案》，强制规定如果广播公司或电视台为某一位总统候选人提供了竞选的宣传机会，为公平起见，就必须同时向剩下的全部同时期参选者提供相同的设施。（基辛格11岁的时候）

1936年，世界上第一家电视台开播。（基辛格13岁的时候）

1938年威尔斯外星人广播剧事件。1938年10月30日（基辛格15岁时），无线电广播历史上发生了一件影响深刻的事件。20岁刚出头的年轻电视制片人兼演员奥森·威尔斯（Orson Welles）在哥伦比亚广播公司（CBS，Columbia Broadcasting System）直播的广播节目中营造了一出以假乱真的外星人攻击地球的场面，广播剧中声称来自火星的外星生物乘坐飞船在新泽西降落，并计划侵占附近的纽约。这一广播剧当天导致美国全国上百万家庭的恐慌与撤离，超过170万人相信这个节目是真实发生的事情。但自始至终，威尔斯在直播节目时不时地强调这仅仅是一部广播剧，并非事实。这件事情的影响是深远的，1941年12月，当美国的重要广播媒体播报珍珠港事件的时候，有部分美国居民认为这又是一次虚构的广播剧。[①]

1939年，美国和苏联各自的第一家电视台开播。（基辛格16岁时）。

---

① ［美］威廉·曼彻斯特：《光荣与梦想——1932—1972美国社会实录》，海南出版社，2006年版，第8页。

1960 年，第一次美国总统竞选辩论电视直播。1960 年 9 月 26 日（基辛格 37 岁时），时任副总统的共和党人理查德·尼克松与民主党参议员约翰·肯尼迪进行了美国历史上第一次电视直播的总统竞选辩论。这次直播时长约 120 分钟，由芝加哥电视台负责。全美有 6600 万观众通过收音机或电视见证了这次辩论。这次辩论表面以平均结束，但实际上肯尼迪借用电视媒体的特点获得了优势，改变了竞选的局面。[①] 1976 年詹姆斯·厄尔·卡特，习称吉米·卡特（James Earl Carter, Jr.）与杰拉尔德·福特（Gerald Rudolph Ford, Jr.）的竞选之后，两党的候选人举行电视直播辩论成为美国总统竞选流程中不可缺少的正式部分。

1969 年阿波罗登月电视直播。1969 年 7 月 20 日，美国国家航空航天局（NASA, National Aeronautics and Space Administration）通过安装在登月飞船上的威斯汀豪斯公司（Westinghouse Electric Corporation）的功率不足 7 瓦特的微型电视摄像机，向地球直播传回了每分钟仅 600 幅画面的、清晰度仅为 250 线的登月画面（今天普通的电视剧是每分钟 1440 帧画面，NTSC 制式最低分辨率为 480 线，高清画面为 1080 线）。在由威斯汀豪斯公司的工程师 Stan Lebar 负责设计制造的电子传感器摄录的电视直播画面中，美国宇航员尼尔·阿姆斯特朗（Neil Armstrong）说出了那句著名的"这是我本人的一小步，却是人类的一大步"。全球数亿观众观看了这次直播。（基辛格 46 岁时）

三、现代社会的脆弱性与相互依存

城镇化是现代文明的特征之一，也正是这种特征体现了现代技术下的现代文明的脆弱。在原始社会，家庭是基本单位，它们大多数是自给自足的，生活必须的食物和衣物都是自己生产的。原始社会人们

---

① ［美］威廉·曼彻斯特：《光荣与梦想——1932—1972 美国社会实录》，海南出版社，2006 年版，第 21 页。

的生活水平很低，但是问题的另外一面是，人与人之间相互依赖的程度也很低。那时候，原始人的生活更容易受自然灾害的影响，而是不是其他原始人的影响。现代城市的起源是由于生产分工的专业化，现代人的技术水平和熟练程度都提高了，但硬币的另一面是，人与人之间的相互依赖程度也提高了，人对社会的依赖程度也提高了。生产力的提高，使得人类对大自然的灾害的抵抗能力提高了，但是却使人的行为的独立程度下降了。

专业化分工，造就了从未有过的高度发达的生产力，也造就了从未有过的物质生产上的脆弱性，而这种物质生产上的脆弱性，又带来了现代人心理的脆弱性。城市成为每个国家的重要单元，因为在这个单元里，进行过细致的生产分工的人与人之间可以交换他们的技能。比如学校、医院、银行这些高度社会化的机构，在提高现代人类幸福感和物质生活水平的同时，也带来了巨大的脆弱性，而这种脆弱性在物质贫乏的原始社会是不存在的。更严重的是，在现代社会，每个人已经失去了重新回到贫困却没有脆弱性的原始社会的可能，因为个人的几乎所有生活都依赖着整个社会。举例来说，如果一个人想回到独立的生活，他可以选择不用电，但他也许需要蜡烛或者火柴，或者至少需要燧石，而这些都很难再通过个体找到，一个人可以选择自己用兽皮树叶制造衣服，但如果没有别人提供的针线，这个任务将变得异常艰难。在这样高度联系、相互依存的脆弱中，一个现代城市，只要一个环节出了问题，就会造成整个城市的瘫痪。例如停电、地铁罢工、电讯中断、交通信号灯故障等等这些都会给整个城市的运行带来巨大的问题，甚至影响经济的发展。

更为重要的是，这样一种物质层面的紧密联系，不但造成了每个人在物质层面的依赖，更造成了心理层面的依赖。每个人都无法想象也无法接受城市的"神经系统"出现问题，每个人都把所有单元的正常工作视为理所当然，并且每个人对这种中断造成的混乱都有一种难以克服的恐惧。

第二次世界大战之后的社会，技术又发展到了新的高度，城市的脆弱性也上升到一个新的高度。这使得现代城市自身包含着"自我毁灭的种子"。①

在第二次世界大战中,基于当时的城市的脆弱性程度,即使是最大的空袭,也仅仅影响了城市的部分地区,而没有造成整个城市的瘫痪。城市的相互联系程度还没有像基辛格撰写论文的第二次世界大战后时代那么紧密。因此,那时候城市的一个区域遭到空袭,城市的其它部分不但仍旧可以正常运作,而且还能帮助受袭击的地区恢复秩序。长崎遭到原子弹袭击后,当地的人们用了 7 天时间,重新恢复了有组织的救援。

而第二次世界大战后的技术发展使得这种局面发生了改变,第二次世界大战像一个分水岭,在此之前,人们从城市专业分工中的得益大于其脆弱性的损失,而第二次世界大战后,城市的脆弱性越来越显现出其危险性。在基辛格思考其战略理论的时代,电话交换机、自来水网管、电网等精密的公共事业一旦瘫痪,一个现代城市将立刻从一个运作中的单元变成一个"钢筋水泥的丛林,在那里大自然连最最基本的生存手段都无法提供",那里将没有水,没有电,没有交通。炼油厂如果遭到攻击,那么连广泛使用农业机械的农业都无法提供食物。"这种灾难的后果,将无法仅仅用物质来衡量"。如果一个国家的 25 个重要城市遭到这样的攻击,这对整个国家民族的心理上的攻击也是毁灭性的,"象征着人类的一切努力均属徒劳无益,可能使人民对于经济、政策和民族目标的信心发生根本的动摇","这将会绞尽一个国家复苏的力量"。

基辛格以欧洲为例,探讨了越来越凸显这种脆弱性的人类在经历核战争这样重大的灾难之后的心理变化。"还可以更加细致地推敲,不过,在这种大规模灾难的情况下,连最低限度的估计也足以形成这种基本观点:遭到这种浩劫的社会,必然经历一番根本性的变化。欧洲一直没有从第一次世界大战的流血和打击的阴影中恢复过来。因为第一次世界大战不仅毁灭了它的精华,而且也破坏了对于一种生活方

---

① Henry Kissinger, *Nuclear Weapons and Foreign Policy*, New York: Harper and Row, 1957, pp. 65–67.

式的信仰。在法国战场上失掉了对于黄金时代的希望、对于进步的必然性的希望；失掉了对于理智必胜的希望，这些都是19世纪欧洲的基本原则，同样也是当代美国的基本原则。自从受到第一次世界大战的打击以来，欧洲的强大而民主的政府一直难以存续，因为对于传统的领导的信仰已经消逝，因为领导人对于他们的任务已经失掉信心。结果，在欧洲许多国家中，或是人民放弃他们的职责，任由实行独裁统治，或是领导者放弃他们的职责，任由政府动荡。遭受持续的热核武器攻击的国家，可以预料也会发生类似的反应，而且更加严重。任何社会得以运行，很重要的基础是人民相信自然和社会事物将井然有序地连续运行。灾难会被认为是这种自然秩序的中断"。

而且，一个国家遭受自然灾难和遭受热核战争，所造成的心理影响是截然不同的。由于自然灾难破坏的是某些部分，而不是整个现代社会运行的秩序，因而人们是有信心修复灾难造成的损失的，社会上正常运行的其他部分可以齐心协力援助受灾的地区。这样的互动甚至可以带来更大的对希望的信仰，因为这类互助行动加强了社会团结，加强了人类重建的信心。然而，一场全面的热核战争所造成的灾难是截然不同的，其本质是造成整个社会秩序的脱节，而这种脱节的程度之深，已将使人们无法回到自己所熟悉的关系中。所以，遭遇热核战争的社会，一切社会关系将重新构成，或者至少大部分社会关系将重新构成，其结果是整个社会会因此发生根本的变化。这种变化将使得遭受热核战争劫难之后的人类社会展现出一片令人悲观的景象。

而核辐射与核污染，又会在遗传上造成一个更长时间段的人类的衰败，因此现代武器下的全面战争，其后果是以往的战争经验无法预料的。

我们的对手也真正地看出了全面热核战争的可怕后果。①

---

① Henry Kissinger, *Nuclear Weapons and Foreign Policy*, New York: Harper and Row, 1957, pp. 72–77.

第二节 人生经历：被臆测的人性观

严谨的研究顺序是"人生经历——价值观"，也就是将一个人的经历作为研究对象，通过研究这些经历来推断这个人的性格和价值观。不合理但正确的研究顺序是"价值观——人生经历"，也就是预先判断一个人的大致价值观，再从他的经历中寻找线索以支持既有的观点。这种研究方法是因果倒置的。在目前国内的基辛格研究中，这种因果倒置非常普遍。研究者往往先预设基辛格是一个冷酷的现实主义者（甚至现实到近乎马基雅维利主义的地步），在这种预设下，带着这种目的在基辛格的人生经历（包括家庭、童年）中寻找素材，找出其童年必定是苦难的，其心灵的创伤必然是巨大的，因此这种失落童年的遗产必然是悲观残酷的现实主义。

例如，陈有为认为：作为一个犹太人，基辛格早年在希特勒法西斯统治下的生活经历，对他的心理状态与思想感情留下了阴影。虽然基辛格一向谈的很少，而且尽量想法把它缩小，但这只是一种掩饰。[1] 巨永明在其著作中也有类似的观点，他在第一章"刨根问底：基辛格外交思想探源"的第一节"现实生活的感悟"中，分别以"人性观和悲剧意识的萌芽"和"历史宿命观的形成"为小标题，认为基辛格的童年是苦难的，并且这种苦难塑造了他的世界观。巨永明写道："我们有理由怀疑、甚至否定基辛格所说'童年时代经历的那些政治迫害，并没有决定我的生活'的真实性。"[2] 而另一些学者也认为："基辛格从儿童变为成人的历史时期正好处于第一次和第二次世界大战之间，在那个历史时期权力政治大行其道。德国纳粹正是因为手握权力才使得犹太人遭受了莫大的灾难。而与此同时，正是因为反法西斯同

---

[1] 陈有为：《基辛格评传》，世界知识出版社，1980年版，第9页。
[2] 巨永明：《核时代的现实主义——基辛格外交思想研究》，中国社会科学出版社，2005年版，第23页。

盟的军队握有更大的权力才最终消灭了德国纳粹。因此，我们有理由相信，正是他对权力的恐惧与渴望造就了基辛格的思想。"①"总之，一个被主流社会打入另册的犹太儿童，一个忙于应付生计的犹太移民所窥见的更多的是人性的阴暗面。因此，传统现实主义基于人性论的哲学基础无疑与他的人生经历是契合的。"②关于基辛格在德国的童年时代的苦难和在美国的少年时代的颠沛的观点，以及导致其悲观的现实主义价值观的资料，出现在国内诸多基辛格研究的学术作品中，例如有些学者认为："童年时代的苦难使基辛格对人性采取较为悲观的态度。这让他趋向于现实主义。"③还有学者认为："基辛格之所以成为一个现实主义者，与他童时代在德国的生活经历是分不开的。"④。

在第二节的文字中，作者将尝试指出以下几个往往被忽略的事实。这几个重要的事实有助于我们更全面地了解基辛格的早期人生经历，有助于我们更深刻地把握基辛格价值观的本质。

一、德国（1923—1938 年）：童年时代并非只有黑暗

（一）时间：逃离纳粹统治和战争环境

童年时期的经历对人的影响是巨大，基辛格的成长时代正是纳粹势力逐渐上升的时代，但情况并没有从一开始就变得很糟，基辛格的童年幸运地避过了最残酷的纳粹统治时期，原因在于：其一，事实上基辛格是 1923 年出生，基辛格 10 周岁的时候（1933 年）纳粹才刚开始执政；其二，作为德国反犹太人运动重要标志的《纽伦堡法案》（该法案规定犹太人不能拥有德国公民权，禁止犹太人和德国基督徒结婚）要到基辛格 12 岁（1935 年）时才被通过；其三，纳粹暴徒砸

---

① 龚洪烈：《基辛格的外交思想与战略》，南京大学出版社，2009 年版，第 23 页。
② 同上。
③ 参见［美］亨利·基辛格著，顾淑馨等译：《大外交》，海南出版社，1998 年版，第 7 页。
④ 巨永明：《核时代的现实主义——基辛格外交思想研究》，中国社会科学出版社，2005 年版，第 23 页。

毁犹太人商店玻璃的"水晶之夜"发生于1938年11月，而在这发生的3个月前，也就是1938年8月的时候，年仅15岁零3个月的基辛格已经随父母和弟弟，通过纳粹德国政府的官方批准以正常程序离开德国前往英国。基辛格留在德国的亲戚中有13人死于纳粹统治时期，但这些都发生在基辛格离开德国数年之后。

同时，值得注意的是，基辛格1938来到英国后又在同一年到达美国。第二次世界大战爆发在此后的1939年，而整个第二次世界大战中美国本土并没有成为战场。因此，从1923年5月出生到1943年2月（20岁）参军以前，基辛格不论是在德国还是美国，没有在战火中生活过一天。

根据以上历史事件的发生时间，可以得出两点重要的事实：第一，基辛格并不是一出生就生活在最黑暗恐怖的反犹环境中，虽然也受到排犹的影响，但生活基本是正常的；第二，当德国纳粹政府进行大规模迫害犹太人的行动之前，基辛格就已经离开德国。因此，童年时的基辛格并未经历德国纳粹最黑暗残酷的统治，也未经历战争环境。

（二）空间一：友善的菲尔特犹太人社区小环境

每一个人都兼具着几种身份。每个人既是社会大环境中的人，也是社区小环境中的人。童年时的基辛格，既是逐渐掀起反犹太人运动的德国的犹太居民，又是犹太社区中受呵护的孩子。要全面客观地评估基辛格童年时代的经历对他思想的影响，就必须注意到基辛格的这种双重身份。以往国内的基辛格研究往往忽略了这种双重身份，这种倾向使得对基辛格价值观的分析趋于悲观，对他的性格分析趋于负面。

基辛格的家族有5代人生活在德国巴伐利亚。回顾历史，巴伐利亚自公元10世纪就有犹太人在此定居。他们大多从事商业。由于比较富有，在大部分时间里他们在巴伐利亚的许多城镇都受到保护。但从1276年开始，犹太人被驱赶。到了16世纪巴伐利亚的犹太社区已经所剩无几。18世纪初，犹太人开始重返巴伐利亚，很多来自奥地利。他们中有些人资助德国参与西班牙王位战争，因此也具有一定社会地位。在拿破仑统治巴伐利亚期间，巴伐利亚的犹太人也享用相应的权利，可以上公立学校，可以参军，可以起族姓，他们享有完全的公民权。①巴伐利亚土地上的犹太人，在这片土地上过着相对安定的生活。

基辛格的家族起初生活在德国巴伐利亚州的小镇勒德尔塞（德语：Rödelsee）。小镇总面积11.50平方公里，总人口只有数千人。这个小镇西北25.9公里约30分钟车程处，便是德国历史悠久的古城。基辛格出生的小镇菲尔特（德语Fürth）接纳了许多犹太人在此生活。到了20世纪菲尔特已经由于宗教生活造成的那种表面上的和谐景象而远近驰名。据《大英百科全书》1910—1911年第11版记载，这个市镇有一座"犹太大教堂"，"当地的犹太人还办了一所声名卓著的中学"。菲尔特的"兴旺是因为它当初接纳了犹太人，犹太人也把那里当作他们躲避压迫的避难所"。1925年，菲尔特有居民7.3693万人②，其中犹太人约3000人。菲尔特的犹太人有自己的圈子，甚至有自己的体育俱乐部。由于菲尔特有较多的犹太人居民和悠久的犹太传统，当地的犹太人社区也比较完善。这里对犹太人而言，像一个"躲避四处游荡的青年纳粹团伙、远离日益危险世界的天堂"。③

基辛格本人每次谈到童年时代，总是将其描述成一个"典型的中产德国人"的童年时代，但会补充说是德国犹太人。他认为其家乡菲尔特的犹太人没那么孤独，而他的家庭是融入当时当地主流社会的。④基辛格在菲尔特的邻居们日后的回忆可以作为佐证。例如，后来移居以色列特拉维夫的埃尔斯·埃斯特尔·莱昂（Lion）夫人回忆："他（基辛格）是一个活泼而又淘气的孩子"，"海因茨·基辛格充满了生活的乐趣。他跟我儿子（莱昂）总是想出新点子来淘气，在学校里别出心裁地搞恶作剧，拿老师开玩笑"，"他还喜欢同女孩子在一起。据我儿子说，他经常扯人家的小辫儿，后来稍大一些，又喜欢让姑娘们

---

① Isaacson, Walter, *Kissinger: A Biography*, New York: Simon & Schuster, 1992, pp. 18-19.

② Georg Dehio, *Handbuch der deutschen Kunstdenkmäler*, Bayern. Bd I. Franken. Deutscher Kunstverlag, Munich 1999, p. 363.

③ Isaacson, Walter, *Kissinger: A Biography*, New York: Simon & Schuster, 1992, p. 21.

④ Ibid., p. 26.

陪他一道在街上溜达，而且总是挑最漂亮的姑娘。"① 另一位开杂货铺的邻居黑蒂·海贝特提供了类似的信息："他（基辛格）常到店里来。他每次放学回家总要路过杂货铺。只见他一阵风一样地闯进来，把书包往墙角一扔，说一声'我妈妈会来取的'，一溜烟人影就不见了，又跑到外面玩去了。有时候，他也在店里呆上一会，甚至悄悄走过来要几块糖吃。我妈妈就给他一些糖块、小饼什么的。他很懂礼貌，总是说声谢谢再跑出去玩。"② 基辛格还积极参加学生合唱团，并且担任过指挥。他爱踢足球，是个中锋，有一年还当了班里的足球队长。陈有为也承认至少在童年时代（1923—1933年），作为一个生活在中产阶级家庭的孩子，海因茨（基辛格）的童年算是比较幸运的。他穿着很好，受到父母的宠爱过着无忧无虑的日子。③

（三）空间二：和睦的中产阶级知识分子家庭

家族生活对基辛格思想形成的影响：

比起菲尔特小镇温馨和谐的犹太人社区，基辛格的大家庭为他的童年提供了更全面的精神与物质呵护。在这个典型的德国中产阶级家族里，有三代人都是教师。

第一，家族历史

基辛格这个族姓始于迈耶·基辛格（Meyer Kissinger）。他是一个教师。迈耶的独子叫亚布拉罕·基辛格（Abraham Kissinger），他是当地成功的商人。他富裕，虔诚地信仰宗教，而且有深刻的宗教知识。他严格遵守安息日的规定，并教育他的四个儿子都像他一样虔诚地信仰犹太教。四个儿子后来都如父亲所愿成为了教师，在附近的村庄建立了有名的犹太学校。其中，小儿子叫大卫·基辛格（David Kissinger）。大卫·基辛格的长子叫路易斯·基辛格（Louis Kissinger），也是一位教师。路易斯·基辛格的长子就是海因茨·基辛格（Heinz Kis-

---

① Kalb, Marvin and Bernard Kalb, *Kissinger*, Boston, Little, Brown & Company, 1974, p. 47.
② Ibid., p. 48.
③ 陈有为：《基辛格评传》，世界知识出版社，1980年版，第8页。

singer），他后来改名亨利·基辛格（Henry Kissinger）。

第二，家庭条件

基辛格出生在一个温暖和睦的德国中产阶级家庭，居住在马蒂尔登大街的一所公寓的套房里。基辛格和父母弟弟4口人生活在这个拥有5个房间的套房里。家里有很多藏书，还有一架立式钢琴。外公法尔克·斯特恩（Falk Stern）在附近的鹿特索森（Leutershausen）有富丽宽敞的别墅，基辛格一家经常去消夏。基辛格在院子里追小鸡，和朋友们打沃尔克球（Volkerball）。外公还有很多非犹太裔的朋友。而基辛格的爷爷大卫·基辛格是个睿智博学的人，他住在附近的著名古城维尔茨堡（德语：Würzburg）[①]。维尔茨堡位于美因河谷（德语：Main）的中游。美因河穿城而过。大约从公元650年起，维尔茨堡是法兰克王国的侯领。历史上这里经历过多次战争。维尔茨堡官邸建设于1719—1779年间，现已被列入世界文化遗产。市内有多家美术馆。基辛格从菲尔特小镇的学校毕业后，就在维尔茨堡的犹太生学院学习。

第三，父母亲

父母对孩子的影响是别的因素无法替代的。基辛格的父亲路易斯·基辛格35岁时结婚，在一所专为富裕家庭的女孩开办的女子中学当班主任。教授过数学。菲尔特镇档案馆的埃米·维滕迈尔夫人与路易斯是同辈，她回忆说："他真是一位好老师，胸襟开阔，非常和气，从不粗暴惩罚学生"，"他总是彬彬有礼，诲人不倦。"[②] 他懂德语、拉丁文、希腊文，热爱文学和古典音乐，收藏了大量唱片，还经常在家弹奏钢琴。基辛格评价他的父亲说："爸爸并不把自己当成道德家，但是他的言行如此卓越，自然便成为典范"，"他是你能想象得到的最绅士的一个人。善恶问题从不会在他那里成为问题，因为他压根没想过天底下会有恶事。他没法想象纳粹意味着什么。他那绅士优雅风范

[①] Isaacson, Walter, *Kissinger: A Biography*, New York: Simon & Schuster, 1992, p. 25.
[②] Kalb, Marvin and Bernard Kalb, *Kissinger*, Boston, Little, Brown & Company, 1974, p. 45.

是纯粹的，绝无牵强和奉承。"① 当德国纳粹开始掀起反犹浪潮后，路易斯·基辛格失去在女子中学的教职，转到一家商业学校去教会计，最后到犹太人的私人学校教数学和宗教课。但他的反应不是仇恨，而是觉得痛苦而无法理解。②

基辛格的母亲葆拉·基辛格（Paula Kissinger）比丈夫路易斯·基辛格小12岁，原来是路易斯的学生。她是一位成功的家畜商人的女儿。与博学的丈夫比起来她脑子里可没有那么多大道理或者终极关怀之类的东西，她只关心那些必须去做的事情。她眼光锐利，直觉敏感，举止朴实而优雅，总是微笑着，但做事果断。③

研究基辛格的马文·卡布尔与伯纳德·卡布尔写道："基辛格家的孩子们便是在这样一种亲密温暖的环境中开始生活的。他们同镇上的孩子一起上学，一块儿参加足球比赛。"④

（四）小结

诚然，在处于动荡之中的德国社会里，作为犹太居民的基辛格的童年经历中，有相当部分是残酷的现实，但残酷的现实并不是基辛格童年生活的全部，甚至不能算是其童年的大部分。在时间上，基辛格幸运地躲避了最黑暗的纳粹统治，也躲过了战争环境；在空间上，他温暖的菲尔特犹太人社区和和谐的家庭都给了他很好的保护。他的爷爷是博学的教师，外公是成功的商人，父亲性格温和而善良，母亲干练而充满活力……以上这些客观的生活条件给基辛格的童年提供了一个良好的环境。

基辛格本人对此的描述也与之相符合。例如1931年8月，基辛格和弟弟溜进体育馆踢足球，假装不是犹太人。基辛格回忆当时的情形

---

① Isaacson, Walter, *Kissinger: A Biography*, New York: Simon & Schuster, 1992, pp. 22 – 23.
② Ibid., p. 25.
③ Ibid., p. 23.
④ Kalb, Marvin and Bernard Kalb, *Kissinger*, Boston, Little, Brown & Company, 1974, p. 45.

时说:"至于风险,最多不过是挨顿揍而已。"(All we risked was a beating.)① 基辛格本人认为:"我的那段童年生活,说明不了什么问题。当时我并没有感觉到不痛快,对周围发生的事情感受并不强烈。对于孩子来说,这些事情往往并不那么严重。"(原文 I was not consciously unhappy. I was not acutely aware of what was going on. For children, these things are not that serious.)"现在有一种时髦的做法,就是用精神分析法来解释一切。可是我要告诉你,童年时代经历的那些政治迫害,并没支配我的一生。"② 基辛格在很多场合重复了以上这种观点。我们应认识到这种观点的合理性,而不能为了将基辛格预设为现实主义者,就将他本人对童年的阐述简单理解成一种纯"外交辞令"的掩饰。事实上,如果基辛格的童年真的苦难而悲惨,基辛格完全没有必要掩盖,因为这不会有损他的形象。可见,基辛格"掩饰童年的悲剧性",缺乏必要性与合理性。

因此,不应笼统地概念化地将基辛格的童年抽象为纳粹统治下的恐怖生活,而应该具体问题具体分析。基辛格父母的社会地位、职业、受教育程度,甚至性格、为人等都深深地影响了基辛格。而从上述资料看,这种影响的主要方面并不是明显的悲观主义和现实主义。

综上所述,"基辛格悲惨的童年经历塑造了基辛格冰冷的现实主义的世界观"这样的推导是不成立的。

二、纽约(1938—1943年):"移民生活"而非"难民生活"

目前国内的基辛格研究著作普遍认为,少年基辛格到纽约的移民生活是颠沛流离的"难民生活",受人歧视。这种艰苦的处境造就了基辛格的现实主义世界观。例如北京大学李义虎博士用文艺的笔触写道:"(基辛格一家人)住进一座公寓。周围都是陌生的面孔,人们用

---

① Isaacson, Walter, *Kissinger: A Biography*, New York: Simon & Schuster, 1992, pp. 18-21.

② Kalb, Marvin and Bernard Kalb, *Kissinger*, Boston, Little, Brown & Company, 1974, p. 52.

怀疑的目光打量着这一家人",① "尽管美国社会是个形形色色的社会,但基辛格一家是新到的犹太难民,能被人一眼就认出来,因为他们还都穿着旧式的衣服,男人穿的是色调灰暗的上衣,女人的着装则是那种30年代德国落后的款式。"② 南京大学的龚洪烈认为:"来到美国之后,被摒弃于主流社会之外的痛苦还延续了很久,虽然这个时候不用再担心种族、文化上的迫害,但是种族、文化、语言上的歧视依然存在","因此一个处于社会下层的新移民试图跻身主流社会,他承受的心理压力是可想而知的,这使他寻求被认可的倾向更为明显","这一心理倾向不可避免地使得基辛格的思想具有妥协性,而他的理论具有模糊性。此外,这段人生经历也让他对权力着迷。"③

但事实上,基辛格到纽约后的移民生活并非如此。基辛格一家来到纽约后,虽然不属于"上流社会",但也绝不是龚洪烈认为的"社会下层"。基辛格一家是1938年通过纳粹德国政府的官方批准以正常程序离开德国迁往英国,又通过美国政府的正常审批手续来到美国的。更重要的是,有足够的资料表明,他们来到纽约的生活更接近"移民生活",而非"难民生活"。因此,这种生活虽然称不上富有,但不足以为基辛格的"现实主义"提供生长的土壤。

(一) 1938年美国纽约:德国裔犹太人的真实地位

追述历史,到达北美的首批犹太人是瑟发拉底犹太人,他们来自西班牙和葡萄牙。实际上,"美国犹太人"只是一个泛称,来自世界各地的犹太人在美国的地位是不同的,而且至今他们也没有完全融为一体。④ 在移民美国的瑟发拉底犹太人、德国犹太人、俄国和东欧的犹太人中,德国犹太人的地位是最高的。他们之间差别很大,甚至有着"种性般的区分"。纽约市还曾经用"居民区(德国)犹太人"和

---

① 李义虎:《超级智者:基辛格》,学苑出版社,1996年版,第38页。
② 同上书,第39页。
③ 龚洪烈:《基辛格的外交思想与战略》,南京大学出版社,2009年版,第22页。
④ [美]托马斯·索威尔:《美国种族简史》,中信出版社,2011年版,第76页。

"闹市区（俄国）犹太人"这两个词区分犹太人。①

1938 年基辛格来到美国时，美国立国已 162 年，犹太人对美国的影响是不能被抹去的。很多犹太人参加过独立战争和南北战争，在纽约市最老的公墓中，埋葬着独立战争中的参战的 18 位犹太人。犹太商人海姆·所罗门（Haym Solomon）是独立战争中大陆军的重要金融家。大陆军总司令乔治·华盛顿决定在约克镇与英军进行战略决战，但国会的战争预算让华盛顿毫无信心，他需要至少 2 万美元的战争经费。莫里斯告诉他：没有资金，没有贷款。而华盛顿则给了他一个简单但极具预见性的回答："告诉海姆·所罗门"。海姆·所罗门没有辜负华盛顿，如期提供了 2 万美元。"约克镇围城战役"（Siege of Yorktown）最终标志着美国独立战争的决定性胜利。美英两国于 1783 年 9 月 3 日签订《巴黎条约》，结束了美国独立战争。② 就连基辛格一家远渡重洋来到纽约首先见到的自由女神，都刻着犹太女诗人的诗句。③

1938 年，基辛格一家移民来到美国纽约。当时的德国裔犹太人在美国社会中的社会地位和经济地位并不低下。到 19 世纪中期，德国犹太人已经为美国社会所接纳。1840 年有 40% 的德国犹太人家庭至少雇佣一个佣人。而干纯体力活和佣人的犹太人数量低于 1%。④ 在南北战争时期，纽约就有 50 多座犹太教堂，还有大量犹太市民社团和慈善组织。美国社会中有大量成功的犹太商人和银行家。例如 R. G. 邓氏信贷评价机构的数据表明，在 1860 年，就有 374 家犹太人的公司具有商业信誉，到 1870 年有 1714 家。德国犹太人内森·斯特劳斯（Nathan Straus）在美国南北战争后搬到纽约，在 1896 年成为梅西百货的共有人⑤。在他

---

① ［美］托马斯·索威尔：《美国种族简史》，中信出版社，2011 年版，第 88—89 页。
② Wiernik, Peter, *History of the Jews in America*, New York: The Jewish Press Publishing Company, 1912, p. 95.
③ 自由女神像的底座上就镌刻着犹太女诗人爱玛·拉扎露丝（Emma Lazarus）的十四行诗《新巨人》（The New Colossus）中的诗句："欢迎你，那些疲乏了的和贫困的，挤在一起渴望自由呼吸的大众，那熙熙攘攘的被遗弃了的，可怜的人们。把这些无家可归的饱受颠沛的人们一起交给我。我高举起自由的灯火！"
④ ［美］托马斯·索威尔：《美国种族简史》，中信出版社，2011 年版，第 85 页。
⑤ Burrows, Edwin G. & Wallace, Mike (1999), *Gotham: A History of New York City to 1898*, New York: Oxford University Press, pp. 1192-1194.

的努力下，1924年在第七大道开张时曾是"世界最大商店"。① 1896年《纽约时报》（New York Times）濒临破产，犹太人阿道夫·西蒙·奥克斯（Adolph Simon Ochs）将其买下并在数年内迅速将其发展为重要的报纸。有犹太血统的约瑟夫"乔"·普利策（Joseph "Joe" Pulitzer）1878年创办了《圣路易快邮报》（St. Louis Post Dispatch），1882年收购《纽约世界报》（New York World）。1911年普利策逝世后，根据其遗愿设立"里普利策奖"（Pulitzer Prize）。② 以上这一切都发生在1938年（15岁的基辛格来到纽约以前）。

在基辛格一家来到美国的1938年，美国政府对犹太移民的官方态度也是十分积极的。罗斯福总统在要求移民局放宽对犹太移民，特别是来自德国的犹太移民的限制。他说："去它的吧！这种限制会使我们的庸人政策成为文明世界的笑柄。"③ 在那一年，包括基辛格一家在内，总共有1.7199万名德国移民（大部分是犹太人）进入美国，占当年进入美国的外籍移民总数的1/4。④

（二）纽约：基辛格一家的真实生活条件

一定的物质基础是保证基辛格来到纽约后过正常生活和接受良好教育的前提。有充分材料表明，基辛格一家在纽约过的不是"难民生活"。

基辛格一家搬到纽约后就立即住进了曼哈顿岛华盛顿堡大道187街一间6层砖结构公寓内。这个公寓是三居室，虽然没有德国老家的五间房的套房宽敞，但也很舒适。基辛格母亲的表姐家就住在大堂对面。⑤ 当年，这里居住的都是中产阶级的人家。⑥ 基辛格一家继承了外

---

① Abelson, Elaine S. "R. H. Macy" in Jackson, Kenneth T. (ed.), *The Encyclopedia of New York City* (2nd edition). New Haven: Yale University Press, 2010, p. 1102.

② 根据阿道夫·奥克斯的遗愿，他的后人在1912年捐赠250万美元给哥伦比亚大学，创建美国第二所新闻学院，并从1917年起设立普利策奖（Pulitzer Prize），每年一度颁赠给美国新闻界和文学界在小说、诗歌、传记、历史、戏剧、音乐、新闻采访报道有卓越贡献的人。

③ 陈有为：《基辛格评传》，世界知识出版社，1980年版，第12页。

④ 同上。

⑤ Isaacson, Walter, *Kissinger: A Biography*, New York: Simon & Schuster, 1992, p. 33.

⑥ Kalb, Marvin, and Bernard Kalb, *Kissinger*, Boston: Little, Brown & Company, 1974, p. 52.

公法尔克·斯特恩的一笔遗产。虽然在刚刚经历了1929—1935年大萧条的美国找到工作并非易事，但到纽约后基辛格只能当普通簿记员，两年后他为德国朋友的工厂当图书管理员。母亲葆拉与伙食包办商合作，为教堂提供食物，后来她成了当地第一流的名厨，生意十分兴隆。① 她自己成为小型的食品供应商。少年基辛格考了几次驾照，并与朋友约翰·萨克（John Sachs）借车去了不少地方。

（三）穷人的"哈佛"：基辛格接受的教育

作为犹太移民的基辛格来到纽约后并没有辍学，在家庭实力的帮助下，他来到美国一个月后就进入了高中。不仅如此，基辛格就读的高中以及后来就读的纽约市立学院都是优秀的教育机构。基辛格并不是在业余粗糙的教育环境中成长起来的，他的教育环境并没有艰苦卓绝到足以给他的心灵烙下"残酷的现实主义"的印记。

高中教育：1938年9月，在搬到纽约仅仅一个月后，基辛格就立刻进入当时纽约市立中学系统中最好的乔治·华盛顿高中。校园占地2英亩，有座乔治四世风格的庞大建筑，教师水平和教育质量都是全纽约一流的。② 一年后，基辛格在上学的同时，也在亲戚家开设的利奥波德·阿舍（Leopold Ascher）毛刷公司打工。

大学教育：高中毕业后，基辛格轻松考入纽约市立学院（The City College of New York，CCNY）。③ 这所学校历史悠久，于1847年成立，办学目标是为纽约那些有天赋的学生提供免费的高等教育。1940年学生超过3万人，其中3/4是犹太人。纽约市立学院是纽约市立大学系统中历史最悠久的分校，至2012年共计有11位校友获得诺贝尔奖（包括基辛格获得的诺贝尔和平奖）④。对于工人阶级移民家庭来说，

---

① Kalb, Marvin, and Bernard Kalb, *Kissinger*, Boston: Little, Brown & Company, 1974, p. 53.
② Isaacson, Walter, *Kissinger: A Biography*, New York: Simon & Schuster, 1992, p. 34.
③ Ibid., pp. 35 – 36.
④ Traub, James, *City on a Hill: Testing the American Dream at City College*, Addison-Wesley, 1994.

市立学院代表着公共高等教育的顶点。入学是困难的,但课程是免费的;竞争是激烈的,但规则是公平的。没有人因生得好而出色。① 这所大学是犹太人踏入美国精英社会的重要一步。从这所大学毕业的犹太学生包括美国最高法院大法官费利克斯·弗兰克福特(Felix Frankfurte)② 和科学家乔纳斯·爱德华·索尔克(Jonas Edward Salk)③。基辛格一家是4口人一起移民美国的,基辛格的弟弟瓦尔特日后的学习能力也可以佐证基辛格一家来到美国后受到的教育是有基础的而非"难民般"的。1947 年,瓦尔特进入美国普林斯顿大学,后转到哈佛大学商学院。后来成为纽约州艾伦电器公司的董事长。④

三、两位老师:性格特征与价值观共性

在基辛格从一个移民到哈佛大学教师的人生经历中,有两位重要的老师。这两位老师分别是在军中提拔和举荐基辛格的弗里茨·克雷默(Fritz Kraemer)、在哈佛大学的导师威廉·伊利亚特(William Elliott)教授。他们都非常欣赏基辛格,并给与基辛格重要的机会,他们的性格特征与价值观中有着某些共通的东西。这些共通的精神特质,对把握基辛格的价值观至关重要。

---

① Oshinsky, David M. *Polio: An American Story*, Oxford Univ. Press. 2006.

② Alexander, Michael, *Jazz Age Jews*, Princeton University Press, 2001. 费利克斯·弗兰克福特(Felix Frankfurter, 1882—1965 年),出生在奥地利的维也纳,父亲是犹太商人。他 12 岁时随父母移民美国,1902 年毕业于纽约城市学院,随后进入哈佛大学法学院,他是继路易斯·布兰戴斯之后,在哈佛法学院成绩最好的学生之一。弗兰克福特是美国劳动法方面的著名学者,从 1914—1939 年期间,他是哈佛大学法学院的教授,并是富兰克林·罗斯福总统关于新政措施的非正式顾问。1939 年,罗斯福总统提名他出任最高法院大法官,并被参议院批准,担任大法官直到 1962 年退休。他于 1963 年荣获总统自由勋章。

③ 乔纳斯·爱德华·索尔克(Jonas Edward Salk, 1914—1995 年),美国实验医学家、病毒学家,主要以发现和制造出首例安全有效的脊髓灰质炎疫苗而知名。他出生在纽约的一个俄裔德系犹太移民家庭。虽然他的父母没有受过多少正式教育,但他们决心让儿子获得成功。索尔克在纽约大学医学院时就十分成功,但后来他选择做实验医学家,而不是当一名医生。1955 年索尔克疫苗发明前,脊髓灰质炎是战后美国对公共健康威胁最大的疾病之一。每年流行的情况都越来越严重。1952 年的大流行是美国历史上最严重的爆发。那年报道的病例有 5.8 万人,3145 人死亡,21269 人残疾,多数牺牲者是小孩。参见 O'Neill, William L, *American High: The Years of Confidence, 1945 – 1960*. New York: Simon and Schuster, 1989。

④ 陈有为:《基辛格评传》,世界知识出版社,1980 年版,第 17 页。

（一）弗里茨·古斯塔夫·安顿·克雷默（Fritz Gustav Anton Kraemer）

在军队生涯中，给予基辛格最大帮助的是弗里茨·克雷默。为获得美国国籍，基辛格在1943年参军。在南卡罗来纳州的军营里基辛格获得美国国籍。将基辛格从步兵师的普通士兵举荐到指挥部的是克雷默，在他的帮助下，基辛格成为司令部的德语翻译，又当上盟军德国占领区城镇的行政长官，进入反谍报兵团，成为军事情报学校老师。后来基辛格选择了哈佛大学，也是在克雷默的说服下。克雷默在多本基辛格传记中都被评价为"发现基辛格的那个人"。

家庭情况：弗里茨·克雷默是德国人，路德教徒，比基辛格年长15岁，1908年出生于德国埃森（Essen），是家中的长子。父亲乔治·克雷默（Georg Kraemer）是普鲁士国家检察官。母亲安娜·约翰娜·克雷默（Anna Johanna Kraemer）来自富有的化学品制造商家庭。在德国中部黑森州的州府威斯巴登（Wiesbaden）附近，他们拥有一幢35间房间的大庄园。与基辛格相比，这个德国人的普鲁士贵族般的童年更加衣食无忧。父母都反对希特勒，把希特勒称之为"可怜的波西米亚行尸走肉"。其母亲在自己的庄园建孤儿院，收留基督教和犹太教孤儿，纳粹上台后也仍然坚持。1933年，弗里茨·克雷默与瑞典公民Britta Bjorkander结婚。

教育情况：弗里茨·克雷默先后就读于柏林Arndt Gymnasium、英国伦敦经济学院（London School of Economics）、日内瓦大学和法兰克福大学（University of Frankfurt）。1931年在法兰克福大学获得法学博士学位，1934年在罗马大学（University of Rome）获得政治学博士学位。[1]

人生经历：20世纪30年代，他是国际联盟位于罗马的国联法律研究所的高级法律顾问。因厌恶纳粹执政而在1939年只身离开德国，

---

[1] Hubertus Hoffmann with contributions from Henry Kissinger, Alexander Haig, Donald Rumsfeld, and others, *Fritz Kraemer on Excellence*, New York: World Security Network Foundation, 2004.

但妻子和儿子被纳粹扣留。1943年参军，进入美国第84步兵师。参加了Bulge战役（Battle of the Bulge）和在鲁尔和莱茵兰的战斗（Battles of the Ruhr and Rhineland），获得铜星勋章（Bronze Star）。1945年与在德国的妻子儿子团聚，1947年全家回到华盛顿。1948年离开现役，1963年退休时是陆军中校军衔。50年代早期到1978年，他是五角大楼美国陆军参谋长高级文职顾问，在冷战期间对国防部有一定影响，也是美国国防部长詹姆斯·罗德尼·施莱辛格（James R. Schlesinger）和拉姆斯菲尔德（Rumsfeld）的重要顾问。在美国国家战争学院，他教育并激励了很多美国军人。他是美国军队中著名的"伯乐"，在1944年发现了亨利·基辛格（Henry Kissinger），在1961年举荐了亚历山大·黑格（Alexander Haig）。2003年9月8日，他在华盛顿逝世，被以陆军荣誉仪式安葬于阿灵顿公墓。[1]

性格与价值观：克雷默拥有"雄狮般的嗓音"[2]，其性格可以概括为奔放的、有自豪感的。其价值观受康德·斯宾格勒等欧洲哲学家影响很大。他本人坚决反对纳粹主义和共产主义。他做事讲究原则。基辛格在遇到克雷默之前，遇到的德国人都是出于恐惧而离开德国的，而克雷默是第一个为了坚持自己的信念而离开德国的。克雷默不是犹太人，基辛格对他能够选择自己命运的这种精神印象深刻。[3]

克雷默作为德国人，到美国后一开始并没有受到重用。一次偶然的机会，美国第84步兵师的指挥官亚历山大·柏铃将军（Alexander R. Bolling）[4] 发掘了这个有思想的德国裔士兵，并把他调到师指挥部。拥有两个博士学位的克雷默主动提出要给84步兵师的2800名知识分子士兵做政治动员，让他们懂得为什么要到这里来进行战争。1944年5月，在路易斯安那靶场，克雷默站在吉普车上给士兵讲课，基辛格被克雷默的热情与才华感染，递上纸条："亲爱的克雷默列兵，我听

---

[1] Len Colodny and Tom Shachtman, *The Forty Years War*, New York: Harper&Collins, 2009.

[2] Kalb, Marvin, and Bernard Kalb, *Kissinger*, Boston, Little, Brown & Company, 1974, p. 57.

[3] 陈有为：《基辛格评传》，世界知识出版社，1980年版，第19页。

[4] Michael R. Patterson. "GENERAL BOLLING DEAD; LED INTELLIGENCE; Figured in Army-McCarthy Hearings-In 2 Wars", Arlington Cemetery website, Retrieved September 15, 2011.

了你的演讲。我觉得真是讲到我心里去了。我能帮上什么忙吗？列兵基辛格。"① 克雷默找到基辛格，两人一起讨论了几十分钟，克雷默发现了这个年轻人"急于知道的并不是一些表面事务，而是产生那些事务的根本原因"②，并向指挥部的上尉推荐了基辛格。克雷默不但将基辛格推荐到更广阔的舞台上，而且在基辛格的头脑中引入了伟大的思想家如康德、斯宾格勒、陀思妥耶夫斯基等，让历史与政治哲学成为基辛格的爱好。③ 克雷默与基辛格谈话时坚持用德语，他鼓励基辛格增强自身的德国认同，并坚持让基辛格一定要学习德国历史和哲学。克雷默认为纳粹党人和共产主义者都是野蛮人。在他看来，社会秩序的崩坏极度危险，给极左和极右势力上台以可乘之机。作为路德教徒，克雷默带有强烈的路德式的神圣责任感，他是个实干家，敢于为了理想对抗历史的车轮。④ 克雷默不在乎金钱与地位，当别人称赞他是"发现基辛格的那个人"时，他不屑一顾地回应："我的作用不是发现基辛格！我的作用是让基辛格发现了他自己！"⑤

（二）威廉·雅德尔·艾略特（William Yandell Elliott）

在哈佛的学习和工作中，威廉·雅德尔·艾略特是对基辛格影响最大的人。基辛格在美国陆军获得一枚铜星勋章和两个奖状，军衔至陆军军事情报预备役上尉，当时的文职年薪达到1万美元。克雷默鼓励他回国接受最好的教育，告诫他"大丈夫可不能在纽约本地上大学啊"。⑥ 1947年，基辛格向哈佛提出申请后被录取并获得奖学金。哈佛本科阶段第一年的学习，基辛格获得全A成绩，这使得基辛格有资格选择一位资深教授做导师，基辛格选择了威廉·艾略特

---

① Isaacson, Walter, Kissinger: *A Biography*, New York: Simon & Schuster, 1992, p. 44.
② 陈有为：《基辛格评传》，世界知识出版社，1980年版，第18页。
③ Isaacson, Walter, Kissinger: *A Biography*, New York: Simon & Schuster, 1992, p. 45.
④ Ibid., p. 46.
⑤ Kalb, Marvin, and Bernard Kalb, *Kissinger*, Boston, Little, Brown & Company, 1974, p. 45.
⑥ Ibid., p. 62.

教授。①

家庭情况：艾略特出生于美国田纳西州的墨菲斯堡（Murfreesboro）。哈佛政治学院曾经由两位杰出的知识分子执掌，一个是卡尔·菲德维契（Carl Friedrich），一个是威廉·雅德尔·艾略特。与后者相比，菲德维契是一位更标准的自由主义者，他曾协助联邦德国起草过宪法，而亨廷顿受艾略特的影响更深。艾略特是个在牛津受过教育的南方人，一位有着多年华盛顿经验的保守哲学家，一个被公认为是充满热忱地反对苏联并且厌恶道德相对论的人。

亨廷顿回忆道："艾略特每周一次从华盛顿到波士顿的坎布里奇（Cambridge）辅导研究生。"在那些人中，给亨廷顿留下深刻印象的是他的同时代人亨利·基辛格。"我们眼巴巴地等在办公室外，希望那个学生姗姗走出。因为那段时间是艾略特专门留给他的，那位良师已经看出了他不同凡响的将来。房门打开时，出来的一定是那个肥头大耳的家伙"。

基辛格把他的第一部著作《重建的世界》（1957年）献给了艾略特。那本书描述了梅特涅创造的后拿破仑时代稳定的世界秩序。"基辛格曾告诉我，艾略特并非伟大的理论家，但他是个好老师，他能从你身上看到你所看不到的才能。在我写了一篇关于康德的论文后，艾略特告诉我：'你有一个好脑袋，不过你现在必须读懂一些小说家，例如陀思妥耶夫斯基。'于是我就去读陀思妥耶夫斯基。他就是这样帮助学生成长的"。

第三节 学术偏好：被误读的哲学观

一、被遗漏的康德

基辛格在很多著作中表达了与康德类似的观点。例如，在《论中

---

① Isaacson, Walter, Kissinger: *A Biography*, New York: Simon & Schuster, 1992, p. 61.

国》后记的结尾处，基辛格引用了康德的话，"人类永久和平的实现只可能有两种方式：一种是依靠人类自身的远见，另一种是为了避免巨大灾难的不得已而为之。"基辛格的本科论文也深入探讨了康德的哲学。笔者在撰写这篇博士论文期间，就基辛格的哲学观与多位国内外学者进行了讨论，其中包括与哈佛大学法学院国际法教授 Noah Feldman。在 2013 年 3 月 21 日于上海国际问题研究院的交流中，Feldman 教授对《论中国》的后记中基辛格引用康德的话表达了质疑的态度，他认为"一个现实主义者居然在自己著作的末尾引用康德的语言是非常讽刺的"。与 Feldman 教授持相同观点的学者并不在少数，由于他们将基辛格定义为一个现实主义的代表人物，所以他们认为基辛格更接近斯宾格勒的历史悲观主义，而不是康德的理想主义。实际上，基辛格的哲学观是复杂多面的，他的许多著作展现了这种复杂，其中最具代表性的是他的本科论文《历史的意义》①。经过分析可以发现，基辛格的思想实际是介于斯宾格勒与康德之间。在情怀上，基辛格更接近康德，但为了实现康德精神中的理想，基辛格不得不用斯宾格勒般的残酷与冷静进行平衡。

康德与斯宾格勒对和平有着截然不同的看法。斯宾格勒认为：世界上只有个人的历史，因而也只有个人的政治。斗争的是个人而不是原则，是种族品质而不是理想，因为执政的权力就是一切……统治者的方法很少因此而有所改变，被统治者的地位则根本不会改变。甚至所谓的世界和平，其存在的每一种情况，也不过是全体人类在少数决心要掌权的强者所强加的统治之下的一种奴役状态。② 康德认为几乎很难区分正义的战争与非正义的战争。自然状态之下的人类社会并不存在超越国家的法规与裁判之所，国家为实现自身的权力不得不依靠战争这一不得已的、可悲的形式。很难断定战争的双方谁是正义、谁是非正义，事实往往是成王败寇。③

---

① Henry Kissinger, "*The Meaning of History: Reflections on Spengler, Toynbee, and Kant*", Undergraduate Honor Thesis, Thesis-microfilm, Harvard University Archives, 1950.
② ［德］康德著，何兆武译：《历史理性批判文集》，商务印书馆，1990 年版，第 413 页。
③ 同上书，第 102 页。

斯宾格勒的历史悲观主义认为：政治家的主观能动性是极其有限的。政治家的能力极限只能是成为一个园丁——园丁只能认识并帮助植物按照它们本来的样子和节奏生长，而无法改变它们的花朵和果实，甚至颜色。他写道：什么是政治？政治是关于可能的艺术。园丁从种子得到一种植物，或者他改良那植物的品种。他能使隐藏在植物里的倾向——它的颜色、它的花和果实发展出来，他让它盛开或使它凋谢。植物的长成和整个命运，皆有赖于园丁对各种可能性——因而也是各种必然性——的洞察力。但是，其存在的基本形式和方向、速度及方向，都不是园丁所掌控的。植物必须自己完成这些事项，然后枯萎凋谢。这对于我们称作"文化"的巨大植物和与其形式世界相关联的人类家族的存在之流也是一样的。伟大的政治家即是一个民族的园丁。①

斯宾格勒进而在这种悲观的决定论的基础上，生发出一种无情。

该如何从事政治呢？天生的政治家首先是一个评价者。他具有不加犹豫的、直截了当的、总揽全局的"眼力"……他的这种才能与理论家的恰恰相反……务实的人是不会冒险去实施感情政治或谋划好的政治的。他不会相信空洞的大话。天生的政治家置身于真伪之外。他不会把事件的逻辑同体系的逻辑混淆在一起。"真理"或"错误"——在此其实是一回事……他当然有他所珍视的信念，但他是作为一个私人具有这种信念；一个真正的政治家在行动时，从不会觉得自己要受这类信念的约束。② 斯宾格勒紧接着举例子说：伟大的教皇和英国的政党领袖，只要他们还渴望支配一切，他们的行动原则就和所有时代的征服者与暴发户是一样的。若是不这样做，也就不会有任何教会能够持久存在，更别说英国的殖民地、美国的富豪、获胜的革命遗迹及与此相关的一般国家、政党或民族。那迷于当局的是生命，而非个人。③ 谁相信其时代表面的东西，如舆论、夸夸其谈和理想，谁就没有处理时代时间的能力。政治家受时代的支配，而不是事件受

---

① ［德］康德著，何兆武译：《历史理性批判文集》，商务印书馆，1990 年版，第 417 页。
② 同上书，第 414 页。
③ 同上。

他支配。政治人物切不可从过去寻找量度的标尺！更不可为了这样那样的体系去走捷径！① 真正的政治家是历史的化身，他通过个人的能动意志体现出历史的方向性和内在逻辑。

一个政治家——甚至一个地位特别稳固的政治家——对政治的方式所具有的影响力是微乎其微的，高水平的政治家的一个特征，就是他在这个问题上不会自欺欺人。他的任务，就在于生存于所发现的历史形式中并利用这一形式进行工作；只有理论家才会热情地寻求更理想的形式。②

在策略层面，基辛格是相信并遵循斯宾格勒的忠告的，用一种历史的情怀和远见，在更宏大久远的时空里，审视社会，洞悉本质。基辛格不是没有理想，而是站在更高远的历史视角下，重新定义理想和现实。基辛格在行政的具体操作层面，吸收了斯宾格勒提供的丰富的养分。基辛格认为，（对于选举和出版）政治家可以随意看待它们，可以尊重它们，可以藐视它们，但必须掌握它们。巴赫和莫扎特就掌握了他们时代的音乐手段。在一切领域中，这是掌有主动权的标志，治国之才也不例外。现在，在政治领域中，那些公开的、可见的外部形式并不是本质的形式，而仅仅是伪装，因而可以被改变、被理性化、被写成宪法的条文——而它的现实性并不必因此受到一丁点的影响——而故，一切革命者的野心得以在历史的表面上玩弄权力、原则和选举权的游戏。但是，政治家深知，跟操控投票的技术比较起来，选举权的扩大与否根本就不重要。③

基辛格讨论了学者的道德与政治家的道德的不同："学者更像是离开现实政治的局外之人，他们往往习惯于用抽象的思维来评判，从绝对的观念出发来考虑问题。与之不同，政治家没有这样幸运，他们不能这般置身事外。在现实政治中，一个政治家要实现一个伟大的正义的目标，往往要通过数个不同的步骤。其中的每一个步骤的具体政

---

① ［德］康德著，何兆武译：《历史理性批判文集》，商务印书馆，1990年版，第415页。
② ［德］奥斯瓦尔德·斯宾格勒：《西方的没落》，上海三联书店，2006年版，第418页。
③ 同上书，第418—419页。

策却不一定都那么伟大而正义。一个学者,只要他的学术著作与思想经得起推敲便可,而一个政治家,不但要看他倡导何种政策,更要看他的政策是否最终得以实施。一些伟大的政策使人类避免了灾难或至少是可怕的后果,但普通人未必能够体会得到。政治家必须像学者那样,用理性指导政策,但为了让这些理性正义的政策得以最终实施,他们不得不直面现实中黑暗的一面,并采取果断的行动。历史有时候往往在必然性和偶然性之间犹豫徘徊,这个时候就需要政治家的决断力,在关键的历史时刻做出果断的选择,从而引领人们创造未来。政治家不能被动地等待着历史必然性自动产生作用,这是一种丧失责任感的行为,他们必须发挥人类自身的知觉、灵感、远见与判断力。追溯历史,人类正是依靠这些能动的意志的力量才走到了今天。政治家必须拥有这样的勇气,并不断与制度中的惰性作战。"[1]

但基辛格接着强调,这并不意味着政治家可以放弃道德。政治家仍应坚持一种理想。在基辛格的博士论文《重建的世界:梅特涅、卡斯尔雷与和平问题,1812—1822》与后来发表的《大外交》中,通过对梅特涅与卡斯尔雷的比较,基辛格进一步阐述了他介于康德与斯宾格勒之间的复杂多元的哲学观。

二、被标签化的梅特涅

基辛格在《重建的世界:梅特涅·卡斯尔雷和1812—1822年间的和平问题》、《大外交》等多部作品中,花费大量篇幅描绘梅特涅及梅特涅时代的外交体系,字里行间透露出敬佩之意。梅特涅被一些中国和美国学者认为是个反动的历史人物,一心只想恢复老欧洲的保守秩序。因此,有人将基辛格对梅特涅的推崇推导为基辛格对保守的推崇。这个推导在逻辑上是不严谨的。举例来说明这个逻辑的错误:就如同杭州有西湖,但不能因为有人喜欢杭州就必然推断出他也喜欢西湖,

---

[1] [美] 亨利·基辛格著,陈瑶华等译:《白宫岁月》,世界知识出版社,1980年版,第70页。

因为他喜欢杭州的原因可能不是西湖，而是灵隐寺。在逻辑上，前者对于后者，既不是充分条件，也不是必要条件。在意大利女记者奥丽亚娜·法拉奇（Oriana Fallaci）对基辛格的采访中，当法拉奇问基辛格有没有马基雅维利主义时，基辛格借机澄清了他对梅特涅的看法。基辛格回答说："丝毫没有。当今世界可以被接受和利用的马基雅维利的东西很少，我只是对马基雅维利怎样来考虑君主的意愿感兴趣。如果你想知道谁对我的影响最大，我可以告诉您两位哲学家的名字：斯宾诺莎和康德。您把我与马基雅维利联系在一起有点奇怪。人们更多地把我与梅特涅连在一起，但这也是幼稚可笑的。关于梅特涅，我只写过一本书，那是关于19世纪国际秩序的建立和瓦解的一系列书中的第一本，这套书我准备写到第一次世界大战为止。情况就是这样，我与梅特涅不可能有共通的地方。他是首相兼外交大臣，在他所处的时代，从欧洲中部去别的大陆至少要花三个星期。他当首相和外交大臣的时候，战争是由职业军人操作的，而外交掌握在贵族的手里。他那个时代和今天的世界相比，既不存在相同的领导集团，也不存在相同的国情和文化，对这两个不同的时代怎么能相提并论呢？"[1]

基辛格认为：梅特涅对他的祖国奥地利和他心中的天下——"欧洲"都有着高远而博大的情怀。

基辛格相信梅特涅也推崇国内正义，但他认为应采取温和渐进的手段理性地推动。梅特涅认为体制的演进是缓慢的，他不相信权利可以通过立法来创造。"权利"是自然存在的东西。权利如果需要保障，那便说明权利还没有真正存在。宪法和法律对权利的规定仅仅是技术层面的问题。宪法和法律自身并不能带来权利。[2] 君主的命令也至多是对权利的背书，而无法创造权利。

基辛格相信梅特涅有着欧洲视野与欧洲情怀。梅特涅17岁才定居奥地利，爱说法文甚于本国的德文。[3] 他并不仅仅是站在奥地利的立

---

[1] Fallaci, Oriana, "Kissinger: An Interview", *The New Republic*, Vol. 16, December 1972.

[2] ［美］亨利·基辛格著，顾淑馨等译：《大外交》，海南出版社，1998年版，第75—76页。

[3] 同上书，第76页。

场来看欧洲的事务。1842年，梅特涅在写给威灵顿将军的信中说："长久以来，欧洲对我有如祖国。"① 当许多人对梅特涅的义正词严不以为然的时候，基辛格却认为："伏尔泰和康德应该能理解他的看法。身为启蒙时期的产物，却发现自己被拖进一场与本性不合的革命斗争中，又成为一个四面楚歌但国体难改的国家的首相。"② 基辛格认为梅特涅内心是闪耀着启蒙思想的光辉的，但梅特涅强调要让整个社会接近这些美好的终极目的，只能采取中庸务实的态度，天真的空谈并无帮助。梅特涅说："经不起考验的高调，如保卫人类文明，无从产生实际行动。"③ 秉持这种态度，梅特涅得以使自己不致随波逐流。

以上梅特涅所持的观点，深深地根植于他的成长背景。梅特涅成长的时代正是法国大革命的时代，以高唱人权为始，却以恐怖统治为终。这一点与基辛格孩童时代的经历有某些相似之处。纳粹对犹太人的迫害让基辛格失去了许多亲人，并在年幼时便逃离故乡移居美国。1944年，作为美国陆军第84步兵师G连的一名士兵，基辛格回到德国故乡进行清肃任务。基辛格并没有复仇，他认为："如果种族清洗对犹太人来说是个坏事，那么对德国人而言也是如此，这么想可能让我的家人沮丧。但你不能把责任推给整个德意志民族。"④ 此后基辛格的一系列行为也证实了他不但是这么说的，也是这么做的。1945年6月，22岁的基辛格被任命为一支反谍报支队的指挥官，清剿残余纳粹分子。在这块曾经鄙视犹太民族的土地上，基辛格现在拥有了生杀大权。但他在行动中避免表露任何仇恨情绪，还主动矫正犹太裔美国军官拿德国人出气的行为。⑤ 后来在哈佛大学求学期间，基辛格强烈反对建立以色列国，他说那样会疏远阿拉伯国家并危及美国利益。⑥ 在成为国家安全事务助理时，基辛格的行为也没有表现出任何复仇的倾向。对于纳粹的兴起和犹太人所遭受的悲剧，基辛格一直以来认为这

---

① [美] 亨利·基辛格著，顾淑馨等译：《大外交》，海南出版社，1998年版，第77页。
② 同上。
③ 同上。
④ Isaacson, Walter, Kissinger: *A Biography*, New York: Simon & Schuster, 1992, p. 29.
⑤ Ibid., p. 34.
⑥ Ibid., p. 40.

是凡尔赛体系铸就的错误。基辛格在《诠释歌德》一文中引用歌德的名言表明这一点："如果我必须在公正但混乱和不公正但秩序井然之间二选一的话，我一定会选择后者。"① 在《重建的世界：梅特涅、卡斯尔雷与和平问题，1812—1822》一文中，基辛格写道："梅特涅外交哲学的复杂迂回反映了一个基本定律——自由离不开权力，自由源于秩序。"②

基辛格认为：梅特涅恢复欧洲秩序主要靠的是价值观外交辅之以温和中庸的手段。没有共同价值观的赤裸裸的权力均势是脆弱的。③

拿破仑的铁蹄搅动了欧洲，当他在滑铁卢被彻底击败之后，重建欧洲秩序变得非常急迫。维也纳会议之后，欧洲经历了长达40余年的持久和平。一般认为，这种秩序主要源于均势（各国权力的均衡）。但基辛格认为，这种国际秩序维持的力量恰恰不在于权力，而在于共同的价值观。④ 换而言之，维也纳体系下的秩序，并不仅仅是因为"均势"降低了各国发动战争的能力，而是因为共同的价值观和道义诉求降低了各国发动战争的意愿。基辛格进一步指出，如果仅仅是靠力量的均势，无法实现国际秩序，因为"国际秩序若被视为不公正，迟早会受到挑战"⑤。基辛格随即列举了凡尔赛和约后的均势因缺乏共同价值观而迅速瓦解的根源，即"胜利者在处置战败的敌人以及设计和平方案时，心态必须由获胜所必须有的奋战到底的精神，调整到为达成持久和平所需要的妥协求全。惩罚性的谋和对国际秩序无益，因为它会使战争期间实力已大肆消耗的战胜国，还需要负责压制战败国对和约的不满、决心抑制到底的反弹。凡有不服的国家几乎必定可以

---

① Isaacson, Walter, Kissinger: *A Biography*, New York: Simon & Schuster, 1992, p. 53.
② Ibid., p. 161.
③ 周一骏："中国行为的根源——《大外交》与《论中国》中隐藏的逻辑"，《学理论》，2013年第11期。
④ 基辛格在《大外交》中认为："矛盾的是这国际秩序以均势为号召的程度可谓空前绝后，然而其维持的力量却不在于权力。造成此种独特的国际态势的部分原因，其均势构建得极佳，要集结足以推翻它的庞大势力极为困难。但最重要的因素在于欧陆国家是因为共同的价值观而结合在一起。各国不仅在有形的力量上均衡，在道义上亦处于均衡状态。权力与正义取得相当的协调。权力均衡降低诉诸武力的机会；共同的价值观则降低诉诸武力的欲望。"
⑤ [美] 亨利·基辛格著，顾淑馨等译：《大外交》，海南出版社，1998年版，第70页。

找到不满的战败国为盟友。"① 基辛格认为维也纳会议与第二次世界大战的胜利者一样,都构建了一个各方可接受的价值观基础,避免了凡尔赛和约的错误。梅特涅的功绩之一,就是以高明的外交手法构建更高远的共同价值观,让各大国在此框架下求同存异。基辛格引用了塔列朗的表述:"唯有若干大国秉持中庸及公正之精神,此一平衡始得以持续。"②

基辛格认为,梅特涅构建这一共同价值观的关键词是"正统原则",承载这一共同价值观的容器是"神圣同盟"。圣神同盟由沙皇亚历山大一世提出,梅特涅将亚历山大一世的设想由草案转变为现实的神圣同盟,用宗教巨大的精神感召力激发缔约国维持欧洲秩序的共同使命感。欧洲各国在某些层面相互竞争,唯有找到一个共同价值才能让各方将局部的竞争置于对影响体系稳定的事务上的协调一致之下。

基辛格认为,梅特涅运用"正统原则"作为共同价值,并非因为梅特涅本人反动保守,而是宗教正统原则是当时唯一可供选择的粘合剂,是唯一可以为各国君主找到的道德上的"最小公约数"。而实际上(如前一段所述),梅特涅是有启蒙主义情怀的,他本人并不天性守旧。当时的情况是,欧陆各国的统治者均以君权神授为政权合法性的基石。但在梅特涅为各位皇帝找到这个共同价值基石以前,各个君主不但没有因为各自的神授君权而合作,与之相反,却往往由于各自对神授权力的自豪感而征战不断。共和政体的拿破仑法国对欧洲秩序的毁坏为各国君主建立共同价值观提供了催化剂。

梅特涅时代的奥地利在实力上非常式微,邻国普鲁士、俄国还有法国都对奥地利虎视眈眈。梅特涅无法依靠奥地利的物质实力达成均势,因为从根本上说,奥地利的实力与邻国根本就不均衡。梅特涅唯一可以运用的是道德共识这一"软工具"。梅特涅说服邻国的君主,让他们相信,革命所带来的意识形态上的危险,远远大于地缘政治上他们乘机攫取奥地利部分领土的收益。例如,亚历山大一世始终无法

---

① [美]亨利·基辛格著,顾淑馨等译:《大外交》,海南出版社,1998年版,第72页。
② 同上书,第73页。

忘怀自己的伟大使命，期望成为欧洲事务的仲裁者，并彰显其功德。梅特涅看透了亚历山大一世注重形式的性格特点①，尊重亚历山大的这种情愫，满足他的心理，在外交实践上成功地把沙皇的这种宗教狂热由对奥地利的威胁变成了对奥地利的保障。梅特涅将自己深怀戒心的俄罗斯变成了基于保守利益而结合的朋友。基辛格这样描述：梅特涅以为对俄国的问题不在于如何防范其侵略野心，因奥国对此力不从心，而是如何缓和此种野心。

在克里米亚战争中，梅特涅的继任者波义伯爵（Count Buol）没有意识到共同价值观基础的重要性，用看似符合国家利益的短视行为摆脱了价值观的束缚。于是，既然奥地利背弃了共同价值观，那么俄国也不必戴着共同价值观的枷锁，于是立刻依据地缘政治的取舍来制定本身的政策。"（这种行为）解放了昔日神圣同盟的盟国俄国、普鲁士，任这贪得无厌的两国毫无顾忌地追求其国家利益"。② 在民族主义的看似符合国家利益的大旗下，奥地利放弃了其生存所仰仗的欧洲各国共同维护的政治正统原则，陷入一场毫无胜算的纷争。

基辛格并不认为自己是一个现实主义者，因为他从根源上就认为将理想主义和现实主义割裂的二分法在国际政治实践中是陈词滥调。"美国的外交政策究竟应该以什么为准，价值观还是自我利益？理想主义还是现实主义？真正的挑战在于把二者合二为一"。他认为"政治家才能的最大体现是一种平衡。在价值（value）与利益（interest）之间的平衡，在和平与正义之间的平衡。很多人就不懂得这种平衡的巨大价值，他们理所当然地认为道德与利益是水火不容的，理想主义与现实主义是无法调和的。在现实的国际政治面前，这种思想是陈旧落后的，无法解决实际问题。真实的世界并不是这样泾渭分明的。现实主义如果走到极端，就丧失了人类理性的创造力；而另一方面，理想主义如果走向极端，就会引发宗教圣战一般的狂热，最终因脱离现实而遭受失败。

---

① ［美］亨利·基辛格著，顾淑馨等译：《大外交》，海南出版社，1998年版，第78页。
② 同上书，第84页。

综上所述，基辛格在《重建的世界：梅特涅、卡斯尔雷与和平问题，1812—1822》、《大外交》等著作中推崇梅特涅，其实是用过去的人们对梅特涅的误解来类比现在的人们对基辛格的误解。简单地认为基辛格是一个信奉均势的冷血的现实主义者，这是不客观的。

第六章 结论

  国内现有的大部分基辛格研究，是在"基辛格是现实主义代表人物"这一预设主线的指导下完成的。研究的主要成果是对基辛格外交思想的收集和整理。目前，国内这种类型的学术成果很多，其中最全面的是南京大学历史学博士龚洪烈在 2009 年出版的《基辛格的外交思想与战略》一书。这一成果为日后的基辛格研究打下了坚实的基础。这些成果的资料收集与整理为《重新思考基辛格》一书的研究提供了可能。

  本书并不致力于完成一本更详尽的"基辛格全集"或更宏大的"基辛格思想百科全书"，而本书的研究目标是寻找基辛格外交思想的本质，发现那条贯穿基辛格外交思想的主线。设定这样的研究目标的还有基辛格博士本人。在他的博士论文《重建的世界：梅特涅、卡斯尔雷与和平问题（1812—1822）》以及后来的《大外交》中，基辛格并不致力于搜集最全面的史实和最详尽的资料，他的研究目的是帮助人们获得那一段历史中重要外交人物（如梅特涅、卡斯尔雷、俾斯麦）的外交思想的本质。但这种尝试最大的局限是不可避免地带有一定程度的主观性。

  本书试图完成的研究任务是艰巨的，但笔者理论功底存在许多不足之处。书中很多论证是实验性的，而且本书还包含着对国内基辛格研究学术前辈的成果的一些探讨，其中许多稚嫩的观点与前辈们不尽相同，研究方法也有所区别。但是，向学术前辈们的研究成果致敬的最好方式，并不是完全赞同他们的观点和方法，而是在他们研究成果的帮助下，推进对基辛格外交思想的认知。爱因斯坦的相对论打破了经典力学，但这恰恰是对艾萨克·牛顿最崇高的致敬，而且这永远无法改变爱因斯坦是站在牛顿的巨人之肩这一事实。

第一节　本书的主要结论

本书用作为现实主义理论硬核的物质本体论及其衍生出的基本假说，检验了基辛格外交思想。结果发现基辛格在数篇学术论文[①]中，均明确表达了对现实主义基本假说——单一国家假说和理性国家假说的突破。从而，本书质疑了现实主义国际关系理论对基辛格外交思想的概括力和解释力。在检验过程中，基辛格外交思想体现出了某些观念本体论的特点。进而本文将同样采取观念本体论的建构主义国际关系理论与基辛格外交思想进行比较，结果发现二者在本体论、认识论、方法论上都有相似之处。不仅如此，基辛格的外交思想在观察国际秩序时还得出了与温特的建构主义中的康德、洛克、霍布斯三种文化的无政府状态非常相似的结论。[②]

然而，虽然基辛格的外交思想与建构主义国际关系理论有着很多相似之处，但二者却存在本质的不同。建构主义强调单一的观念本体论，现实主义强调单一的物质本体论，而基辛格同时强调物质的基础作用和观念的巨大能动作用。更重要的区别是，基辛格认为，在人类某个历史阶段的现实国际政治中，物质与观念哪一个作为本体，哪一因素起决定性作用，不是固定的，而是随着人类技术条件的变化而不断调整的。基于不同阶段的人类技术现实，国际政治中的本质因素会呈现出不同的情况（比如，在霍布斯式的国家秩序中，物质实力起决定性作用；在19世纪，物质实力与合法性同样重要；而在核武器与现代通讯时代，改变对方观念更为重要）。概而言之，基辛格外交思想采用的是一种物质、观念双重本体论，这两种本体哪一种起决定作用

[①] 主要有《国内结构与对外关系》、《选择的必要》、《大外交》等。
[②] 详见本书第三章第一节第二目"基辛格外交思想与建构主义的相似观点"的论述。

是一个动态过程。基辛格外交思想的各个有机部分，都是在这种选择性双重本体论的基础上展开的。基辛格外交战略的相对位置示意图见图5—1，基辛格基于"选择性双重本体论"的外交战略示意图见图5—2。

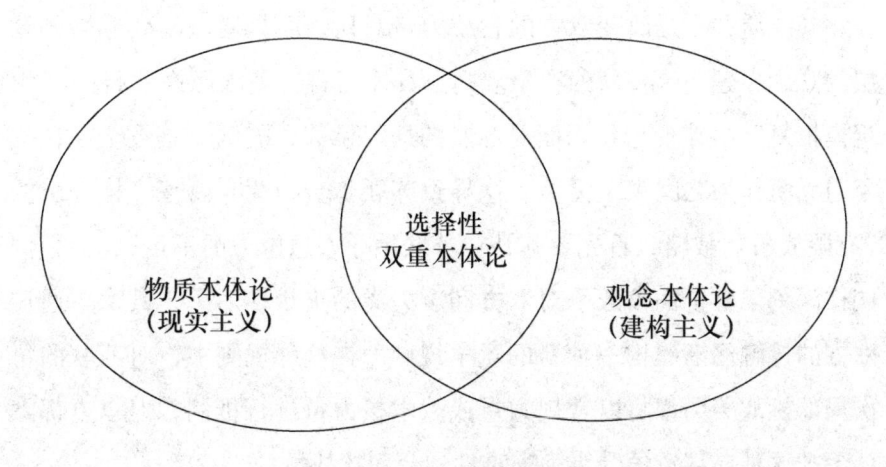

图5—1 基辛格外交战略的相对位置

（维恩图：物质本体论（现实主义）∩ 选择性双重本体论 ∩ 观念本体论（建构主义））

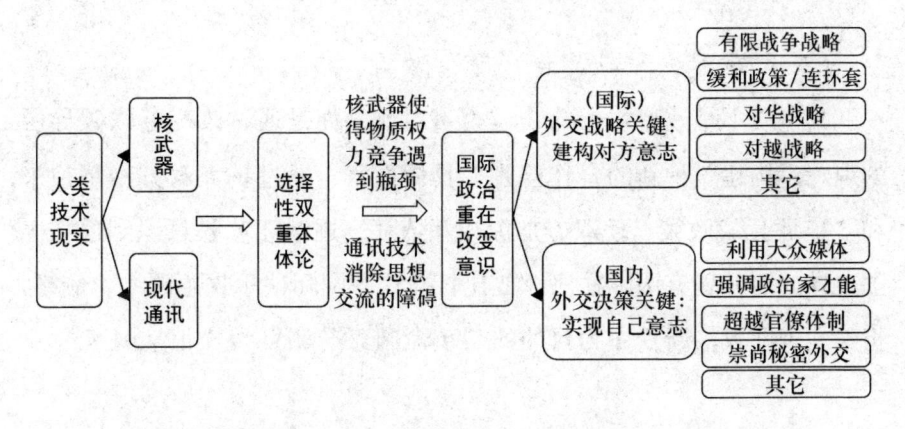

图5—2 基辛格基于"选择性双重本体论"的外交战略体系

流程图：人类技术现实 → 核武器、现代通讯 → 选择性双重本体论（核武器使得物质权力竞争遇到瓶颈；通讯技术消除思想交流的障碍）→ 国际政治重在改变意识 → （国际）外交战略关键：建构对方意志 → 有限战争战略、缓和政策/连环套、对华战略、对越战略、其它；（国内）外交决策关键：实现自己意志 → 利用大众媒体、强调政治家才能、超越官僚体制、崇尚秘密外交、其它

基于选择性双重本体论，基辛格外交思想的有机体系又主要分为国际和国内两部分。国际部分主要内容是讨论"对外政策的本质目标是什么？"，国内部分主要内容是讨论"对外政策外应该如何制定？"

一、国际部分

核时代的国际政治的最重要目标，已经不再是改变"硬件"——

对方的物质权力，而是改变"软件"——国际社会的游戏规则及对方的观念。

（一）对苏有限战争战略

其本质并不是改变双方的物质力量对比，而是通过改变苏联领导层的观念，建构一种新的竞争规则。具体而言，美国原来实行的"大规模报复"战略使得每当面对苏联的局部挑战，美国总是在全面核战争与无所作为之间束手无策。这导致苏联步步为营。而基辛格提出的"有限战争"战略，首先要弥补"苏联领导人想象力的不足"，让他们同样深刻了解全面核战争对双方和全人类的灾难性后果；其次要通过双方的接触逐渐建构一种新的竞争规则。在这种规则中，对苏联的每次局部挑战美国都将以常规力量或战术核力量进行抵制，但双方都默认不把这种局部竞争升级为灾难性的全面核战争。

（二）对苏缓和与"连环套"政策

其本质不是改变双方的物质力量对比，而是通过改变苏联领导层的观念，构建一种新的合作规则。具体而言，通过扩大双方经济往来和"连环套"政策，使双方加深相互依存，逐渐让苏联意识到遵守美国主导的西方现有国际秩序，要比打破这一国际秩序收益更大。最终，将建立国际政治新秩序为目的的"革命国家"驯良为"正常国家"。

（三）对华政策

其本质与对苏政策类似，是改变中国的意识，将中国拉入美国主导的既有国际秩序。但与对苏战略不同的是，基辛格分析了中国的特殊性——中国虽然是共产主义国家，但中国也是五千年传承的古国，带有古老中国的"价值观基因"。这是一种内敛的、非侵略性的基因，是与苏联的截然不同的。因此，虽然中美存在意识形态分歧，但在"价值观基因"这一更深更基础的"意识形态"上，中美的冲突性并不明显，有合作的可能。

（四）越南战争

其本质不是一场物质的战争，而是一场人心之争。从越南战争的微观层面来看，越南战争的关键在于，哪一方能够赢得南越普通居民的人心；从宏观层面来看，越南战争在美国的全球战略中象征着美国的信用。盟国与美国的关系恰恰建筑在这种信用之上。

通过对基辛格具体外交政策的分析，可以发现其核心目的都不是改变物质力量的对比，而是改变对方的意识。

二、国内部分

在现代通讯技术时代，在国家内部制定外交政策的最大挑战是，如何让那些符合现实却"超越民众认知能力极限"的外交决策尽可能地突破阻碍并得以实施。基辛格之所以崇尚秘密外交、利用大众媒体、厌恶官僚体制，都是为了这个目的。

第二节 结论引发的思考

外交思想是为实践而生的。爱德华·哈莱特·卡尔在《20年危机（1919—1939）》一书的开头直截了当地写道：研究国际政治必须学以致用。[①] 延续这种积极的逻辑，我们对基辛格的研究也应该寻找一个务实而不飘渺的目的——诸如"为了更深刻地理解基辛格"，"更系统地研究基辛格思想"等，都不足以成为研究基辛格的有效目的。学以致用，对基辛格研究的目的应该是"资治"，应该是改进中国的外交实践。这篇论文的结论——选择性双重本体论，并不是本次研究的终

---

① 爱德华·卡尔认为："为思想而思想的作法实属反常，而且不会有什么结果，就像守财奴为敛财而敛财一样。"提高健康水平的目的催生了医学，建造桥梁的目的创立了工程学，人们消除政体中恶疾的愿望激励和促使他们建立了政治学。

结，而是以下思考的开始。

一、中美关系的未来

基于本书的讨论，在热核武器时代的中美关系中，中美双方都必须认识到两点基本事实：第一，在当前技术背景下，中美两国中某一方取得暂时的、局部的物质实力优势（特别是军事实力优势）是可能的，但基于双方相互确保摧毁的现实，这种优势的实际意义是有限的；第二，在中美双方的竞争中，如果任何一方把终极战略目标设定为使对方长期处于悲惨境地（如同第一次世界大战后凡尔赛和约下的德国），其后果都将是诱发失败方在未来的复仇，并引发全人类的灾难。

从这个意义上来说，基辛格对未来中美关系表现出的积极态度，并不是因为他对中国的友好，而是出于他对以上两个基本事实的深刻认知。此外，"基辛格对中国是否友好"这个变量，在他的外交思想中是不重要的。因为事实证明虽然基辛格缺乏对苏联的好感，但他认识到美国无法将苏联从地球上抹去，因此维护世界秩序的最安全方式不是在物质力量上完全削弱对手，而是通过改变对手的意志，让敌人不再拥有敌对的意愿，最终和平相处。基辛格的个人好恶相比他基于选择性双重本体论之上的外交思想是次要的因素。

基辛格在《美国需要外交政策吗?》修订本中专门新增了关于"9·11"的判断。基辛格对"9·11"的本质的看法是，这给冷战后的世界各国提供了一个真实的合作意愿，也为中美提供了真正的合作意愿。这是一种基于选择性双重本体论的、注重观念本体的外交思想。而与此同时国际关系学界还存在另一种观点，认为"9·11"使得美国将精力用于反恐而无暇顾及中国，中国可以利用这段时间发展自己赶超美国。这一思想是建立在单一物质本体论之上的现实主义思维，强调的是物质实力的重要性。

二、人类的未来

核武器和现代通讯技术，给人类带来了被迫的自我克制之下的和平。在这样的技术条件下，二战结束以来人类再没有爆发全球性的战争。但是，正在发生的新的技术革命却正在将人类带向一个史无前例的危机四伏的时代。随着技术的发展，在可以预见未来，人类社会极有可能出现两个新的现实：第一，互联网和3D打印等新技术使得包括核武器制造在内的危险技术扩散，随之带来的后果是个人与非政府组织破坏力的增强（甚至达到某个个人就可以对全球造成灾难性后果的程度）；第二，人类社会的脆弱性进一步增强。①

在这样的新技术现实之下，中国和美国这两个世界上最大的国家，肩负着全人类的希望。今天的国际关系理论将无法适应明天的现实。根据选择性双重本体论，中美两国将不得不发展出新的国际关系理论来应对未来的挑战。

基辛格在《论中国》后记中引用了康德的话："人类永久和平的实现只可能有两种方式：一种是依靠人类自身的远见，另一种是为了避免巨大灾难的不得已而为之。"②

我们现在正处在这样的关头。

---

① 参见本书第五章第一节第三目"现代社会的脆弱性与相互依存"的具体论述。
② ［美］亨利·基辛格著，胡立平等译：《论中国》，中信出版社，2012年版，第518页。

访谈者名单及简介

本书采取了访谈的重要形式,访谈了与基辛格研究有关的一些学者和人士。

(按采访时间顺序)

J. Stapleton Roy(芮效俭)

访谈者简介:前美国驻华大使、前美国助理国务卿、曾任伍德罗·威尔逊中心基辛格研究所主任;中国问题专家

访谈时间:2012.4.20 9:00 – 10:30

访谈地点:浦东机场候机大厅

访谈主题:基辛格外交思想的硬核

J. Stapleton Roy (born 1935) was a senior United States diplomat specializing in Asian affairs. A fluent Chinese speaker, Roy spent much of his career in East Asia, where his assignments included Bangkok (twice), Hong Kong, Taipei, Beijing (twice), Singapore, and Jakarta. He also specialized in Soviet affairs and served in Moscow at the height of the Cold War. Ambassador Roy served as Assistant Secretary of State for intelligence and research from 1999 to 2000.

Roy is currently Vice Chairman of Kissinger Associates, Inc., Chairman of the Hopkins-Nanjing Advisory Council established to assist Hopkins' in its partnership with Nanjing University that jointly manages the Hopkins-Nanjing Center (a graduate degree granting institution on the Nanjing University campus in Nanjing, China), and a director of ConocoPhillips and Freeport-McMoRan Copper & Gold Inc. He is also a trustee of the Carnegie Endowment for International Peace and Co-Chair of The United States-Indonesia Society (USINDO). Roy's assessments of trends in China and U. S. – China relations are in great demand.

Noah Feldman（偌厄·费尔德曼）

访谈者简介：美国哈佛大学国际法教授
访谈时间：2013.3.21 14：00 – 16：00
访谈地点：上海国际问题研究院
访谈主题：基辛格的理想主义

Feldman grew up in Boston, Massachusetts, where he attended the Maimonides School. He graduated from Harvard College in 1992 and earned a Rhodes Scholarship to University of Oxford, where he earned a D. Phil in Islamic Thought in 1994. Upon his return from Oxford, he received his J. D., in 1997, from Yale Law School, where he was the book review editor of the Yale Law Journal. He later served as a law clerk for Associate Justice David Souter on the U. S. Supreme Court. In 2001, he joined the faculty of New York University Law School (NYU), leaving for Harvard in 2007. In 2008, he was appointed the Bemis Professor of International Law.

He worked as an advisor in the early days of the Coalition Provisional Authority in Iraq following the 2003 invasion of the country. While his initial work, under Jay Garner, was unfocused, he was authorized, under Paul Bremer's transitional team to help formulate the country's new constitution. However, what role if any he played in formulating the country's new constitution has not been established. It is not clear that he played any significant part in this constitutional work because his advisory role ended shortly after it began; whether he quit or was fired has never been made clear. He is a senior adjunct fellow at the Council on Foreign Relations and regularly contributes features and opinion pieces to The New York Times Magazine and Bloomberg View columns. He is fluent in Hebrew, Arabic, and French, besides English.

Christopher Nixon Cox（克里斯多夫·尼克松·考克斯）

访谈者简介：普中斯邦大学毕业，美国前总统尼克松的外孙；2013 年 5 月率团访华，重走当年的"破冰战线"

访谈时间：2013.5.09　15：40－16：00

访谈地点：上海国际问题研究院

访谈主题：美国民众对尼克松与基辛格的现实主义定位

Christopher Nixon Cox（born 1979）is a lawyer based in New York. He is the son of Tricia Nixon Cox and Edward F. Cox. He is the grandson of Richard Nixon, the 37th President of the United States and Pat Nixon, the 44th First Lady of the United States.

Kathleen Troia McFarland（凯瑟琳·麦克法兰）

访谈者简介：基辛格任职时期国安会官员、五角大楼发言人

访谈时间：2013.5.09　15：30－15：45

访谈地点：上海国际问题研究院

访谈主题：尼克松、基辛格推动美国与中国建交的根本目的

Kathleen Troia "KT" McFarland（born 1951）is an American communications consultant. She served as the Deputy Assistant Secretary of Defense for Public Affairs under President Ronald Reagan from 1982 to 1985. She also served as a speech writer to Defense Secretary Caspar Weinberger, ran unsuccessfully for the US Senate Republican nomination in New York in 2006 and is currently a Fox News contributor on foreign policy and national security issues.

McFarland is a graduate of George Washington University. Her government career began while she was a freshman at George Washington University, working part-time in the White House Situation Room typing the President's Daily Brief. She spent seven years in the West Wing of the White House, working her way up to become a key member ofHenry Kissinger's National Security Council Staff. After the Ford Administration, McFarland studied at Oxford University and the Massachusetts Institute of Technology, with concentrations on nuclear weapons, China and the Soviet Union.

Bates Gill（季北慈）

访谈者简介：上海国际问题研究院国际顾问、中国问题学者

访谈时间：2013.10.22 20：00－20：30

访谈地点：约翰斯·霍普金斯—南京大学中美文化研究中心 匡亚明报告厅

访谈主题：中国的战略机遇期思想与中美关系未来

Dr. Bates Gill（born 1959）is an expert on Chinese foreign policy and a former Director of the Stockholm International Peace Research Institute（SIPRI）.

Dr Gill has a long record of research and publication on both international and regional security issues. These include arms control, non-proliferation, peacekeeping and military-technical development—and all mainly with regard to China and Asia. In recent years his work has broadened to encompass other contemporary security-related trends including multilateral security organizations, the impact of domestic politics and development on the foreign policies of states, and the nexus of public health and security.

In March 2012, Dr Gill was appointed as the chief executive officer of the United States Studies Centre at the University of Sydney.

附录1 基辛格在政协的演讲[①]
（1996年9月4日下午）

在这样一个盛会上发表演说，我感到无比荣幸。今天在主席台上就座的同事都是我多年的朋友，从他们那里我学到了很多东西。他们的集体智慧是有可能维持世界秩序和繁荣的一种保障，或者说至少是一个安全网。

我们相聚在一个特别能牵动我感情的国度。我曾有幸参与了打开我们两国关系的工作，并从经验中认识到，如果美国同中国相互冲突，国际秩序将充满种种危险。反过来说，我意识到，美国和中国共同努力就可以对世界秩序和繁荣做出决定性的贡献。最后，我愿借此机会赞扬中国的巨大变化，自从我1971年首次访华以来，这个伟大的国家所发生的变革简直令人难以置信。25年之间，这个过去基本以农业为主的国家已经发展成为工业强国；改革方兴未艾；中国人民的生活水平得到显著提高。所有这一切都体现出中国领导人的远见卓识，体现出中国人民的奉献精神、进取精神和道德力量。

你们要我谈谈21世纪来临之际的美国、世界与亚洲。我冒昧地先谈一下我国所面临的问题和挑战。因为让中国人和在座的其他朋友了解美国的意图和美国正在发生的变化这一点十分重要。我们的许多外国朋友认为美国的外交政策一成不变，近乎于铁板一块，事实却是美国自身也正处于过渡之中。冷战结束以后，美国面临有史以来从未经历过的形势。美国是世界上唯一可以准确注明其历史年代的主要国家，

---

① http://cppcc.people.com.cn/GB/34961/51372/51376/51493/3599608.html

也就是说，只有美国才有一个确切的建国之日；其人口几乎全是移民；它的四周从未有过一个强大的邻国，它从来没有被迫面对几乎所有其他国家，包括所有在座各位代表的国家所面临的安全问题。美国人认为他们外交政策的选择范围广阔，几乎总是毫无限制，最重要的是可以随心所欲地加入或退出国际契约。战后美国每次主动采取行动时，几乎都向美国公众公布该行动的终止日期，超过这一日期即可再度撤回国内，让原先据说是和谐的国际关系基本模式重新发挥作用。这就是为什么几乎所有的美国外交政策在传统上都被说成是下述两者之一：要么是完全像处理人与人之间关系那样处理国家与国家之间关系；如果这样做看起来行不通时，便是决心进行摧毁对手的长期斗争，或者说得更好听些，是要其他国家转而接受美国的价值观。过去美国的政策的确如此，现在则有必要告诉人们，外交政策是一个既没有终点也没有明确目标的进程，在这一过程中需要不断进行细微的调整。美国人的主张是走向世界和平与繁荣，这就是美国致力于种种人权运动的缘由，对此，你们颇为熟悉，我稍后再谈这个问题。

现在，制定这样一种政策的大部分前提条件已经发生变化。美国有史以来第一次不得不在没有一个明确的意识形态敌人或明确的战略对手的情况下、在一个美国既不能主宰又不能退出的世界中，制定它的全球性外交政策。美国战后的外交政策在传统上需要面对某种意识形态和战略上的巨大挑战才能大有作为，这一准则在新的形势下已经不再适用了，正处在改变的过程之中。

即使美国人对国际形势的估价具有统一的认识，我们要找到走出困境的道路也将十分复杂和困难。更何况我们现在意见并不一致，特别是在一代人和另一代人之间存在分歧。搞冷战的那一代人经历过两次大战并建立了冷战型国际秩序，因此他们相信美国能够发挥建设性作用，相信美国发挥领导作用是行善积德。然而经历过越南战争的那一代人的观点则迥然不同。他们认为越南战争不仅是一个可怕的错误，而且由此应当谴责整个美国外交政策。60年代末70年代初有过可怕经历的那一代人则主要是通过一场不成功的局部冲突所提供的透镜来看世界的。正如在第一次世界大战之后，有许多人对美国在第一次世界大战中所发挥的作用以及当时签署的协定感到失望,并以此作为20世纪二三十年代实行不介入政策的基本理由一样,人们必须在上述背景下来理解美国当前的这场政策辩论。这代人往往强调环境或社会因素等"软性"问题,而摈弃均势或结盟等外交政策的传统观念。

这种观点上的分歧由于我们这个时代所经历的人类意识的一个基本转变而显得更加突出:即学习过程已从书籍转为图像,从阅读转为观看。我们美国人正在经历的这种转变,在座各位的国家在今后一二十年也将经历。正是这种变化大致划分了我所描绘的代际界线。从书本上学习,需要有把看上去不同的事件相互联系起来的观念;另一方面,图像则是通过强调瞬间情绪的印象来进行教育,很难反复琢磨。对政府官员和企业经理来说,获取信息从来没有像现在这样容易,通过各种软件就可以做到这一点。但正是因为如此容易,所以要理解其重要性已经成为一个巨大的挑战,甚至是难以克服的挑战。这一切缩短了政策眼光并使其更容易受到情绪波动和一时现象的影响。而且,这也导致很难进行长远战略的讨论,而当前恰恰需要讨论长远战略。

因此,美国当前正就其国际作用的方方面面开展一场全国性辩论,例如许多评论家认为美国是唯一保持超级大国地位的国家,因此基本上可以解决各种外交政策问题,而且也有资格充当国际领袖。这从军事意义上来说可能是对的。但在另一方面,可以通过军事行动加以解决的问题正在减少。在其他许多领域,世界正在变得更加均衡。实际上,我们现在生活在或是即将进入一个由六七个主要大国组成的世界,除了在核武器领域之外,它们的影响能力旗鼓相当,世界和平与繁荣基本上将取决于它们的言行举止。

在这样一种国际秩序之下,只有两种途径能够保持稳定:一种是建立在一国主宰基础之上的霸权;另一种是均势,这只是威信扫地的力量平衡理论的另一种说法。抵制霸权是宣告美中进入合作时期的1972年美中《上海公报》的基础。不幸的是,太多的美国人倾向于反对上述两种途径。美国公众似乎决心反对充当称霸就要扮演世界警察这样一种角色,这有悖于美国人民的道德信念。但是他们也不喜欢均势的观念。许多美国人从历史书上得知,力量平衡或均势恰恰是引起战争的根源，并非稳定的因素。在一些关键时刻，例如在决定参加两次世界大战以保持全球力量平衡的时候，美国人还是愿意克服自己偏见的。更何况许多人认为从民族利益出发是一种革命的态度，而不是反动的态度。换言之，美国正处于学习的过程之中，还没有完全做到这一点，即理解正在形成的世界秩序将不得不基于某种均势的思想，至少要基于在各个不同地区内部和地区之间保持平衡的观念。

但是仅仅有均势还不够，当冷战后的外交政策反映出一些传统的模式时，也还存在着重大的区别。例如，现代经济学已经改变了传统上国际政治和国家激励手段的性质。在历史上，国家只能通过扩张才能改变力量的平衡，增强自身的实力。在我们这个时代，技术可以使一个国家通过完全在其自身国土内的变革带来国家社会影响力在总量上的变化。像新加坡这样的国家并没有资源，它的比较优势在教育、技术和纪律方面。同样，对那些担心中国会实行扩张的人来说，如果单就物质力量而言，这种担忧还是可以理解的。但是应该看到，同可能实行有形的扩张相比，致力于国内发展对中国更有吸引力。因此结论就是，对中国来说，最有利的选择是在可预见的将来继续像目前这样发展经济，提高人民的生活水平，而不是实行强权政治的政策。

除了拥有核武器或掌握现代信息技术，无法想象还有什么其他途径可以增强一个国家的实力。由此产生了一种自相矛盾的现象：一方面，核扩散既是一种永久性的诱惑又是一种永久性的危险；另一方面，战争，至少是主要大国之间战争的成本已经上升到几乎令人却步的水平，而战争的收益已经下降或者消失。因此，尽管存在种种人人皆知的紧张因素，大国之间仍面临前所未有的良好机遇，完全可以避免大规模的战争。

各国的经济已经变成全球经济。每天都有数万亿美元在世界各金融市场流动，而其中由商业交易产生的只占5%。全球财富变得既互相关联而又极不稳定：一名在新加坡工作的银行职员在三天之内就创造了270亿美元衍生金融商品的收益，使一家国际大银行关门倒闭。然而政治上的忠诚感依然局限于各个民族国家之中。随着各个旧帝国的解体，各种冲突甚至退化到民族冲突的水平，其强度不断增加而对全球的影响则不断减少。因此，除了庞大的核武库之外，世界经济以及和平所面临的最大威胁是地区冲突和民族争端，而不是大国之间的冲突。那些热衷于民族争端的国家对国际社会和世界和平都极不负责任。

不仅是美国，每个大国目前都处在一个过渡时期。传统的欧洲单一民族国家缺乏处理当代形形色色各种问题的能力。俄罗斯重新回到彼得大帝时代以前的边界之内，既怀念帝国又面对现实，左右为难。甚至还没有开始讨论俄国应该向哪个方向发展，是面向欧洲？中亚？远东？还是在经历了200年的变迁之后，转而致力于在现有疆土之内开发资源？中国在本世纪以来第一次脱颖而出，成为世界强国。日本正在改变其政治上置身事外的做法，制定一种更加突出民族利益的新外交政策。因此，所有国家必须根据新的国际现实进行调整，同时也要使其体制适应国内新形势的需要。

根据这些思路，我来谈谈对亚洲的看法。

保持亚洲的和平与稳定以及发展同环太平洋各国之间的建设性关系对美国来讲至关重要。每当美国的决策者考虑如何达到上述目标时，他们一般主要考虑亚洲的经济活力。的确，从统计数字来看，亚洲是世界上增长最快的地区，其国民生产总值和人均占世界的一半。

但是在分析亚洲形势时，应该看到美国在亚洲的利益远远超出经济范畴。美国在战后参与的所有主要战争都发源于亚洲。我要强调一点，许多美国人从本世纪的经验中了解到，美国不能不关心欧洲和亚洲的变化，如果美国不闻不问，世界和平以及美国的安全都将面临威胁。不能只谈世界经济体制而不谈各自分立的地区政治个体，否则就会导致文明冲突，我们要避免这种冲突。世界和平取决于亚洲各国之间以及亚洲国家与世界其他国家之间的关系。亚洲各国所发生的变化具有某些共同的特点：

——全球经济和通讯的发展要求各国采取国际合作的立场，而某些国家要保持政治凝聚力必须采取民族主义的立场；国际合作与民族主义之间存在紧张关系。

——欧洲和亚洲的形势大不相同。欧洲国家之间无论存在什么样的分歧，他们之间也绝不会爆发军事冲突；他们相互之间都不将对方视为战略上的对手。

亚洲的情况正好相反。一些亚洲国家相互之间在某种程度上都把对方看作是战略上的对手和潜在的威胁（东盟各国除外，但可能不包括越南）。至少在它们的心目中，相互之间既有竞争又有共同的目标。

——每个亚洲国家都认为美国的政策本身就处于变化不定的状态，美国的领导人难以捉摸。

这种情况就要求美国改变它自第二次世界大战以来在亚洲的作用。与其在欧洲的做法不同，美国通过一系列双边安全和政治协议在亚洲发挥稳定局势的作用，这些协议使得双边关系具有特殊的敏感性，一旦废弃，可能导致整个结构崩溃。但是，这些安全条约必须严格限于防御性质，不是对这些国家，特别不能成为对中国施加压力的手段。请让我以三个日渐崛起的大国为例来说明这一点。

日本正在彻底改造其政治体制，并且很可能改变其战后外交政策的方向。日本选举制度改革的影响尚难预料。一旦改革完成，再经过一两次选举，几乎肯定会出现一个占统治地位的新政党，但是日本政策的特点将同以前人们所熟悉的大不一样。日本战后这代领导人生活在战败的巨痛之中，把自己的外交政策置于美日安全条约的保护之下，强调在经济上重建千疮百孔的国家。但是这个在政治上自我克制的时期显然即将结束。日本的政策肯定会更加注重国家利益和政治目标。从这个意义上来说，在更大的框架内来看待民族利益方面，美日关系将发挥一种建设性的作用，提供一个安全网，预防出现可以想见或是纯粹想象之中的危险。

印度正在转向市场经济，奉行更加积极的外交政策。当印度跨入大国行列之时，它将恢复英国统治时期的传统外交政策。这些政策是由驻加尔各答以及后来在英国统治行将结束时驻新德里的英国总督们指导下的印度文官制定。它寻求在从亚丁到新加坡的整个弧形地带发挥其影响作用，甚至是主导作用。这样印度就需要修正其19世纪对西藏和缅甸的政策，避免同印度尼西亚和越南、以及在较小的程度上同中国，在东南亚问题上产生紧张关系。在核扩散问题上，印度和美国的态度大不相同，这一点已经越来越清楚。

我同意前面几位所讲的，如果中国继续沿着目前的道路走下去，肯定会成为本地区最主要的大国。我始终致力于密切中美关系，这并非出于个人感情，尽管我很钦佩伟大的中国人民。但是我深信，中美两国的国家利益要求我们密切合作。在1949年后的20多年里，中美之间没有任何关系。我记得，当时一谈起亚洲，总是把这个人口众多、具有伟大文化影响的大国撇在一边。1971—1989年间，中美建立起近似战略伙伴的关系，其基础就是两国都要防止在亚洲出现霸权。自那以后，中美关系不断倒退。这首先是由于美国国会在人权问题上施加压力的影响，其次是最近一轮围绕台湾问题的行动和反应的影响。美国的一些人看到中国正在崛起，要求对中国采取遏制政策。这是一种幻想，肯定事与愿违。这与前一代人实行遏制政策完全不同，现在没有人会接受这种政策。这会迫使每个亚洲国家都要决定自己站在哪一边，不管出现什么样的结果，都肯定会激起亚洲人更加强烈的民族主义情绪。美国对日本的影响力将大大下降。朝鲜半岛可能会成为一个火药桶。有霸权野心的国家，或者甚至怀有领土要求的国家将会觉察到有了新的机遇。因此，双方的共同目标是必须加强合作。上个月，克林顿总统的安全事务顾问托尼·莱克来华访问，已为中美合作开辟了颇有希望的新前景。美国两党都日益认识到只有中美共同参与塑造亚洲的未来，亚洲才有可能稳定和繁荣。与中国发生冲突，将诱使两国都去争取亚洲其他国家来反对对方，引发民族主义情绪恶性膨胀。当今世界绝不需要采取孤立中国的政策，合作才真正符合我们的共同利益。

近年来，美国频频陷入同许多重要亚洲国家发生冲突的困境之中。这些亚洲国家本来应该成为美国的朋友。这些冲突经常是由于美国国会在与长远战略毫无关系的问题上受到国内压力而造成的，另外一些冲突则反映出美国政府难以确定一种长远战略。

在美国同日本和中国的关系当中对抗实在太多。在许多问题上，美国的立场还是颇有价值的。争取更多的机会进入亚洲市场无疑是美国政府的一个合理目标。缔造美国的人们甚至背弃了自己的出生地，因为他们认为自己的价值观放之四海而皆准。这样一个国家总会在某种程度上继承崇尚民主和自由的传统。但是，同我们的亚洲朋友发展国与国之间的政治关系是保持亚洲稳定的一个重要因素。美国有时恰恰在这个同样重要的方面却认识不到自己的利益所在，和平与繁荣等目标对美国来讲同样十分重要。

外交政策总是包含着妥协，过分强调经济方面或过分强调人权已经引起了对抗。对抗的方式更加令人感到国家利益充满潜在的冲突，而且往往弄巧成拙。日本和中国都日益明确地宣布自己的全球政策，如果它们认为美国颐指气使，我们就会不断陷入冲突之中。将来，美国应该更加注重阐明平行的政治战略，密切美日关系和美中关系将日益依靠这种战略。

尤其在美中关系方面，这是一种挑战。在可预见的将来，美中在保持亚洲的均势和繁荣当中有着相同的利益。出于各自的原因，两国都反对由一个大国独自控制亚洲，这就是《上海公报》所说的霸权。中国希望同美国发展关系，中国同其周围各个强大的邻国都想搞好关系，这将有助于中国的发展。美国在诸如核不扩散、武器技术转让和建立全球自由贸易体系等方面也需要中国的合作。

这些问题是至少今后十年内中美对话的主要议题。如果将它们作为中美关系的中心，就会为处理其他所谓"较为容易的"问题提供一种战略框架，从而有助于解决这些问题。在中国悠久的历史当中，中国领导人经常会考虑对方的特殊心理和价值观，只要对方采取的行动同时也有利于中国的利益。中国不能接受的是美国把它同中国的合作看作是给中国的特殊恩惠，可以随意收回，并把它当成一种敲诈的手段。这种合作必须是互惠互利的关系。

两国政府当前面临的中心问题是核不扩散问题、人权问题和台湾问题。我并不想详细谈论这些问题，只是简单阐述几个原则。

关于人权问题，无论美国哪个党执政，都会将此作为优先考虑的问题。这势将影响他们对我们所交往的国家的看法。但是在当今时代，应该通过正常的外交方式来追求这些目标，停止使用制裁或威胁使用制裁来施加压力。

关于核不扩散问题，我相信经验丰富的中国领导人完全会认识到，中国同美国和其他任何国家一样，都面临毫无限制的核扩散的威胁。实际上，中国的邻国比美国的多，面临得威胁也更大。但这不是可以通过美国单方面立法来解决的事情，而应该进行高层对话，双方可以分析共同的利益，找出解决的办法。我的印象是在这方面已经取得了一些进展。

台湾问题沉寂了几十年，台湾"总统"访问美国引发了过去一年的危机。中国领导人自1971年与美国首次接触以来，一直坚持台湾问题是中国的内政，他们决心捍卫中国的领土完整。他们还告诉我们，他们对最终解决这个问题很有耐心，并且多次提出愿意同台湾谈判。有六任美国总统曾经郑重地宣布他们只承认"一个中国"，决不支持"两个中国"或"一中一台"的政策，必须在形式和实质上都遵守这些承诺。他们也曾表示希望双方和平解决这个问题，并对中国政府曾多次主动提出中国（国共）两党举行谈判的倡议表示欢迎。如果这个框架得到尊重，就有可能找到建设性的解决方法。这样，美国方面就可以把台湾问题撇到一旁，通过中美双方的共同努力，在亚洲创造条件，从而维护双方在争取未来亚洲的和平与繁荣方面最重要的共同利益。

亚洲的繁荣稳定对美国和中国来说有着共同的利害关系。一个繁荣的亚洲以及美国对亚洲的未来担负责任并继续参与亚洲事务将使世界各国都从中受益。今天这样的会议无疑将有助于完成这个重要的任务。

附录2　基辛格为《朱镕基讲话实录》英文版所作序言[①]

阐述过去几十年的巨大发展成就时，通常会使用"经济奇迹"这样的评价。然而"奇迹"一词的内涵乃是指人力所不能企及或理解的某种成就。而中国的改革和发展系由高层决策，进而通过中国人民的奋斗和活力付诸实践。尽管这项事业取得的成就难以被简单复制，中国国内外都可以对其进行研究探讨，从中汲取第一手经验。

《朱镕基讲话实录》展现了中国前总理朱镕基为这一进程所做的宝贵贡献。本书收集了大量演讲、谈话和内部会议纪要，再现了他在经济、政治、社会等领域从事的工作。本书记录了在江泽民主席和朱镕基总理的领导下，中国政府改革金融体系、抑制通货膨胀、完成中国加入世界贸易组织的艰苦谈判、使数千万人脱贫、实施雄心勃勃的"西部大开发"战略、使中国跻身世界经济大国行列和成功申办2008年北京奥运会等一系列重大事件。

无论怎么看，那一时期的变化都可谓巨大。特别值得一提的是，中国在贸易、金融、科教、外交及其他许多领域同国际体系建立起了崭新的联系，中国以前所未有的深度和广度融入国际体系。江泽民、朱镕基及其同事所领导的事业，折射出他们对中国利益和诉求的准确洞察，其影响遍及全球。中国领导人同外部世界努力建立的这些联系，将成为21世纪世界秩序中的重要（或许是关键的）组成部分。

[①] http://news.xinhuanet.com/politics/2013-11/01/c_125636414.htm

由于这些伟大成就，人们或许会期待此书是一本关于成功和喜悦的著作。但朱镕基呈现给我们的内容更复杂、更清醒，也更有胆识。他在书中坦荡直率，一如其执政风格，不回避任何困难或敏感问题。书中坦率地谈到了一系列挑战：在经济增长和保护环境间取得平衡，应对国内、国际金融动荡带来的风险，改革中国股市、劳动法规、基建规划及粮食与自然资源市场需付出的巨大努力，根除渎职行为、预防金融领域违规做法的紧迫任务，既鼓励发展又保证质量和连续性的复杂难题。读完本书，读者会体味出管理好中国、应对好当今时代挑战这一任务之艰巨，也将领略肩负着践行邓小平改革开放思想的一整代中国人勇往直前的创新精神。

对于中国之外的研究者而言，本书的出版将大大丰富他们所能接触的历史文献。关于中国改革道路的主要争论，英语读者以前仅有泛泛了解，朱镕基的书则提供了相当多的历史背景。本书收录了他给下属的批示和关于政策问题的内部讲话，其中包括1992年3月他就邓小平"南巡"谈话所作的极为重要的分析论述。在中国内部争论的关键时期，朱镕基强调保持快速、可持续增长的重要性。他的坦率表态得到了江泽民的鼎力支持（江指示将此下发给全国的领导干部），并成为他此后诸多方面努力的基础。学者们还将了解到朱镕基从1997年亚洲金融危机中得出的结论，及其从中感悟到的中国决策所应注意的经验教训。

《朱镕基讲话实录》也可作为治国理政研究的实际案例。中国的改革无所不包，其规模和复杂性都世所罕见，这使朱镕基有机会触及现代经济管理和社会发展的方方面面。本书涉及的问题涵盖了各个行业——铁路、煤炭、金融、汽车制造、房地产——其影响远远超出了中国本身。经济学家、商业战略家和政策制定者都能从书中找到发人深思的实例，学习朱镕基如何以敏锐的头脑来把握当代史上最重要的改革之一，领会他改革方案中蕴含的创造力、他宽广的视野和雄心、他应对危机的决心以及他敏锐的大局观，用朱镕基本人的话说，就是要"统一思想，做到全国一盘棋"。

多年来，我一直有幸能有朱总理这样一位朋友并受益于他的远见卓识。随着《朱镕基讲话实录》英文版的面世，更多的英语读者将能够领略到他坚定果敢的人格魅力和敏锐透彻的洞察分析，为此，我深感欣慰。

附录 3　基辛格访问复旦大学时的演讲与回答提问

（2013 年 7 月 2 日）

"我是这样告诉美国人民的，如果你不愿意看到中国比美国更强大，那么你们要更加努力的工作，教育更多的美国人民，在自己的工作方面效率更高，不能够单单地去抱怨，不让别的国家去发展。""我们必须接受互联网对我们的影响。"2013 年 7 月 2 日，美国前国务卿基辛格在复旦大学与师生座谈时说："我们（美中）遇到的问题，（网络）是一种新技术，它涵盖的范围超过了任何人的想象，所以我一点都不惊讶，如果现在（美国）政府告诉我们，政府并不知道它的各个分支部门利用技术或技术再造在做些什么。因为技术每天都在更新，从政府的角度来说，政府已经成了技术的门外汉。"身为著名外交家、国际关系学者、中美关系发展的参与者与见证者、中国人民的老朋友基辛格，在原中国国务委员、复旦 1955 级校友唐家璇陪同下，访问了复旦大学美国研究中心，与该校师生 80 余人会见，就中美关系的现状及发展前景和部分国际与地区热点问题回答了师生们的提问。

未来在于谁更会创新

问：如何保证中美两国关系的稳定不受政党更替的影响？

基辛格：没有办法保证这一点。不过如果你看一下历史记录，美国的对华政策事实上从 1971 年尼克松总统访华之后就建立起来了，后任的每一位美国总统都维持了这些政策，我们已经经历了 8 位不同的总统，2个不同的政党，而在这一过程中，美国哪一位总统曾质疑尼克松总统制定的对华外交的基调？

我们这些卸任的国务卿之间会定期举行会面，这就像一个非正式的俱乐部，在这个俱乐部中，我们也会讨论政策，所以你可以看到对于美中关系的保证，不是任何一位总统自己的言辞保证，而是从历届总统的行为中体现出来的。

民主的限度

问：您刚才提到您是一名新现实主义者，怎么定义您自己，如何看刚去世的肯尼思·沃尔兹？

基辛格：真是有点奇怪，在美国常常有人把肯尼思·沃尔兹描述成和我一样的站在现实主义阵营的一分子，事实上，我只是在他过世前一个月才有机会和他长聊过。所以说我们两个涉足的领域是不一样的，沃尔兹主要活跃在学术界，他一般研究的是一些看不见摸不着的原则，他没有实践经验，但是根本上我还是同意他的看法的。

如何看待和阐述我理解的新现实主义呢？用一个现在正在辩论的问题来举例吧！在美国有人相信，唯一能实现世界和平的方法，就是在每一个国家实现民主。美国因此有义务对其他国家施加压力，还要实行制裁，有时候通过战争让其他国家都实现民主。我自己也偏好民主，但是我相信任何一个国家在民主上能做到多少都是有局限的，所以我不认为应该使用武力或施加压力干涉别国内政。

我以前曾对我在国务院的同事说，记住，我们是一个国家，而不是一个基金会。看看现在叙利亚的局势，我是用战略的眼光看问题，而其他一些人认为我们应该重建叙利亚，我不认为我们有能力做到，也不认为有任何一个国家能做到，所以我试图阻止美国人这样深度地参与。但是与此同时，我们需要非常谨慎地看待整个世界格局有什么样的新变化。

我也把新现实主义用在对华政策上，如果美中两国成了敌对关系，那世界上其他国家将或多或少地都会受到压力，要在我们两国之间选边站，如果这样的话，我们就不可能建立起国际公民社会。

问：以前学生会拿着纸笔来等您签名，现在都用手机、iPad等着您，您怎么看现在中国的大学生，是否给您不一样的感觉？对我们有什么希望？

基辛格：我和你们这一代比，对于互联网的知识是没法比的，我对互联网等科技的了解少得让我感到害臊。我认为看着纸质书长大的一代人和从互联网上汲取信息长大的一代人之间有很大差别。

我们必须接受互联网对我们的影响。互联网一代所了解到的知识比以前世代的人要多得多，但是他们就算了解那么多知识，也不会像以前的人了解的那么深刻。可能他们更了解表面现象，而不是事物的本质。

我的孙辈告诉我，他们在Facebook和其他社交网站上的好友有几百个，这个概念对我来说，理解起来太难了，因为你在社交网站上有那么多朋友需要互动的话，你哪有时间去做别的事情。不过我不是要批判任何人，但我觉得这里面的确有一些发人深省的东西。近年，我问过一位欧洲的领导人，公众舆论对你有什么影响？他对我说："我对公众舆论没有概念，我不知道什么叫做公众舆论，在我看来，公众只要有刺激、有兴奋，他们不要有结论，他们要有事件发生，但是他们不要有政策。"

附录 4　基辛格关于乌克兰问题的讲话①

　　关于乌克兰问题的公开讨论全都谈到了对抗。大家过多地把乌克兰问题视作摊牌：乌克兰究竟加入东方还是西方？但是，如果乌克兰要继续存在并蓬勃发展，就绝对不能成为一方与另一方对抗的前哨，它应该充当双方之间的桥梁。

　　俄罗斯必须认识到，如果迫使乌克兰成为卫星国，从而再次变动俄罗斯的边界，莫斯科就必定会重蹈历史的覆辙，陷入与欧洲和美国相互施压的自我实现的循环。西方必须明白，对俄罗斯来说，乌克兰绝对不是简单的另一个国家。俄罗斯历史的开端是所谓的基辅罗斯公国，那里是俄罗斯宗教的发祥地。乌克兰在数百年的时间里是俄罗斯领土。

　　它们的历史在那之前也紧密交织在一起。俄罗斯争取自由的战斗从 1709 年的波尔塔瓦战役开始，其中一些最重要的战役是在乌克兰的领土上进行的。作为俄罗斯在地中海投射影响力的工具，黑海舰队按照长期租约驻扎在克里米亚的塞瓦斯托波尔。就连索尔仁尼琴和布罗茨基等知名持不同政见者都坚称，乌克兰是俄罗斯历史乃至俄罗斯这个国家不可分割的一部分。

　　欧盟必须意识到，在围绕乌克兰与欧盟关系展开谈判的过程中，其官僚主义的拖拉做派和把国内政治置于这个战略要素之上的做法使得谈判变成了危机。

　　外交政策是一门确立优先重点的艺术。

---

① 英文原文载于《华盛顿邮报》2014 年 3 月 6 日，原标题 How the Ukraine Crisis Ends。

乌克兰人是决定因素。他们所在的国家有着错综复杂的历史和语言构成。西部是斯大林和希特勒1939年瓜分战利品时并入苏联的。克里米亚有60%的人口是俄罗斯族人，直到1954年才并入乌克兰，是乌克兰裔的赫鲁晓夫为庆祝俄罗斯与哥萨克达成协议300周年而送给乌克兰的。西部大多信奉天主教；东部大多信奉俄罗斯东正教。西部讲乌克兰语；东部则大多讲俄语。乌克兰的任何一派如果试图支配另一派（以往就是这种模式），最终就会导致内战或分裂。

如果把乌克兰视作东西对抗的一部分，就会毁掉在今后数十年里把俄罗斯与西方（尤其是俄罗斯与欧洲）纳入国际合作体系的希望。

乌克兰只独立了23年，问题的根源在于，乌克兰政界人士试图把他们的意志强加于该国顽固对抗的部分，先是一个派别，后来又是另一个派别。这就是亚努科维奇及其主要政敌季莫申科之间冲突的实质。他们代表了乌克兰的两派，都不愿意分享权力。明智的美国对乌政策应该是设法让该国的两部分彼此合作。我们应该谋求和解，而不是让一个派别占据支配地位。

俄罗斯和西方都没有按照该原则行事，其中尤以乌克兰各派为甚。每一方都使形势雪上加霜。在多条边界局势不稳的情况下，如果俄罗斯强行采取军事解决办法，就会使自身遭到孤立。对西方来说，把普京"妖魔化"不是一项政策，而是缺少政策的托词。

普京应该逐渐意识到，无论他有什么样的不满，强行动武的政策都会导致又一场冷战。就美国而言，必须避免把俄罗斯视作需要耐心学习华盛顿确立的行为规则的异类。普京是以俄罗斯历史为前提的重要战略家，理解美国的价值观和心理不是他的强项，理解俄罗斯的历史和心理也不是美国决策者的强项。

各方领导人都应该回过头来检视结果，而不是争相摆出各种姿态。以下是我认为符合所有各方价值观和安全利益的结果：

1. 乌克兰应该有权自由选择其经济和政治联盟，包括与欧洲的联盟。

2. 乌克兰不应加入北约。7年前最后一次提出这个问题的时候，我就持这个立场。

3. 乌克兰应该自由组建与民众表达的意愿相一致的政府。明智的乌克兰领导人随后应该在该国不同部分之间实施和解政策。在国际上，他们应该努力采取芬兰那样的姿态。该国明确宣示自身的绝对独立，在大多数领域与西方合作，但又小心避免对俄罗斯采取制度性的敌对态度。

4. 俄罗斯吞并克里米亚不符合现有世界秩序的规则。

不过，应该有可能把克里米亚与乌克兰的关系置于不太危险的基础之上。要实现这个目标，俄罗斯就得承认乌克兰对克里米亚的主权。乌克兰应该在国际观察员监督下举行的选举中加强克里米亚的自治。这个过程要包括消除关于驻塞瓦斯托波尔黑海舰队地位的所有不明确因素。

这些是原则，而不是处方。熟悉该地区的人士知道，并非以上所有原则都会得到各方认可。考验不在于绝对满意，而在于得到平衡的不满意。如果不能基于以上或类似原则达成某种解决方案，俄乌就会加速滑向对抗。那个时刻很快就会到来。

附录 5　亨廷顿与基辛格[①]

塞缪尔·亨廷顿生性温文尔雅，但是，在诸如伊斯兰与西方的冲突、军人在自由社会的作用、将备受争议而预言未被证实的国家与已经证实的国家加以区别等问题上，他却观点犀利。过去几十年来，他曾饱受嘲笑和诋毁，然而，他对世界的展望，将是一种真正的观察之道。

一

哈佛大学 Albert J. Weatherhead III 学院教授塞缪尔·菲利浦斯·亨廷顿记得的最难忘的批评是一场恶评。最近，安坐在位于波士顿烽火山的家中，回忆起首部著作受到的批评时，他两眼在眼镜片后腼腆地闪烁着："评论者称那是'想入非非'，并且不恰当地将我比作墨索里尼。"74 岁的亨廷顿，操着被波士顿的高雅腔调改造过的东布鲁克斯口音，平缓而带有鼻音。他说，评论家马修·约瑟福生（Matthew Josephson）曾在左翼的评论期刊《国家》上撰文，嘲笑《士兵与国家》是军国主义的"野蛮谬论"，讥讽他的思想情感与墨索里尼相似，尽管他用了一些夸张的词汇如"信仰、服从、战斗"。

那篇书评发表于 1957 年 4 月 6 日。其时，冷战不过十几年的历史，《士兵与国家》发出警告：美国的自由社会需要一种超越保守的现实主义、毫不迟疑地建立专业军事机构加以保护。亨廷顿认为：毫

---

① 原载《大西洋月刊》2001 年 12 月号，作者：Robert D. Kaplan，翻译：杨德威。

无疑问，为了保持和平，军方领袖必须提防或预见"人类天性中的无理性、软弱与邪恶"。他还认为：自由主义对改革是个好东西，对国家安全则不然。他写道："自由主义在用来处理国内问题时多彩多姿且富有创造性，用来处理对外政策与防务时则会捉襟见肘。"他解释说：对外政策涉及的并非按法律规范运行的国与国的关系，而是一些国家与另一些总体上是无法无天地运作的集团的关系。《士兵与国家》据以推论的是一种西点军校式的防卫观，亨廷顿写道：那是"军人理想的最好体现……有点像巴比伦时代斯巴达人的东西"。

该书激怒了亨廷顿的许多哈佛政治学院的同事，次年，学院拒绝聘用他。于是他随密友、一直在哈佛郁郁不得志的兹别格纽·布热津斯基（Zbigniew Brzezinski）去了哥伦比亚大学。

4年后的1962年，哈佛大学却以终身教授的职位邀请亨廷顿和布热津斯基回去。出生于德国、曾带头反对亨廷顿的卡尔·J.菲德维契教授，亲自到哥伦比亚大学求贤。对菲德维契前些年的不友善，亨廷顿只是轻描淡写就带过了，菲德维契对这位年轻教授却大加赞赏。菲德维契等人也对布热津斯基明确表达了善意，因为他们现在恳请的这两个人，是政治学领域冉冉升起的两颗新星，而哈佛大学向来以在该领域居主导地位而自豪。不过，布热津斯基选择继续留在哥伦比亚，亨廷顿则返回了哈佛，因为那里有他景仰的另一颗新星：亨利·基辛格。

到目前为止，《士兵与国家》总共发行了14版（据哈佛大学校刊资料，第15版也已出版——译注），成了学术经典。曾在纽伦堡审判中代表美国任首席检察官的泰尔福特·泰勒（Telford Taylor）在该书第一版发行时说："（对军事力量的）'文官控制'现在已经成了政客们崇拜的口头禅，但他们根本不懂。这个领域非常需要捣毁圣像的主张（iconoclasm），而在亨廷顿教授开的铺子里，这种东西似乎取之不绝，他的破坏性揭露更是令人耳目一新。"

近几十年来，学术批评界之所以关注亨廷顿的著作，其实是因为另外一件事：他们不在意现实主义的军事观有无必要，而是担心军方是否会对文官政权构成威胁。民主的政府由于缺乏独裁制度下产生的训练有素的政治干部,特别容易被强大的军人集团微妙地操纵。作为一名思想先驱,亨廷顿认为:在可以预见的将来,只要文官政体保持三权分离,巨大的防务机构对文官政权的潜在侵犯就不会变为现实。

亨廷顿多次抛出的全球性最新议题是"文明的冲突",即西方、伊斯兰与亚洲思想体系及政府之间正在出现的磕磕碰碰。与他的论点相比,他的论据往往更难以捉摸,不过其主要观点还是可以概括为以下几点:

第一,事实是,世界的现代化并不意味着西方化。城市化和大众传播的影响与贫穷和种族隔离纠集在一起,不会使每个地方的人都像我们一样考虑问题。

第二,尽管有涨有落,亚洲的军事和经济正在扩张。伊斯兰的人口在爆炸,西方的影响正在相对下降。

第三,文化意识正在变得越来越强而非越来越弱,国家或民族的联合将取决于文化上的相似,而不像过去那样取决于意识形态的相似。

第四,西方人相信议会民主和自由市场会适合于每个人的想法,将把西方带入文明——尤其是与思路不同的伊斯兰和中国人的冲突。

第五,在一个松散地建立于文化而非意识形态基础上的多极世界,美国人必须再次确认他们的西方人身份。

世界贸易中心和五角大楼遭到恐怖攻击的悲剧,不仅与亨廷顿关于文明冲突的想法有关,而且与他毕生的事业有关。亨廷顿自1950年代起就提出:美国社会需要发挥军事和情报机构的作用,以预见最大的悲剧,表达悲观的看法。几十年来,他一直在为美国的安全担忧,并认为它最终未出问题完全是由于地理上的幸运。他曾写道:真正的安全也许将来才能获得,而自由主义也只有当安全得到承认时才会兴盛,然而,即使如此,今后我们也不能存太多奢望。他还警告说:即使政治领袖和儒雅的学者必须用另外一种说词,西方也总有一天会为了它最为珍视的价值以及生理上的生存打一场战争,而对手则是来自敌视我们国家的其他文化的极端分子,以及想把我们拖入一场文明战争的人。事实上,在企业、军事和情报机构圈内,和亨廷顿志趣相投、为他的观点欢欣鼓舞并努力实践的思想者还相当多,然而,亨廷顿宁愿守在常春藤大学学术自由主义的堡垒里，孤独而不屈不挠地为他的思想而战。

二

从冷战初期开始的关于美国对外政策的智力竞赛史，通过亨廷顿的17部著作和大量论文，留下令人印象深刻的纪录。基辛格和布热津斯基都写过不少著名的学术专著，不过，他们两人的出名主要是因为曾在政府中服务。基辛格做过理查德·尼克松手下的国家安全顾问、尼克松和杰拉尔德·福特手下的国务卿。布热津斯基做过吉米·卡特手下的国家安全顾问。亨廷顿虽然也在林登·约翰逊和卡特政府里作过短暂服务，但与这两位朋友相比，他在更大程度上是个学院派。他的思想是通过学术讲座和授课慢慢形成的，而非一夜之间冒出的。如果他不能教书，也许就不会写作。与很多教授不同的是，他对本科生的好评胜过研究生，他告诉我：研究生"都不愿意向教授挑战"，而且常常"被专业术语和循规蹈矩的正统观念所俘虏"。

他从前的学生说："别的学究是把你知道的东西填鸭似地向你灌，然后再去寻找下一个受害者。而亨廷顿从不操纵课堂讨论，他总是认真地倾听。"亨廷顿鄙视"理性选择论"这个在政治学领域占统治地位、假定人类行为是可以预知的怪异想法。在亨廷顿看来，以这种理论去解释那些对理解政治极为重要的人类情感，如恐惧、妒忌、仇恨和自我牺牲，往往都要失败。在一个学术操纵者走红的时代，他只是一位对人的生存状态作历史和哲学式思考的老派教师。他学生包括著名的后冷战圣歌——《历史的终结及最后的人》（1992）的作者福山（Francis Fukuyama），《外交季刊》的前任总编辑、现任《新闻周刊》国际版责任编辑法瑞德·札克雷（Fareed Zakaria）。

在C-SPAN（美国一个专门直播国会辩论等政治会议的电视台——译注）里，你绝不会看到亨廷顿，在McLaughlin Group（也是一个关注政治讨论的电视节目——译注）就更不用说了。他的口才比那些毫无吸引力的演讲者还要差，讲话很慢，结结巴巴的，就像读课文。他的地位与名声是以艰难的方式赢得的,他的著作虽有广泛影响,却常常遭人公开谴责。他是个典型的局内人(美国政治学协会的前主席和《外交政策》杂志的共同创办人),却像一个局外人一样从事写作,有些人曾想激怒这位只顾写作的专家,最终却是徒劳。亨廷顿1959年曾写道:"一个学者如无新话可说,就应保持安静。"而"探索真理就是进行智力角逐"。

在很多方面,塞缪尔·亨廷顿代表着一种濒临消失的人:他们把自由的理想和历史与对外政策上的极端保守主义的理解结合在一起。亨廷顿一生都是民主党人。1950年代,他是阿德莱·斯蒂文森(Adlai Stevenson,1900—1965年,曾任伊利诺斯州州长,1952—1956年总统候选人——译注)的演讲撰稿人(他在1956的大选期间认识了他的妻子南希)。20世纪60年代,他是休伯特·汉弗莱(Hubert Humphrey,1911—1978年,美国1965—1969年副总统——译注)的对外政策顾问。20世纪70年代,他是吉米·卡特总统的人权问题演讲稿作者之一。尽管同一个亨廷顿还是哈佛John M. Olin战略研究会的创始人,这个现实主义的对外政策堡垒,却是由3个保守主义的慈善机构——John M. Olin基金会、Smith Richardson基金会和Bradley基金会资助的。

当我对亨廷顿说,他也许是"一位老式民主党人、而那种人已不复存在"时,他猛然打断我的话并显得十分激动地说:"那正是我之为我的地方。正如阿瑟·斯莱辛格(Arthur Schlesinger)所言,我是利勃海尔的教子。"莱因霍尔德·利勃海尔(Reinhold Niebuhr)是20世纪美国新教神学家中的头面人物,一个虔诚的基督徒,他相信人类的丑恶太多,因此需要用强硬手段才能维持秩序。亨廷顿称利勃海尔的想法是"道德与实用现实主义的强制性结合",而他是被这种想法吸引的圣公会教徒。尽管是一位充满激情的冷战斗士,利勃海尔从未屈从道德必胜的信仰,他相信倒退比进步更深刻地决定着历史的特征。利勃海尔1952年曾写道,即使美国打赢得了冷战,其结果只会引起国家承担过多义务,在正义超载中浪费自己的能量。利勃海尔的悲剧式敏感构成了贯穿亨廷顿所有重要著作的主线,那也是解释亨廷顿定义的保守主义的钥匙。

在 1957 年 6 月的《美国政治学评论》里，亨廷顿发表了题为《作为一种意识形态的保守主义》的论文。他写道：自由主义是一种强调个人独特性、自由市场、自由权和法律规范的意识形态。与"经典的保守主义"相比，自由主义并无特别不同的观点，其基本原则就是"高尚与必要"，能保证自由的机构存在。亨廷顿认为，保守主义就是"理性地捍卫以存在对臆想、以秩序对混乱"。他解释说，在英国，埃德蒙·伯克（Edmund Burke）对"商业社会与温和、自由的宪章"进行过保守地捍卫。真正的保守主义是保护那些东西，而不是到国外当十字军或在国内建议激进的改革。在美国，约翰·亚当斯（John Adams）和亚历山大·汉密尔顿（Alexander Hamilton）等联邦主义者提出的保守原则，所捍卫的就是自由的宪法。"亨廷顿写道："很明显，美国的政治天分不在我们的观念中，而在我们的社会制度中。"在他看来，"当那些有效的捍卫措施存在时，最需要的并非建立太多更自由的机构"。

三

塞缪尔·亨廷顿 1927 年生于纽约市，在昆斯区的阿什托利亚（Astoria）及东布朗克斯地区的中产阶级住宅区长大。他是家中唯一的孩子，父亲理查德·托马斯·亨廷顿是一名旅店业杂志出版人，母亲多萝西·桑伯恩·菲利浦斯是短篇小说作家，外祖父约翰·桑伯恩·菲利浦斯曾是揭丑杂志《麦克氏》的助理主编。

亨廷顿是一位奇才，他 16 岁从彼得 Stuyvesant 高中毕业，然后进入耶鲁大学，两年半后以学习"特别优异"的评价毕业。他后来加入了美国军队，又在芝加哥大学获得政治学硕士学位，在哈佛大学获得哲学博士学位。1950 年，为了撰写哲学博士论文，他连续苦战了 4 个月。他说自己的身体就是那时累垮的。那使他饱受糖尿病的折磨，自那以后，他每天要验 6 次血，注射 3 次胰岛素（我们谈话中途，他停下来给自己测试血糖和打针，血糖数字出来后，他说"这下好了，午饭我可以吃点色拉、喝杯葡萄酒了"）。

他的博士论文《代理主义》继承了其外祖父的揭丑传统。论文描述了联邦机构、尤其是"州际商务委员会"如何被一些本该由它们管理的企业所取代的情况。时至今日，在心理世界，亨廷顿仍对"新政"耿耿于怀。他对我说："我们都是自由党人，而富兰克林·罗斯福是上帝。我无法想象有何人不会这么想。"不过，哈佛大学当时对亨廷顿还算破例。"有个学生就倒霉了，他认为集团交易、最低工资法等都是庸人之智，并充满激情地加以反对。事实上，那对我们所有人都震动很大"。这个学生名叫威廉·冉奎斯特（William Rehnquist），他最终只得离开哈佛去了斯坦福大学法学院。

哈佛政治学系曾经由两位杰出的知识分子：卡尔·菲德维契（Carl Friedrich）和威廉·雅德尔·艾略特（William Yandell Elliott）执掌。与后者相比，菲德维契是一位更标准的自由主义者，他曾协助联邦德国起草宪法，但亨廷顿受艾略特的影响更深。艾略特是在牛津受过教育的南方人，一位有着多年华盛顿经验的保守主义哲学家，一个被公认为充满热忱地反对苏联并厌恶道德相对论的人。

亨廷顿回忆："艾略特每周一次从华盛顿到剑桥（美国）辅导研究生。"在那些人中，给亨廷顿留下深刻印象的，是他的同时代人亨利·基辛格。"我们眼巴巴地等在办公室外，希望那个学生姗姗出来。因为那段时间是艾略特专门留给他的，那位良师已经看出了他不同凡响的将来。而房门打开时，出来的一定是那个肥头大耳的家伙"。

基辛格把他的第一部著作《世界的修复》（1957）献给了艾略特。那本书描述了梅特涅（Metternich，1773—1859 年，奥地利政治家，1809 年任外交部长，撮合过拿破仑与玛丽路易丝的婚姻，1815—1848 年间对欧洲保守势力产生过有力的影响，也加剧了导致 1848 年革命的紧张局势——译注）创造的后拿破仑时代稳定的世界秩序。"基辛格曾告诉我，艾略特并非伟大的理论家，但他是个好教师，他能从你身上看到你所看不到的才能。在我写了一篇关于康德的论文后，艾略特告诉我：'你有一个好脑袋，不过你现在必须读懂一些小说家，例如陀思妥耶夫斯基。'于是我就去读陀思妥耶夫斯基。他就是这样帮助学生成长的"。

亨廷顿的著作中充满了高屋建瓴的冷静看法，那些率直的判断与亨廷顿貌不惊人的外表和宠辱不惊的风度形成了鲜明对照。他看起来像约翰·切夫（John Cheever，1912—1982年，美国小说家，有"美国郊外的契可夫"之称——译注）小说中人物——即使见过也会忘记的那类人。他不时地眨眼睛，局促不安地玩弄钥匙。已经谢顶的他，谈话时眼睛紧盯自己的手掌，但是，那脆弱的外表里却隐藏一颗坚硬的心。布热津斯基曾经说："塞姆非常腼腆。他不是那种能在酒吧里夸夸其谈的家伙，但他在辩论时自信而执着。"他从前的一个学生说："塞姆是个有钢一样脊梁的古怪家伙。"他的另一个学生则反驳道："塞姆不是古怪家伙，他是个有维多利亚时代绅士风度的男人，非常安静，也能控制感情，但在需要强硬的场合会很强硬。"

1980年代初的一个晚上，他和妻子在剑桥出席晚宴后步行回家，同行的还有哈佛大学研究生院退休的教务长弗朗西斯·凯普尔，三个男青年逼近亨廷顿向他要钱。"什么？"亨廷顿问。一个男青年在攻击他之前叫道："我们可不想做蠢事，快把你的现金交出来。"亨廷顿与那家伙打起来，那家伙被打倒在地，直喊救命。他随后又去揍那个打凯普尔的家伙，最后，第三个家伙也溜走了。亨廷顿没有主动说这个故事，我从他以前的学生那里听说后去向南希了解的细节。当我问亨廷顿本人时，他说："一周前有家新闻杂志的文章告诫说，不应该和抢劫犯搏斗，但我本能的冲动要求我去回击。"

四

从将思考集中在现代世界的重大问题开始，亨廷顿就喜欢将知识分子的严谨用于他所关心的现实。亨利·基辛格的首部著作的灵感，很大程度是来自19世纪初的欧洲历史。而亨廷顿的首部著作的灵感，来自他当研究生时对美国的观察。按照哈佛的罗伯特·帕特兰一篇关于亨廷顿的论文的说法，《士兵与国家》的写作是由哈里·杜鲁门总统与道格拉斯·麦克阿瑟将军的关系引起的。1951年，麦克阿瑟因为不服从命令而被杜鲁门解职。麦克阿瑟的政治将军才能，搅乱了亨廷顿的思绪，那部分原因是他打破了职业军人的惯例。而军人和美国参议院——另一个保守主义机构——后来被证明是抵制参议员约瑟夫·麦卡锡攻击美国的自由价值的最有效堡垒。《士兵与国家》并不像有些过分简单的批评所说，是要"为军国主义辩解"，而是对军方与社会的关系的深入分析。

《士兵与国家》最重要的观点体现在该书序言里，29岁的亨廷顿所作的结论，成了他整个职业生涯的圭臬。一方面，他承认"不能把人的天性、社会机构与信仰放在一个完整的逻辑范畴里"。另一方面，他又激昂地辩称："如果一个人对他所处的现实世界作了有益的思考，而思考的成果又有广泛的实用性并得到了运用，自然就会形成完整的逻辑范畴。"一个学者论及任何重要的事情，都要进行"强制性概括"。亨廷顿始终认为：衡量一种理论的真正尺度，不是看它是否提出了所有相关事实，而是看它提出的事实是否"比别的理论更好"；不作抽象与简化就不利于理解，那些只知道指责别人的理论不完美、却拿不出更好替代品的人，对谁也没有帮助。那部著作也就开始了气势逼人的经验主义的归纳。

亨廷顿写道：从1812年的战争结束到珍珠港遭到攻击，美国人很少谈及对外国威胁的担忧。国家安全的遗产是地理环境赋予，而非英明政策造就的。由于既无安全之虞，建立在资源富饶的大陆上的经济增长也完全用不着担心，美国人从他们讲英语的祖先那里继承的自由主义意识，能够未遭抵抗地牢固确立。由于没有什么威胁，自由主义的国家机器也很少需要捍卫，甚至根本不需要真正的保守主义。像汉密尔顿和亚当斯那样的保守主义者之所以曾名噪一时，只是因为草创年代的合众国为法、英和西班牙的领地所包围，并且有英国舰队的阻挡。然而，自那以后的几十年里，任何程度严重的外国威胁已不复存在，处于休眠状态的保守主义者还培养了"人的低视野"。例如，1915年，当伍德罗·威尔逊总统从《巴尔的摩太阳报》上听说他的参谋部从实际考虑，正在就与德意志开战的可能性作准备时，他"激动得发抖，脸色苍白"。他坚定地对助手说，如果报道属实，就要炒参谋部官员的鱿鱼。亨廷顿发现:"自由主义不仅不理解、并且还敌视军事机构和军队的作用。"

当然,20世纪初,在西奥多·罗斯福总统的进攻性对外政策里,汉密尔顿的现实主义与干涉主义得到了短暂复活。但是,美国人的内心深处对强权政治的厌恶,如此之根深蒂固,以至威尔逊对外政策的失败,成了第一次世界大战的不幸后果之一,还导致了"完全放弃干涉并退缩到自由的孤立主义"。由于没有任何人接过汉密尔顿的火炬,那些信奉现实主义哲学的人,可以把军人调教得与社会上其他人一样。两次世界大战之间,美国军队退缩到自己的军营里。正因为如此,它所经历的职业化和专门化,只相当于工业革命时的水平。

亨廷顿提醒我们,现代军人是一种职业,他的工作是管理暴力,他的委托人则是国家。虽然战争与人类一样古老,职业军人却基本上是从拿破仑战争才出现的。合众国的创建者,是根据时局需要穿上或脱下军装的,那时,士兵与平民之间看不出有多大区别。宪法没有赋于政府"文官控制的目标",原因就在于地理上的例外:由于没有外国威胁,我们的长设军队长期保持较小的规模和政治上的弱势,而且会在每一次战争之后缩减数量。但是,技术进步在二战期间登峰造极,珍珠港事件和原子弹爆炸,意味着地理因素已不再是障碍,此时,对安全的考量应该优先于对自由价值的考量。

亨廷顿解释说:民主政府所牢牢把握的自由价值,也是一种会挖职业军人队伍墙脚的价值。他写道:"自由主义的核心是个人主义,它强调个人的理性和道德尊严。"但是,由于职业的本性,一个军人必须承受人类关系中暴力冲突的非理性与持久性。自由主义者赞美"自我表现",因为他认为国家安全是理所当然的。军人则赞美"服从",因为他认为安全并非理所当然。民主能够打败独裁,是因为民主制度下的军方中坚更愿意作出有风险的决定,那也是我们在诺曼底海滩取得胜利、以色列人打败阿拉伯军队的原因之一。尽管如此,当需要保卫受到拥有技术手段的狭隘敌人威胁的自由社会时,一个真正的自由主义军人还是缺乏置敌于死命的效率。

而在意识形态意义上,亨廷顿说,不能认为军事上的保守主义生来就是反动的。19世纪的欧洲，军人的职业化允许各种出身的男人获得军阶的晋升，军人对社会的贵族基础曾提出过挑战。在主张人人平等的美国，军方和社会被驱策的方向是不同的。美国早已是民主国家，不再面临威胁。军队日益受到隔离，天长日久便养成了一种明显比社会其他阶层更为贵族化的精神特质。亨廷顿暗示，在一个自由主义的社会，越是孤立和指责军方，军方就越是会以保守主义来回应。

而这正是青年亨廷顿真正感兴趣的地方。他说，正是美国人以自由主义思想与外部世界交往，造成了我们最大的困难。他写道："美国人的爱国主义完全成了一种理想化的爱国主义，它主张的不是美国人民优于别国人民，而是美国的理想优于别国的理想。"法国的对外政策无论如何都是由法国决定的，并且无时不刻不以他们的自我利益为条件。然而，美国的对外政策却是以普遍原则标准来判断的。按亨廷顿的说法，这就使得我们在捍卫国家核心利益时，会导致美国式自由主义中的非战主义张力；而在捍卫人权时，又会导致侵略的张力。亨廷顿认为，虽然职业军人承认冲突是有限、但永远不会完结的现实，但是，"自由主义者的倾向是绝对的，而战争与和平是相对的"。如果能够成为推进人道主义理想的十字军，自由主义者会非常乐意支持一场战争。他写道，那就是自由主义者甚至在周期性地要求采取冒险的对外政策的同时，还要寻求减少国防预算的原因。如此看来，《士兵与国家》的读者、相同的知识分子以及舆论制造者们在1970和1980年代对冷战结果持怀疑态度、始终不能正确地评价北约，却在1990年代要求好斗的北约卷入波黑和科索沃的冲突，并不值得大惊小怪。因为那正是我们的国家安全陷入低谷、自由主义原则受到打击时明白无误的赌注。

亨廷顿写道，保卫自由社会的唯一途径是规定军人控制的限度。而且，这个唯一途径要结束几十年乃至几个世纪来在保持军力方面的不确定性，以及建议实行严格的职业化。因此，一个士兵应该被告知：只能为有关国家权益的事而战。如果他为别的理由、哪怕是人道主义的理由而战，一定是受到了来自他的文官上司的压力。

1993年，科林·鲍威尔将军（后来担任了参谋长联席会议主席）

明确反对美国在波黑的军事卷入,因而被一些人贴上了"政治将军"的标签。不过,读过亨廷顿著作的人,会以不同的方式来看鲍威尔。对于一个职业军人,如果雇主的领土并不处在直接危险下,他就不能被要求去进行亨廷顿所说的"除非胜券在握,国家才能卷入的战争"。

鲍威尔所反对的战争,发生在一个对我们的国家利益冲击并不大的地方,那里连获胜的希望都很渺茫,遑论驳倒"鲍威尔主义"——一位努力避免成为"政治将军"、不管别人提出多少理由都拒绝充当道德十字军的职业军人先前有名的主张。(当然,军方威胁我们的文官领袖在波黑不采取行动的能量,又使亨廷顿的另一种观点——如何避免民主政府受到专横的防务机构的侵犯——变得难以理解了。)

冷战的头一个十年使亨廷顿看到,虽然自由社会和一个新的强大防务机构之间继续存在紧张状态,但二者能够找到和平共处的途径。他看到了杜鲁门作为先驱者创造的一种逐渐露头的秩序:自由主义者主内,极端保守主义者主外。亨廷顿注意到,当今正是民用工商业界在军方和社会之间提供了一座桥梁。对于我们大多数人来说,大财团表现出的保守型实用主义与军工联合体的特征是相同的。但是,亨廷顿指出,这种形象就像一件冷战工艺品。他用我们的绝大部分早期历史,说明了"商业和平主义"是怎样变成资本家世界观的:宗教上的道德论和经济上的自由主义结合,使大多数美国商人认为国际贸易和多边条约比强权政治更为重要。冷战的结束唤醒了这种世界观。现在,自由主义者和新保守主义者对美国工商界与极权主义中国的经济联系越来越多感到担忧,也重新提出了亨廷顿先前的论据。

五

直到 1960 年代中期,塞缪尔·亨廷顿一直在哈佛大学过着平静的教授生活,默默地在波士顿地区负起家庭责任。1967 年,这种短暂的平静被约翰逊政府的一项任务所中断。作为国务院顾问,亨廷顿准备了一份长达 100 页的关于越南战争的报告,这份报告解密后,他又以此为基础写了一篇论文发表在 1968 年的《外交季刊》上。这篇论文引起了极大震动：它赞成政府打败北越人的目标，同时又分析了政府实现目标的做法何以全盘皆错。

亨廷顿对约翰逊政府声称的越南政府（非指越共）控制的南越人口从40%上升到60%不以为然。他写道："这种变化是人口向城市迁移的结果，而不是政府控制向农村的扩展。"越共在农村地区依然强大。约翰逊政府承认自己有"盲目乐观主义"的过错，亨廷顿却批评它有"错置道德主义"的过错。他指出"谁受到大多数人真正支持"的问题，只适用美国这样稳定的宪政民主国家，而非越南这样混乱而充满暴力的国家。进一步说，即使赢得了正在增加的农村人口的支持，那也不会得到什么。促使人民投向越共怀抱的，不是农村的贫困，而是"缺乏一种有效的权力结构"。在越共控制区，倒是存在这种权力，"尽管等级制度和不民主还很严重，越共还是取得了小小的进步"。1/3的人口接受了越共的渗透，是因为一些坚韧的民族和宗教平民组织往往和越共一样，对西方价值观心存敌意。

亨廷顿告诉我："假如回到美国的建国初期，我们也会不赞成的。我们拒绝把对宗教和种族的忠诚作为对付越共的砝码，因为我们要的是一个现代的、拥有国家军队的、民主的独立国家。我们在越南的问题之一是理想化。"

他说，这种理想化现在被另一些卷入海外冲突的美国人继承了："媒体认为我们的价值观和政治结构也是别国所需要的，并且诉诸于我们的自高自大；如果别人不需要，我们就要卷入。"亨廷顿认为，我们应该让自己用对手的方法来宣传我们的价值观，而不是强迫自己到人家内部去重建社会。因此，当1970年代后期，在协助兹别格纽·布热津斯基和吉米·卡特执行为遏制苏联而设计的人权政策时，他对为了在没有西方式民主传统的地区建立西方式民主而布置军队表示怀疑。

亨廷顿对越南的分析，来自他对世界的新看法。1950—1960年代，社会科学的一个大问题是政治现代化。一般的学术智慧都用在非洲和别处那些想培育与我们相似的民主与法律体系的新兴国家。亨廷顿对那类题目一个也不感兴趣。他把注意力集中于越南——一个权力的运作完全不同于我们的地方，从中提炼出一个重大的主题，然后在他的政治书籍《变动社会的政治秩序》（1968）中作了精辟阐述。这本书研究了国家是如何构成的，它也许是亨廷顿最重要的著作。

14世纪的阿拉伯历史学家艾伯·卡尔登（Ibn Khaldun）在他的《Muqaddimah》中描述了沙漠游牧民族对舒适的定居生活的渴望，如何为城市化提供动力，而城市化又是如何被强大的王朝掳获的。亨廷顿把这个故事接着讲下去，他描述了导致新的不稳定模式的因素，也分析了以建立更复杂的社会机构为结果的动乱和革命是如何发展的。《变动社会的政治秩序》虽然写于30多年前，但它对于今天在全球化时代试图建立稳定和相应政府的发展中国家，仍然是一幅最清晰的路线图。该书开头有一个大胆的推论：国家间最大的政治区别，与它们的政府形式无关，但与它们统治的程度有关。民主和专制之间的差别，并不如国家在政治上有无一些品质重要。那些品质是：政治上体现出一致、共有、合法、有组织、有效率和稳定。

在那些经历过社会动乱的国家看来，有关民主与专制之间的区别相对来说并不重要的论断并不奇怪。例如尼日利亚和加纳，它们进行选举，也实现了与更专制的国家如约旦、突尼斯和新加坡一样的相对开放与国内稳定。

与别的学者不同，亨廷顿对一般层面的现实给予了更多关注。在整个职业生涯中，他表现了一种与典型学院派相反的偏好，别的学者所热衷的现场观察，他只在注脚里引用。他告诉我："对最新的事件，没有学术根源，只有学术意见。"

《变动社会的政治秩序》的中心论点是，美国的历史经验并不适于理解发展中国家面临的挑战，除非我们本能地要相信如此。亨廷顿写道："美国人相信美好是一个统一体"，他们"认为所有的好事都会凑在一起"——社会发展、经济增长、政治稳定等等。他建议考虑一下印度的情况。1950年代，印度的人均收入只有阿根廷和委内瑞拉的1/10，但它在政治上相当稳定。这是为什么？部分答案却在于某种"坏"东西：那就是印度的文盲。文盲在印度滋养了民主制的稳定，因为农村的文盲对政府提出的要求，要少于有文化的城市无产者。当有文化的人组织起来挑战现存制度时，文盲和半文盲仅仅是投投票。亨廷顿认为，尽管印度的贫穷与一些因素，如选民所受的教育很少、受过高等教育的精英足以管理现代化的政府机构的奇怪结合有关，它的稳定和民主仍然维持了几十年。而现在，当新的有文化的中下阶层开始在印度出现时，国家政治却变得十分肮脏了。

亨廷顿接着说，美国人思考的另一个问题是，我们的历史告诉了我们如何限制政府，而没有告诉我们如何从头开始创建政府。正如我们靠地理遗产获得的安全，基本上是一种非劳动所得，我们的统治机构及其原则也是17世纪英国的遗产。我们的宪法是着眼于如何限制权威的，而在整个亚洲、非洲、拉丁美洲和前共产主义世界，难题是如何建立权威。"问题不在于举行选举，而在于建立机制。"

在政治先进的国家，忠诚是针对机制而非集团的。我们这样的国家，是经过长期城市化和启蒙运动的结果，然而，这种过程会因为国家的先天条件而变得不确定。他写道："人口的启蒙越快，政府被打倒的机会就越多。"法国和墨西哥先前的革命都不是因为贫穷，而是由于持续的社会和经济发展引起的。现在，全球化的精英们正在全世界倡导经济增长，在引导出政治先进的社会之前，将会导致不稳定和动乱。

在一些国际会议上，专家们频繁研究腐败问题。而《变动社会的政治秩序》证明，正是他们倡导的现代化首先造成了腐败。18世纪的英国腐败达到前所未有的水平，那应该归罪于工业革命的开始，这种判断同样也适用于19世纪的美国。但是，亨廷顿写道：腐败在这个发展阶段可能是有用的，不应以过于高尚的情操加以贬抑。腐败的提供意味着将新的组织吸收到机制里面。例如，出卖议会席位是使民主制露头的一种类型，它比以武力攻打来反对议会要好一些。亨廷顿指出，与暴力相比，腐败是一种不那么极端的异化形式："贿赂一个体制的警察与贿赂这个体制本身差不多，但比轰炸这个体制的警察局要好得多。"19世纪末，美国的立法机构和市议会就经常被公用事业、铁路公司和新的工业企业贿赂——正是同样的力量促进了经济增长，并帮助美国成为世界强国。在印度，很多经济活动如果没有小费就会瘫痪。

腐败下药不猛，却能医治官僚机构的迟钝，它是发展的一种工具。

亨廷顿还提出，现代化躁动和腐败都会引起清教徒的反应。有猫腻的交易对发展和稳定也许是必要的，在政治程序上也是合法的，但会遭到道德热情高涨者的谴责。《变动社会的政治秩序》发表十年之后，伊朗就出现了这种情况。

亨廷顿说，美国难以理解世界其他地方的革命为何强烈，是因为它从来没有经历过真正的革命。它经历的只是一场移居者反抗宗主国的独立战争，而不是一场像阿尔及利亚人反抗法国人那样的"本土人反抗外来征服者"的战争。亨廷顿清楚地指出，真正的革命是不同的，有些是"很坏"的，幸运的是，很坏的革命很少。在第三世界贫穷国家，当无产阶级变得越来越激进时，中产阶级会变得越来越保守并且更愿意为现存秩序而战。在1960年代后期的文章里，亨廷顿对21世纪初的世界进行了描述，他指出，当革命真正发生时，持续的经济剥夺"可能对它的成功极为重要"。在亨廷顿看来，经济制裁造成的食品不足和其他困难将导致推翻萨达姆·侯赛因或菲德尔·卡斯特罗的革命政权的想法，完全是一派胡说。物质牺牲虽然在正常情况下是无法容忍的，但它能证明一个革命者在思想上作出的抵押，"革命的政府可以被富裕所破坏，但决不会被贫穷所颠覆"。现在，西班牙和加拿大的开发者在哈瓦那修建宾馆，明显要比美国政府对革命政权的暗中破坏有作用。

亨廷顿用世界各地的大量实例说明革命、君主政体、民选政权和封建国家的问题。他通过高度的提炼与归纳，为我们时代的凌乱纷扰、难以驾驭和错综复杂绘制了一幅全景图。在《变动社会的政治秩序》里，他用一句话说明了军人在整个20世纪扮演的不同角色："在寡头政治世界里，士兵是激进分子；在中产阶级世界里，他是参与者和仲裁人；当大众社会隐约出现时……他又成了保守的现存秩序的监护人。"他赞扬土耳其军队和埃及军队过去几十年对社会的变化和演变所起的作用，他指出：实际上，越是倒退的社会，军人越可能扮演进步的角色，因此，当西方想以文职政治家取而代之时，就越是要小心。

亨廷顿还认为，美国出于自己的目的，把它关于"民主"改革的信念用错了地方。他写道:"改革是革命的催化剂而不是替代品……大的革命会随着改革时代而非停滞和压制的时代到来。"不管怎样,不发达社会的改革不会受到透明的、有大规模公众参与的影响,就像穆斯塔法·凯末尔·阿塔德(Mustafa Kemal Atatrk)在土耳其进行的改革所显示的,但是它会受到"迅速和出其不意"这两个古老的作战原则影响。如果改革的步骤是逐步显现的,自由的媒体就会剖析它并给它制造对立面。由于社会的某一部门会支持一种改革而不支持另一种改革,一个改革者必须悄悄地干,必须把下一个议题与这一个议题拉开,并且要经常利用社会上的传播空档而不是依靠媒体来公布。

然而,正如亨廷顿在《第三波》中承认的,大众传播的工作却有自己的魔法。1991年出版的这本书是《变动社会的政治秩序》一书未尽之意的延续,该书的副题是"20世纪末的民主化"。它受到了法国学者皮埃尔·哈斯勒(Pierre Hassner)的严厉批评,称它是"普世论者与好战的前民主人"的论调。亨廷顿一直是一个自由主义者,但是,为了小心翼翼地建立起来的声誉,他拒绝缩回脚步去发出一些简单的陈词滥调。他的一些著作说明,学术职位可以是终身的,但是,职业的稳定常常不能保证自由:即能(哪怕是在学院里)表达不流行的、不合惯例的、不受欢迎的和勇敢的观点。

六

1960年代,亨廷顿经历了一些令他头疼的时刻。那些曾在《深红哈佛》杂志里读懂了他与约翰逊政府的关系的示威者,唱着歌曲在哈佛校园内尾随他。他工作的国际事务中心先是被占领,后来又发生了爆炸。一天早晨,他年轻的儿子醒来后,发现一条标语刷在他家的大门上:"战争罪犯就住在这里!"

亨廷顿并未因此而中断替政府工作。如上所述,他加入了卡特的政府,帮助卡特总统构思表达我们人权观点的对外政策。这并非一桩貌似虔诚的舒服的差事,而是一项就严重的政治问题向苏联摊牌的艰巨工作。作为安全计划的编制协调人——这个位置是卡特的国家安全顾问布热津斯基为他设立的,亨廷顿撰写的《总统第18号咨文》,对美苏关系进行了全面的论述,它鼓舞了反对向莫斯科妥协的国家安全委员会。在苏联进入安哥拉和埃塞俄比亚、并依靠左翼的第三世界多数对联合国进行支配后,悲观主义曾广泛蔓延。亨廷顿建立了一个特别工作班子,就苏美对抗所涉及的武器生产、情报收集、经济、外交等领域进行评估。他和他的班子断定:苏联的优势是暂时的,西方最终将走在前面。他们强烈建议美国开始进行军事集结,并建立一支波斯湾快速反应部队。在卡特总统任期的后2年和罗纳德·里根总统的8年任期里,这些建议变成了现实。

直到1981年,亨廷顿才出版了一本关于1960年代的书:《美国政治:不协调的允诺》。在历史上的绝大多数世代,一代人就是一个整体,并且愿意按前人指引的生活轨迹前进。亨廷顿问:为什么有些世代却不同呢?他的答案是:1960年代是由"信仰狂热期"构成的,在盎格鲁—撒克逊人的文化里,这种狂热每隔几代人就会喷涌一次,其根源却在17世纪的英国内战;新大陆所经历的某些事件与1740年代新教的"伟大的觉醒"相似。亨廷顿认为,除了毒品与性,1960年代的示威者基本上都属于清教徒,他们是对我们的机制不能提升我们的理想而感到不安。正是对那些理想——它们在任何时代都不可能实现——的许诺,应该对美国政治中的"核心痛苦"负责。

与1950年代和1960年代的美国一样,17世纪初的英格兰也曾经历过高速经济发展与社会变动的剧痛——甚至贵族和绅士也因为政权越来越不为个人所有而有挫折感。结果就发生了清教徒反抗王权的暴动,他们希望建立一个以道德为基础的社会,保守主义的复兴因而达到了高潮。"伟大的觉醒"一个世纪之后,受到先驱者乐观主义和满足现状情绪的感染,美国的福音派掀起了另一场清教复兴,在新英格兰大地上争夺灵魂。

亨廷顿写道:"伟大的觉醒""向美国人民传达了一个信念,即他们要通过正直的努力来确保完全战胜邪恶。"——那种邪恶损害了亨廷顿和其他人所说的"美国信仰"。由于在我们国家立国的头几十年里,我们与我们的英国表兄弟区别很小,这个信仰成了我们的国家认同的试金石。忠诚于这个信仰，就能使移民一代在保留他们种族文化要素的同时，一个接一个地迅速美国化。与别的国家的信仰不同，我们的信仰是普世、民主、人人平等和强调个人独立性的。1820年代至1830年代的杰克逊时代是"信仰狂热期"，20世纪初的"平民主义进步年代"也是"信仰狂热期"。亨廷顿写道："作为对权力的最危险的体现，反对强权和怀疑政府，是美国政治思想的核心主题。"只要注意我们的那些极端主义组织，就知道这是事实。在欧洲，无论右翼还是左翼，都有要求建立强大国家的传统；而在美国，右翼和左翼激进分子却一直要求更多的"大众控制"。事实上，在1960年代，与敌人在外交上所作的必要交易，也曾受到激进分子的严厉批评，"权力傲慢已被道德傲慢取而代之"。老左派以工人阶级和工会为特征，新左派则"避开工人阶级强调道德而非意识形态"。亨廷顿还引用了一个学生领袖的话——一个民主社会是"源于并绝对贯彻道德价值观的"——来说明新左派是一种最纯粹的清教徒。

　　随着保守主义的回归，信仰狂热的后果是出现了犬儒式的漠然。信仰狂热还将政府和社会推向了不能轻易达到的标准。尽管如此，亨廷顿仍然相信，信仰狂热是美国之所以为伟大的核心。通过将官员和机构推向某种别的国家不能达到的标准，美国周期性地以改良而非革命来重塑自己。对于下一个信仰狂热期将会如何？亨廷顿表示："现在的强权看来是公司。所以，下一次信仰狂热的爆发，可能是反对垄断公司的资本主义。"

七

　　在西方，1990年代初是乐观主义胜券在握的时代。由于刚刚打赢了冷战，新保守主义者认为，民主选举和市场力量的释放，将会改善所有地方的生活；而自由主义者认为，强权政治和巨大的国防预算将成为过时的遗物；新闻报道则声称，联合国的影响力和效率都在增长；由杰出的学术和工商界领袖组成的新的跨国精英正在涌现，他们相信，世界已经到了创造一种真正的全球文明的边缘。

就在此时，塞缪尔·亨廷顿发表了一篇题为《文明的冲突?》的论文，文章刊登在 1993 年的《外交季刊》上，其中的部分思想来自亨廷顿的研究班，那里的课堂讨论，对经济全球化主导的世界一统模式提出了疑问：除了有一群规模很小的受过高度教育的精英，几乎不存在任何一种普世文明的证据。以美国与中国的事实为例，它们彼此可以非常容易地相联系，但那并不意味着它们可能有任何的彼此赞同。事实上，全球性媒体对诸如西岸和北爱尔兰这类地方的聚焦，往往放大了分歧。考虑到亨廷顿先前的观点就有"在冷门股票上押宝"的特点——例如他曾经说：腐败有时是好事，民主与专政的差别并不如我们想象的那么大，20 世纪 60 年代的激进主义是清教徒式的——《文明的冲突?》没有理由引起重大轰动。按照人们在后来一些事件中表达的观点，亨廷顿的论文似乎并不值得注意。真正的预言，都有这种反讽意味的命运。

亨廷顿写道："在我来看，这个新世界冲突的基本来源，既不是主要来自意识形态，也不是主要来自经济。人类巨大分歧与冲突的主导源头将是文化。在世界事务中，民族国家仍将是力量最强的演员，全球政治的主要冲突将发生在不同文明的国家和集团之间……文明之间的冲突，将成为现代世界冲突演变的最新阶段。"

然而，这个理论实际上煽动了激情，并立即引起了愤怒的反应。人们所在乎的纯粹是亨廷顿的说法。《文明的冲突?》被翻译成 26 种语言，世界各地都组织了为这篇文章而争论的学术讨论会。布热津斯基曾告诉我："不像塞姆先前的著作，这个题目已经把一切都说透了。所以，人们还未读懂文内有价值的细节，就对那个使人困惑的主题作出了反应。"

亨廷顿的说法震动了高等学府、豪华饭店和空气清新的新型郊外住宅区，这是一个被新的社会与文化张力——它们也孕育着新的政治冲突——弄得乱哄哄的世界。每一个与亨廷顿所描绘的现实相隔膜、正在按大同世界的方式生活的精英，都感到了巨大威胁。特别是那些第三世界的精英们，如果承认了亨廷顿指出的事实，就得承认他们自己在上流社会的脆弱地位。

亨廷顿的言论不仅涉及到世界上处于无政府状态的部分地区，也涉及到灾变笼罩下的非洲和亚洲；很多分析家不得不承认他的观点适合那些地方，但拒绝承认其普适性。亨廷顿还谈到，共产主义的死亡，决不意味着隔代遗传的因领土引起的战斗会消失，自远古以来，那种争斗就是强权政治的主要内容。他认为：自由主义者通过普世价值使世界联合起来的设想，注定是要流产的；有人觉得冷战的结束意味着将出现一个不那么危险的世界，那完全是一种有害的想法。

　　对《文明的冲突》的许多批评，表现更多的是价值判断，如说它有"道德危险"；是"自我满足的预言"，但却没有实质性的辩论。

　　而实质意义的攻击倒有不少。那些指责主要是认为亨廷顿的判断过于简单，例如，伊斯兰世界并不是一致的；一个穆斯林国家常常进攻或谴责另一个穆斯林国家。亨廷顿在 1993 年最后一期《外交季刊》上发表的第二篇关于对外政策的文章，回答了对他的批评。他继续直率地指出："当人们严肃地思考时，他们的思考是抽象的；他们对现实进行简单的图解式推想，并将那称之为概念、理论、模式和范例。若无这种智力构建，就会产生威廉·詹姆斯（William James 1842—1910 年，美国哲学家、心理学家、实用主义哲学运动和功能主义心理运动的创建人——译注）所说的'一种闹哄哄的混乱'。"亨廷顿指出，冷战的例子，并不能解释 1945—1989 年无数冲突与争斗的形成，尽管如此，那总体上比其他例子解释得好一点。在这个时代，如此之多的学者和知识分子都担心受到别的学者和知识分子攻击，那倒不如取消相互间的算计来得最安全。亨廷顿还反驳道：学者的责任就是要用严谨、通俗的术语说出他的真实思想。

　　1996 年，亨廷顿对那篇论文进行了扩充，出版了《文明的冲突与世界秩序的重建》一书，书中又提供大量新的观察。他揭示了西方意识形态和东方宗教的产生，解释了宗教何以成为当今国际舞台上更具威胁性的力量。他指出，与直觉相反，由于共产主义是一种中央欧洲的意识形态，在哲学上，苏联比接替它的东正教俄国更接近西方。他提醒人们：与西方和伊斯兰之间存在已久的斗争相比，冷战不过是稍纵即逝的事件。在中世纪，穆斯林军队从古西班牙一直推进到法兰西，从巴尔干一直推进到维也纳城下。现在，一个人口而非军事上的类似进军，正在欧洲进行。他写道："未来冲突的危险，很可能来自西方的傲慢、伊斯兰的偏狭、以及中国的自负的相互作用。"

他的论文和著作出版几年后，北大西洋公约组织的扩张虽然漏掉了几个东正教国家，但包括了3个新教——天主教国家，因此，除了某些例外，北约的版图已类似中世纪西方基督教国家的版图。同时，随着伊斯兰幽灵的压力在黎巴嫩、叙利亚和巴勒斯坦领土上增大，基督教徒继续逃离中东。美国的教会团体、自由主义者和保守主义者也团结起来，支持基督教徒为人权与中国作对，或反抗屠杀基督教徒的苏丹穆斯林。亨廷顿的基本理论能够解释这些以及更多类似现象，他的著作显得越来越重要。与此同时，一些在冷战时期被克里姆林宫学专家认为用苏联的制度维持了基本稳定的地区、一些非洲学学者1960和1970年代预言会出现经济增长和发展的地区，已经被战争所分裂。

在问到如何看待当前因纽约和华盛顿遭受恐怖攻击所产生的危机时，亨廷顿不愿谈美国应该具体采取什么政策。他过去曾发出过警告：指望与我们完全不同的人会变得非常喜欢我们，是毫无意义的；这种意愿良好的本能只会造成伤害。"在种族争斗和文明冲突显现的世界，西方人对西方文化的普遍信仰是虚伪、不道德和危险的，他们正在承受这三个问题的痛苦"。对于刚刚开始的由美国领导的战争，他的警告是：对恐怖主义的残暴事实要保持关注。他认为，以本·拉登的处境看，他非常希望引起伊斯兰与西方之间的文明冲突。另一方面，美国必须抓住机会完成两件事：首先，将西方国家更紧密地凝聚在一起；其次，努力更加现实地了解别人眼里看到的世界究竟什么样的。这个时刻要求我们除了客观，还要意志坚强、谦逊；手段要无情，但处理要慎重。

对于我们生活的这个世界，亨廷顿最后作了这样的忠告："这是个危险的地方，这里有许多人对我们的财富、强权和文化不满，并精力旺盛地反对我们说服或强迫他们接受我们的人权、民主和资本主义价值观。在这个世界，美国必须学会区别谁是我们真正的朋友，谁会和我们站在一起，谁又会与我们一起赴汤蹈火在所不辞；我们的盟友有些是机会主义的，并非所有利益都与我们一样；我们有既是战略伙伴、但又是竞争对手的混合关系的朋友；也有是竞争对手、但又可能进行谈判的朋友；更有坚持不懈地想方设法要毁灭我们、除非我们先将他们毁灭的敌人。"

八

亨廷顿从来不会让良好的意图被精确的分析所搞乱。他知道，一个政治学家的工作不必是改造世界，但他必须讲出不断思考的是什么，并且要为维护他的政府的利益，就行动方案开出药方。他 1997 年在《外交季刊》发表过一篇文章，《美国国家利益的腐蚀》。他在文中写道："从将来的一些问题考虑，安全威胁和道德挑战的结合，会再次要求美国人将主要资源用于捍卫国家利益。"这种资源重组在"低成本"时很容易实现，如果让那些无益于安全的企业继续损害我们的对外政策，就难以实现。因此，以克制的方式对待世界，可以使我们在危急情况下更迅速地重组资源；如果我们在太多地区卷入过深，太热衷于"特殊神宠论"（particularistic）的游说和关于人权的宏伟构想以及如何安排世界，就很难做到了。

真正的保守主义并不渴求崇高原则，因为它的任务是捍卫已有的原则。保守主义者的窘境在于，保守主义的正确，只能由结果的正确来证明。然而，依赖普遍原则的自由主义者，无论何时都会被证明是错误的。塞缪尔·亨廷顿一直坚持自由主义的理想，但他知道，没有强权，这种理想便不能生存；而强权需要小心地维护。

美国的政治学如果能留下什么永久性智力纪念碑，塞缪尔·亨廷顿的作品将是其支柱之一。在我看来，《美国政治：不协调的允诺》结尾处的一段话，体现了亨廷顿的持久判断力和政治敏感的精髓："批评者说美国是个谎言，因为它的现实已衰落得如此缺乏其理想。错！美国没有谎言，只有失望。但它能够失望的唯一原因，是它还保有希望。"

附录 6　美中关系的未来——有冲突但并非必然[①]

2011年1月19日，在胡锦涛主席结束访美之际，奥巴马总统和胡锦涛主席发表了一项联合声明，宣布将共同致力于一种"积极的、合作的和全面的美中关系"。双方对各自主要关切的问题做出保证，宣布"美国重申欢迎一个强大、繁荣和成功的中国在世界事务中发挥更大的作用。中国则欢迎美国作为亚太国家对该地区的和平、稳定和繁荣做出贡献"。

此后，两国政府已着手实施上述目标。两国的高级官员已经互访，并将在重大战略和经济问题上的交流制度化。军方之间的接触已经重新启动，从而开启了一个重要的沟通渠道。而且在非官方层面上，所谓的"第二梯队"也在探讨美中关系的各种可能演变。

然而，随着合作的增加，争议也日趋激烈。两国的一些重要团体都声称中美之间争夺霸权是不可避免的，而且或许已在进行之中。从这个角度来看，呼吁美中合作显得有点不合时宜，甚至是幼稚的。

相互指责出现在两个国家内部不同但对等的分析中。美国的一些战略思想家认为，中国的政策具有两个长期目标：取代美国成为统治西太平洋地区的强国以及将亚洲整合成一个服从于中国经济和外交政策利益的排他性集团。在这一思维中，即便中国的绝对军力无法与美国相提并论，但北京仍有能力在与华盛顿爆发军事冲突时构成美国无

[①] 本文作者为基辛格，原文2012年发表于 Foreign Affairs, pp. 44–55., 英文原题为 The future of U. S. – Chinese relations: Conflict is a choice, not a necessity.

法承受的风险，而且它正在研发越来越尖端的武器以抵消美国的优势。中国无懈可击的二次核打击能力还将配备射程不断扩大的各种反舰弹道导弹以及在诸如网络空间和太空这类新领域里的不对称能力。通过外围的一系列岛链，中国可确保海上的主导地位，一些人士担心，一旦有了这种屏障，中国的邻国因对中国贸易的依赖以及对美国的反应能力心中无数，就可能会按照中国人的意思调整各自的政策。最终，这可能导致建立一个以中国为中心的西太平洋地区的亚洲集团。最近美国公布的国防战略报告至少含蓄地反映了某些不安。

没有任何中国政府官员宣布这一战略是中国的实际政策。他们所强调的其实正好相反。

美国的战略关切以及与整个东方世界作战的意识形态倾向被放大了。在这些理论中——各种理论版本在美国的左翼和右翼中都有各自的拥趸者——同中国之间的紧张与冲突源自于中国的国内结构。有人断言，和平将取得全球胜利，而不是来自合作诉求。例如，政治学者阿龙·弗里德伯格（Aaron Friedberg）写道："中国将毫无理由害怕其他的民主国家，更不会对之诉诸武力。"

在中国方面，对抗性的解释则遵循一种相反的逻辑。他们将美国看作是一个受了伤的超级大国，决心挫败任何挑战者的崛起，而中国则是最没有悬念的挑战者。一些中国人士认为，无论中国多么迫切地寻求合作，华盛顿的固定目标一定是通过军事部署和各种条约承诺来围堵日益发展壮大的中国，从而防止中国扮演中央王国这种历史角色。从这个角度来看，与美国之间任何的长久合作都是弄巧成拙的，因为它将只会服务于美国遏制中国这一压倒性的目标。系统性的敌意甚至有时还会出现在美国的文化和科技的影响中，被描述成一种旨在腐蚀中国国内共识和传统价值观的恶意施压。而最强硬的声音则坚持认为，中国在敌对逆流前一直过于被动，中国应该直面那些有主权争议的邻国，用战略分析师龙涛（Long Tao）的话来说："说理、谋划、在局势失控前先发制人……发动一些小规模战斗以阻止进一步的挑衅。"

历史未必会重演

那么，寻求一种合作的美中关系及其相关政策有何意义呢？可以肯定的是，大国的崛起在历史上往往会引起新老强权之间的冲突，但情况已经变了。要是早知道整个世界在战争结束时成啥模样，那么在1914年轻率参与世界大战的领导人是否还会那样做，这一点令人怀疑。当代领导人不可能抱有这样的幻想。发达的核国家之间一场重大战争肯定会带来与预想目标不相称的人员伤亡和动乱。先发制人几乎毫无可能，尤其对于美国这样一个多元民主国家。

一旦遭遇挑战，美国将会为保障安全不遗余力，但它也不该将对抗视为战略选择。在中国，美国将会发现一个在好几个世纪里精于持久战策略的对手，信奉的是从心理上拖垮对手。在实际的冲突中，双方都拥有给对方造成灾难性损失的能力和才智。在这样一场假设的战火接近尾声时，所有参与者都将精疲力竭。届时，他们将不得不重新面对他们在今天所面对的那项新任务：构建一个让两国都成为重要组成部分的国际秩序。

双方在冷战时期用来遏制苏联扩张的各种策略并不适用于目前。苏联经济疲软（军工生产除外），而且对全球经济没有什么影响。中国与苏联绝交并驱逐其顾问后，除了少数几个被强行纳入苏联轨道的国家之外，很少有国家同莫斯科继续保持经济关系。相比之下，眼下的中国是世界经济中一个活跃因素。它是所有邻国和包括美国在内大多数西方工业大国的主要贸易伙伴。中美之间的长期对抗将会改变世界经济，并给所有国家带来令人不安的后果。

中国也会发现当年应对苏联冲突的那种战略并不适合于对抗美国。只有少数几个国家——而且没有一个亚洲国家——会把美国在亚洲的存在看作是必须"斩断"的"触角"（邓小平当年关于苏联前沿部署的形象说法）。即便那些没与美国结盟的亚洲国家也希望美国承诺在该地区的政治存在，并希望近海驻军确保其所习惯的世界。印尼的一位高官对美国同行表达出了这些国家的立场："不要抛弃我们，但也不要迫使我们做出选择。"

中国近来的军力增强并非是一件不寻常之事：要是世界第二大经济体和最大的自然资源进口国没有将经济实力转变成某种军力的增强，那才更不寻常。问题是军力的增强是不是无限制的以及将被用于何种目的。如果美国将中国军事能力的每次增强都视为一场敌对行动，那么它很快就会发现自己在为各种古怪目标而陷入无尽争论之中。不过，中国鉴于自己的历史也必须意识到防御和进攻能力之间的细微差异，以及无限制军备竞赛所带来的各种后果。

中国领导人有充分理由拒绝国内要求采取强硬态度的呼声——正如已公开宣称的那样。中国历史上的皇朝扩张靠的是同化而非征服，或者是让入侵者归顺中华文化，然后将其领土并入中国的疆域。军事称霸亚洲是极为困难的。在冷战期间，与苏联接壤的是一些因战争和占领而被削弱、并依赖美国进行防卫的弱国。中国今天在北方面对着俄罗斯；向东则是与美国结成军事同盟的日本和韩国；往南是越南和印度，而离印尼和马来西亚也不远。这些国家都不是容易征服的，反倒有被围之忧。这些国家有着悠久的军事传统，一旦领土或其推行独立政策的能力受到威胁，那将构成难以对付的障碍。好战的外交政策将会驱使所有这些国家或其中某些国家之间进行合作，唤起对历史的回忆。

应对新的中国

中国至少在中期内保持克制的另一个原因是所面临的国内调整。在中国社会里，缩小发达的沿海地区与欠发达的西部地区之间的差距的目标变得既迫切又难以捉摸。文化变迁加剧了这种挑战。未来几十年将会首次目睹独生子女家庭对中国社会造成的全面冲击，这势必修改一个传统上由大量家人照顾老年人和残疾人的社会文化模式。当4个祖父母辈争夺一个小孩的注意力，并将各种以前对许多子女的各种愿望都寄托在他一个人身上时，也许会出现一种坚持不懈的成就和大量的、也许无法实现期待的新格局。

这些社会和政治转型必然会在美国引发兴趣和期盼。美国的直接干预将是既不明智也无成效的，但以外交压力和经济制裁来转变中国体制的系统性做法很可能适得其反。在中国，大多数人将会用民族主义的多棱镜来看待这点，从而令人想起早期的外国干预。

这种局势所要求的并不是放弃美国的价值观，而是对可实现的价值和绝对价值加以区别。美中关系不应被视为一场零和博弈，也不能把中国的崛起假设成是美国战略的失败。

合作对双方的成见提出了挑战。美国一向很少面对过这样一个国家，在规模、自信、经济成就以及国际视野方面相似，但却有着不同的文化和政治制度。而中国也历来没有如何与一个长期在亚洲存在、理念不适合中国人观念以及同周边邻国结盟的大国友好相处的经历。而在美国之前，一些国家这么做都被看作是企图主宰中国的一个前奏。

最简单的战术是坚持用占优的资源和物力压垮潜在的对手。但这在当代世界几乎是不可行的。中国和美国将不可避免地延续各自持久存在的现实，彼此都不会将自身安全交给对方——没有一个大国会长期这么做的，各自将继续追求自身的利益，有时以牺牲对方利益为代价，但两者都有责任考虑到对方的关切点，而且很好地认识到它们的言论以及它们的实际政策都会加剧对方的猜忌。

中国最大的战略忧虑是外部一个大国或多个大国将在中国外围建立具有蚕食中国领土或插手国内体制能力的军事部署。过去，中国一旦认为自己面临这种威胁时，那就会面临战争，而不是冒险看着它成气候——1950年在朝鲜参战，1962年对印度作战，1969年沿着北部边境与苏联交战，1979年对越南作战。

美国的恐惧有时只是以间接方式被表达出来，那就是它被一个排外性集团赶出亚洲。美国为阻止这样的结果而同德国和日本打了一场世界大战，并在民主党和共和党执政时期运用了最强有力的冷战外交来对付苏联。值得指出的是，在这些冒险行动上，美中两国的努力都是针对明显的霸权威胁的。

出于各自的理由，亚洲其他国家会坚持各自的优势以形成各自的能力，而不是作为外部大国间较量的一部分，它们不甘心接受让自己重新成为附庸国的某种秩序,也不会认为它们是美国为改变中国体制所推行的遏制政策或方案的一个要素。它们渴望与中国和美国都保持良好的关系,而且会抵制任何在两者间作出选择的压力。

对霸权的恐惧和对被包围的忧虑是否可以消除呢?双方有否可能在非战略军事化之下找到一个能让双方实现各自最终目标的空间?对于拥有全球性能力、但有着不同甚至是冲突的愿望的各大国而言,冲突与退让之间的界限是什么呢?

中国对周边地区具有重大影响力,它的地理、价值观和历史已经决定了这一点,但影响力的范围将为环境和决策所左右。这就将决定其对影响力的必然追求是否会转化成一种否定或排斥其他独立权力源的动力。

在差不多两代人的时间里,美国的战略是美国地面部队在当地进行区域性防御——主要是为了避免一场全面核战争的灾难性后果。而近几十年,美国在国会和公众舆论的压力下已经放弃了对越南、伊拉克和阿富汗的这类承诺。现如今,财政上的考虑又进一步限制了这样做的范围。美国的战略已经从保卫领土转变为对潜在挑衅者给予难以承受的痛击这样的威慑。这要求美国具有快速干预和覆盖全球的军事能力,但却不是环绕中国边界建立的各种基地。华盛顿绝不能将基于有限预算的防务政策同基于无限意识形态目标的外交活动结合起来。

正如中国对周边国家的影响力可能会引发关于大国地位的各种忧虑,美国为追求传统的国家利益而做的各种努力也会被理解成一种军事包围。双方都必须明白,表面上传统而合理的过程因为这些细微差别就可能引发对方的深忧。它们应该共同寻求界定和平竞争的可控范围。如果这一点能获得明智解决,那么军事上的对峙和控制都能得以避免;否则不断升级的紧张局势是不可避免的。找到这个空间,可能的话去拓展这个空间,并且防止双方关系因各种策略和国内紧迫问题而被压垮,这是外交的使命。

合作还是冲突

现有的世界秩序是在没有中国的参与下建立起来的。因此，中国有时觉得不用受到这种秩序规则的约束。规则中凡有不妥之处，北京已建立了各种替代性安排，比如同巴西、日本和其他国家正在建立的单独的货币渠道。一旦这种做法成为常规，并且扩大至许多活动领域，那么就可能形成竞争性的世界秩序。由于缺乏共同目标，也没有形成议定的克制规则，制度化对峙就有可能加剧，超出倡导者的各种推测和意图。在一个进攻能力空前强大和侵入手段大为增加的年代里，对这种行为的惩罚将是严厉的，也许是不可改变的。

危机管理并不足以维持一种全球性的、且受到两国内部以及两国间众多不同压力缠扰的关系，这就是我主张建立一个太平洋共同体构想，并认为美中至少在普遍关注的问题上能产生共同目的感的缘由所在。但如果任何一方将此视为击败或损害对方的一种更有效方式，那么建立这样一个共同体的目标是无法达成的。无论是中国还是美国，都不会不在意所遭到的系统性挑战。一旦发现挑战，就会应战。双方都需要真诚合作，并找到一种沟通方法将各自的设想告知对方和整个世界。

在这方面已经有了一些尝试性步骤。例如，美国已经开始与其他一些国家就《跨太平洋伙伴关系协定》（TPP）进行磋商，这是一项将美洲和亚洲连接起来的自由贸易协定。这一安排可能是实现太平洋共同体的一个步骤，因为它将撤减当今世界上最富成效、最具活力的以及资源丰富的各经济体之间的贸易壁垒，并通过共同计划将太平洋两岸连接起来。

奥巴马已邀请中国加入《跨太平洋伙伴关系协定》。然而，美国的官员和评论家所提出的加入条件是中国需要彻底改变国内结构。要是真的这样，那么《跨太平洋伙伴关系协定》在北京眼里可能就是孤立中国战略的一部分。而中国也已经提出了类似的可替代性安排，已经与东盟就一项贸易协定进行了谈判，并提议与日本和韩国商谈一项东北亚贸易协定。

各方都会有重要的内政方面考虑,而一旦双方将对方达成贸易协定的努力视为孤立战略的组成部分,那么亚太地区可能逐渐沦为竞争性敌对大国的战场。具有讽刺意味的是,如果中国满足美国人一再提出的要求,从一个出口导向型经济体转变成一个消费拉动型经济体,这将是一项独特的挑战,这样的发展可能减少中国向美国出口的收益。

北京和华盛顿所面临的关键性决策在于,是为合作做出真正的努力,还是重新陷入一种国际对抗历史模式之中。两个国家已提到了共同体一词,甚至已经为此设立了一个高级别论坛,即战略与经济对话,每年举行两次。虽然论坛在解决紧迫问题上是富于建设性的,但对于建立一种真正的全球经济政治秩序这一最终任务则仍是微不足道的。而如果一种全球秩序没能出现在经济领域,那么在更情绪化和难以双赢的问题上(比如领土和安全上)就不可能跨越各种障碍。

言语上的风险

双方在追求这一进程时有必要认识到言辞对各种看法和推断的影响。美国领导人不时出于国内政治之需而猛烈抨击中国及其特定的对抗性政策方案,甚至在最终意图推出一项温和政策时也是如此。问题不在于具体的抱怨,那应该按问题的是非曲直来处理,而是在于攻击中国政策的基本动机,比如声称中国是一个战略对手。据此看来,中国的严词声明,包括半官方媒体的那些声明,无论是出于国内压力还是本身的意图,或许都能解释为将采取所暗示的行动。

美国两党间的辩论往往将中国描述成"崛起中的大国",需要"成熟"和学会如何在世界舞台上承担责任。而中国却将自身看作并非正在崛起中的大国,而是一个正在重返历史地位的大国。它在长达两千年的时间里在本地区一直占据着主导地位,只是暂时被利用了中国国内纷争和衰败的殖民剥削者所取代。中国并没有把强大的中国在经济、文化、政治和军事方面发挥影响力的前景当作是对世界秩序的一种不应有的挑战,而是视作一种常态的回归。而美国人无需去赞同中国人分析的每个方面，但也要明白，给一个有着千年历史的国家讲授有关"成长"和"负责任"行为，可能是多余的和刺耳的。

在中国一方，政府及各种非正式机构关于"复兴中华民族"和恢复传统显赫地位的各种说法，在中国境内和国外显然有着不同的理解。在经受了长达一个世纪的屈辱之后，中国肯定对最近取得的明显进展引以为豪。不过，亚洲也很少有国家留恋受中国宗主权支配的年代。作为反殖民主义斗争的老兵，大多数亚洲国家在面对任何外部大国——不论是西方的大国还是亚洲的大国——时对保持独立性和行动自由都极为敏感。它们尽可能多地参与各类经济和政治活动；它们希望美国在本地区发挥作用只是寻求平衡状态，而不是一次十字军东征或对抗。

中国的崛起与其说是军事实力增强的结果，倒不如说是美国自身竞争地位不断下降的后果，而陈旧的基础设施、对研发重视不够、看似不正常的政府过程等因素则起了推波助澜的作用。美国应该运用才智和决心去解决这些问题，而不是指责一个假想的对手。它必须小心在对华政策上不重复那种冲突模式：开始时有广泛的公众支持和广泛的目标，但最终的政治进程却坚持一项等同于放弃该国所称目标的游离战略。

中国历经磨难，也没有一届美国政府曾寻求改变中国作为世界主要大国、主要经济体和主要文明之一，由此中国可以找到自信。而美国人最好也记住，中国的 GDP 即便与美国等量，却拥有数量 4 倍于美国且正在老龄化的人口，并参与增长和城市化所引起的复杂国内转型，实际的后果是中国大量能源仍将用于满足国内需求。

双方应该持开放的态度，将彼此的活动视为国际生活中的一个正常部分，而没有理由当作自我警示。只要双方都能够保持这种特性，并以此为行动准则，那彼此冲突的必然趋势就不会混同于一种有意的遏制或统治趋势。中国和美国未必会超越大国对抗这样的常规程式。但它们应该去超越，而世界也应该努力去超越。

参考文献

一、中文资料

1. 专著（按出版时间倒序排列）

［1］［美］亨利·基辛格：《白宫密谈》，人民日报出版社，2013年版。

［2］［德］康德：《道德形而上学》，中国人民大学出版社，2013年版。

［3］［美］亨利·基辛格等：《舌战中国：21世纪属于中国吗?》，中信出版社，2012年版。

［4］［美］肯尼思·沃尔兹：《现实主义与国际政治》，北京大学出版社，2012年版。

［5］［美］亨利·基辛格：《论中国》，中信出版社，2012年版。

［6］［意］奥里亚娜：《风云人物采访记》，译林出版社，2012年版。

［7］［美］莱茵霍尔德·尼布尔：《光明之子与黑暗之子》，北京大学出版社，2011年版。

［8］［美］托马斯·索威尔：《美国种族简史》，中信出版社，2011年版。

［9］［法］埃德蒙·伯克：《法国革命论》，商务印书馆，2009年版。

［10］龚洪烈：《基辛格的外交思想与战略》，南京大学出版社，2009年版。

［11］杨洁勉等：《大磨合：中美相互战略和政策》，天津人民出版社，2007年版。

［12］［美］汉斯·摩根索：《国家间政治——权力斗争与和平》，

北京大学出版社，2006年版。

[13]［美］威廉·曼彻斯特：《光荣与梦想——1932—1972美国社会实录》，海南出版社，2006年版。

[14]［美］杰夫·贝里奇、莫里斯·基恩斯、索铂·奥特：《外交理论：从马基雅弗利到基辛格》，北京大学出版社，2006年版。

[15]［德］奥斯瓦尔德·斯宾格勒：《西方的没落》，上海三联书店，2006年版。

[16]［英］爱德华·卡尔：《二十年危机（1919—1939）：国际关系研究导论》，世界知识出版社，2005年版。

[17]［美］亚历山大·温特：《国际政治的社会理论》，北京大学出版社，2005年版。

[18]巨永明：《核时代的现实主义·基辛格外交思想研究》，中国社会科学出版社，2005年版。

[19]［美］尼科洛·马基雅维里：《君主论》，商务印书馆，2005年版。

[20]［美］戈登·克雷格、亚历山大·乔治：《武力与治国方略》，商务印书馆，2004年版。

[21]［美］沃尔特·拉塞尔·米德：《美国外交政策及其如何影响了世界》，中信出版社，2003年版。

[22]［美］戴维·卡莱欧：《欧洲的未来》，上海人民出版社，2003年版。

[23]［美］詹姆斯·多尔蒂：《争论中的国际关系理论》，世界知识出版社，2003年版。

[24]［美］罗伯特·杰维斯：《国际政治中的知觉与错误知觉》，世界知识出版社，2003年版。

[25]［美］约翰·米尔斯海默：《大国政治的悲剧》，上海人民出版社，2003年版。

[26]时殷弘：《从拿破仑到越南战争·现代国际战略十一讲》，团结出版社，2003年版。

[27]［美］赫德利·布尔：《无政府社会·世界政治秩序研究》，

世界知识出版社，2003年版。

［28］［美］戴维·米勒、韦农·波格丹诺：《布莱克维尔政治学百科全书》，中国政法大学出版社，2002年版。

［29］［美］亨利·基辛格：《美国需要外交政策吗？》，中国友谊出版公司，2003年版。

［30］［美］莱斯利·里普森：《政治学的重大问题——政治学导论》，华夏出版社，2001年版。

［31］杨洁勉：《后冷战时期的中美关系：对外政策比较研究》，上海人民出版社，2000年版。

［32］［美］塞缪尔·亨廷顿：《文明的冲突与世界秩序的重建》，新华出版社，1999年版。

［33］［美］黑格尔：《历史哲学》，上海书店出版社，1999年版。

［34］［美］迈克尔·亨特：《意识形态与美国外交政策》，世界知识出版社，1999年版。

［35］［美］塞缪尔·亨廷顿：《第三波——20世纪末的民主化浪潮》，上海三联书店，1998年版。

［36］［美］亨利·基辛格：《大外交》，海南出版社，1998年版。

［37］［美］安东尼·吉登斯：《民族——国家与暴力》，生活·读书·新知三联书店，1998年版。

［38］［美］阿诺德·汤因比：《历史研究》，上海人民出版，1997年版。

［39］［苏］阿纳托利·多勃雷宁：《信赖．多勃雷宁回忆录》，世界知识出版社，1997年版。

［40］［美］理查德·伯恩斯坦、罗斯·芒罗：《即将到来的美中冲突》，新华出版社，1997年版。

［41］［美］杰里尔·A.罗赛蒂：《美国对外政策的政治学》，世界知识出版社，1997年版。

［42］杨洁勉：《后冷战时期的中美关系：分析与探索》，上海人民出版社，1997年版。

［43］李义虎：《超级智者：基辛格》，学苑出版社，1996年版。

[44] 资中筠主编：《战后美国外交史》，世界知识出版社，1994年版。

[45] [美] 罗伯特·舒尔茨辛格：《外交博士基辛格》，世界知识出版社，1992年版。

[46] [美] 哈罗德·D. 拉斯韦尔：《政治学》，商务印书馆，1992年版。

[47] [美] 西摩·赫什：《权力的代价：尼克松执政时期的基辛格》，国际文化出版公司，1991年版。

[48] [美] 斯坦利·霍夫曼：《当代国际关系理论》，中国社会科学出版社，1990年版。

[49] [德] 康德：《历史理性批判文集》，商务印书馆，1990年版。

[50] [美] 加布里埃尔·A. 阿尔蒙德：《公民文化》，浙江人民出版社，1989年版。

[51] [美] 乔治·凯南：《美国外交》，世界知识出版社，1989年版。

[52] [日] 池田大作、亨利·基辛格：《和平、人生与哲学——池田大作与基辛格对谈集》，中国国际广播出版社，1988年版。

[53] [意] 尼科洛·马基雅维里：《君主论》，商务印书馆，1985年版。

[54] [美] 兹比格涅夫·布热津斯基：《实力与原则：1977—1981年国家安全顾问回忆录》，世界知识出版社，1985年版。

[55] [美] 亨利·基辛格：《动乱年代》，世界知识出版社，1983年版。

[56] [美] 塔德·肖尔茨：《和平的幻想：尼克松外交内幕》，商务印书馆，1982年版。

[57] [意] 翁贝托·梅洛：《马克思与第三世界》，商务印书馆，1981年版。

[58] [美] 亨利·基辛格：《白宫岁月》，世界知识出版社，1980年版。

[59] 陈有为：《基辛格评传》，世界知识出版社，1980年版。

[60][美]沃伦·纳特:《基辛格的总构想》,商务印书馆,1976年版。

[61][美]马文·卡尔布、伯纳德·卡尔布:《基辛格》,生活·读书·新知三联书店,1975年版。

[62][美]查尔斯·阿什曼:《基辛格:超级德国佬的冒险经历》,上海人民出版社,1974年版。

[63][美]斯蒂芬·格劳巴德:《基辛格:一个智者的画像》,上海人民出版社,1974年版。

[64][美]亨利·基辛格:《选择的必要》,商务印书馆,1973年版。

[65][美]亨利·基辛格:《美国对外政策》,上海人民出版社,1972年版。

[66][美]亨利·基辛格:《核武器与对外政策》,世界知识出版社,1959年版。

2. 期刊论文(按出版时间倒序排列)

[1]高奇琦:"现实主义与建构主义的合流及其发展路向",《世界经济与政治》,2014年第3期。

[2]杨洁勉:"新型大国关系:理论、战略和政策建构",《国际问题研究》,2013年第3期。

[3]周一骏:"中国行为的根源:《大外交》与《论中国》中隐藏的逻辑",《学理论》,2013年第11期。

[4]周一骏:"国内学界关于基辛格研究中的局限性论析",《南京政治学院学报》,2013年第5期。

[5]张睿壮:"一代巨擘褒与贬",《世界经济与政治》,2011年第3期。

[6]唐世平:"国际政治的社会进化:从米尔斯海默到杰维斯",《当代亚太》,2009年第4期。

[7]张景全:"核武器对同盟的影响:以朝核问题与日美同盟的互动为例",《当代亚太》,2009年第8期。

[8]杨洁勉:"新兴大国群体在国际体系转型中的战略选择",《世界经济与政治》,2008年第6期。

［9］王义桅："国际关系的理论性"，《世界经济与政治》，2007年第4期。

［10］苏长和："理性主义、建构主义与世界政治研究"，《国际政治研究》，2006年第5期。

［11］秦亚青："现实主义理论的发展及其批判"，《国际政治科学》，2005年第2期。

［12］杨洁勉："布什第二任期的全球战略和中美建设性合作关系"，《美国研究》，2005年第1期。

［13］张睿壮："现实主义的持久生命力"，《世界经济与政治》，2004年第7期。

［14］唐小松："论现实主义的发展及其命运"，《世界经济与政治》，2004年第7期。

［15］张建新："建构主义国际体系理论及其社会结构观"，《世界经济与政治》，2002年第12期。

［16］杨洁勉："跨世纪世界格局中的美国全球战略"，《国际问题研究》，2000年第6期。

［17］王逸舟："试析国际政治学的美国重心试析国际政治学的美国重心"，《美国研究》，1998年第1期。

［18］秦亚青："西方国际关系学的现实主义与新现实主义理论"，《外交学院学报》，1996年第3期。

［19］茹莹："论70年代以来'经济武器'在美国对苏外交中的运用"，《世界历史》，1995年第12期。

二、英文资料

1. 美国政府文书（按出版时间倒序排列）

［1］U. S. Foreign Policy for the 1970s: Shaping a Durable Peace, A Report to the Congress by Richard M. Nixon, President of the United States, May 3, 1973, Washington, D. C.: U. S. Government Printing Office, 1973.

［2］U. S. Foreign Policy for the 1970s: The Emerging Structure of

Peace, A Report to the Congress by Richard M. Nixon, President of the United States, February 9, 1972, Washington, D. C.: U. S. Government Printing Office, 1972.

［3］U. S. Foreign Policy for the 1970s: Building for Peace, A Report to the Congress by Richard M. Nixon, President of the United States, February 25, 1971, Washington, D. C.: U. S. Government Printing Office, 1971.

［4］U. S. Foreign Policy for the 1970s: A New Strategy for Peace, A Report to the Congress by Richard M. Nixon, President of the United States, February 18, 1970, Washington, D. C.: U. S. Government Printing Office, 1970.

2. 专著（按字母顺序排列）

［1］Andrianopoulos, Argyris G. , *Kissinger and Brzezinski: The NSC and the Struggle for Control of US National Security Policy*, New York: St. Martin's Press, 1991.

［2］Andrianopoulos, Argyris G. , *Western Europe Kissinger's Global Strategy*, New York: St. Martin's Press, 1988.

［3］Berman, Larry, No Peace, *No Honor: Nixon, Kissinger, and Betrayal in Vietnam*, New York: The Free Press, 2001.

［4］Brown, Seyom, *The Crisis of Power: An Interpretation of United States Foreign Policy During the Kissinger Years*, New York: Columbia University Press, 1979.

［5］Bundy, William, A Tangled Web: The Making of Foreign Policy in the Nixon Presidency, New York: Hill and Wang, 1998.

［6］Caldwell, Dan (ed.), *Henry Kissinger: His Personality and Politics*, Durham: Duke University Press, 1983.

［7］Charles R. Ashman, Kissinger: *the adventures of super-kraut*, New York: Lyle Stuart Inc, 1974.

［8］Cleva, Gregory D. , *Henry Kissinger and the American Approach to Foreign Policy*, Cranbury, NJ: Associated University Presses, 1989.

[9] Dallek, Robert, *Nixon and Kissinger: Partners in Power*, New York: Harper Collins Publishers, 2007.

[10] Der Derian, James (ed.), *International Theory: Critical Investigation*, New York: New York University Press, 1995.

[11] Dickson, Peter, *Kissinger and the Meaning of History*, Cambridge: Cambridge University Press, 1978.

[12] Dobrynin, Anatoly, *In Confidence: Moscow's Ambassador to America's Six Cold War Presidents (1962 – 1986)*, New York: Times Books, 1995.

[13] Freedman, Lawrence, *The Evolution of Nuclear Strategy*, New York: St. Martin's Press, 1989.

[14] Gaddis, John Lewis, "Rescuing Choice from Circumstance: The Statecraft of Henry Kissinger", in Gordon A. Craig and Francis L. Loewenheim (eds.), *The Diplomtits 1939 – 1979*, Princeton, NJ: Princeton University Press, 1994.

[15] Garthoff, Raymond. *Detente and Confrontation: American-Soviet Relations from Nixon to Reagan*, Washington, D. C.: Brookings Institution, 1994.

[16] Graubard, Stephen, *Kissinger: Portrait of a Mind*, New York: W. W. Norton & Company, 1973.

[17] Guzzini, Stefano, *Realism in International Political Economy: The Continuing Story of a Death Foretold*, London: Routledge, 1998.

[18] Haldeman, H. R., *The Ends of Power.* New York: Times Books, 1978.

[19] Hannhimaki, Jussi, *The Flawed Architect: Henry Kissinger and American Foreign Policy*, New York: Oxford University Press, 2004.

[20] Hersh, Seymour, *The Price of Power: Kissinger in Nixon White House*, New York: Summit Books, 1983.

[21] Hersh, Seymour. *The Trial of Henry Kissinger*, London: Verso, 2001.

[22] Hoffmann, Stanley, *Contemporary Theory in International Relations*, New York: Prentice-Hall, 1960.

[23] Hoffmann, Stanley, *Primacy of World Order: American Foreign Policy since the Cold War*, New York: McGraw-Hill Book Company, 1978.

[24] Huntington, Samuel P., *The Clash of Civilizations and the Remaking of World Order*, New York: Simon & Schuster, 1996.

[25] Hyland, William G., *Mortal Rivals: Superpower Relations from Nixon to Reagan*, New York: Random House, 1987.

[26] Isaacson, Walter, *Kissinger: A Biography*, New York: Simon & Schuster, 1992.

[27] Kalb, Marvin, and Bernard Kalb, *Kissinger*, Boston: Little, Brown & Company, 1974.

[28] Kaplan, Robert, *The Coming Anarchy: Shattering the Dreams of the Post Cold War*, New York: Random House, 2000.

[29] Kennan, George F., *American Diplomacy, Expanded Edition*, Chicago: The University of Chicago Press, 1984.

[30] Kissinger, Henry, *On China*: Paperback Reprint edition, Penguin Books; 2012.

[31] Kissinger, Henry, *Does America Need a Foreign Policy? Toward a Diplomacy for the 21st Century*, New York: Simon & Schuster, 2001.

[32] Kissinger, Henry, *Years of Renewal*, New York: Simon & Schuster, 1999.

[33] Kissinger, Henry, *Diplomacy*, New York: Simon & Schuster. 1994.

[34] Kissinger, Henry, *Years of Upheaval*, Boston: Little, Brown and Company, 1982.

[35] Kissinger, Henry, *White House Years*, Boston: Little, Brown and Company, 1979.

[36] Kissinger, Henry, *American Foreign Policy, Expanded Edi-*

tion, New York: W. W. Norton. 1974.

[37] Kissinger, Henry, *The Troubled Partnership: A Re-appraisal of the Atlantic Alliance.* New York: McGraw-Hill, 1965.

[38] Kissinger, Henry, *The Necessity for Choice: Prospects of American Foreign Policy*, New York: Harper and Row, 1961.

[39] Kissinger, Henry, *A World Restored: Metternich, Castlereagh and the Problems of Peace, 1812 – 1822*, Boston: Houghton Mifflin Company, 1957.

[40] Kissinger, Henry, *Nuclear Weapons and Foreign Policy*, New York: Harper and Row. 1957.

[41] Kissinger, Henry, "The Meaning of History: Reflections on Spengler, Toynbee, and Kant", *Undergraduate Honor Thesis*, Thesis-microfilm, Harvard University Archives. 1950.

[42] Kuklick, Bruce, *Blind Oracles: Intellectuals and War from Kennan to Kissinger*, Princeton, NJ: Princeton University Press, 2006.

[43] Landau, David, *Kissinger: The Uses of Power*, Boston: Houghton Mifflin Company, 1972.

[44] Liska, George, *Beyond Kissinger: Ways of Conservative Statecraft*, Baltimore: The Johns Hopkins University Press, 1975.

[45] MacMillan, Margaret, *Nixon and Mao: The Week that Changed the World*, New York: Random House, 2007.

[46] Mann, James, *About Face: A History of American Curious Relationship with China, from Nixon to Clinton*, New York: Alfred A. Knopf, 1999.

[47] Mazlish. Bruce, *Kissinger: The European Mind in American Policy*, New York: Basic Books, 1976.

[48] Mearsheimer, John J., *The Tragedy of Great Power Politics.* New York: W. W. Norton & Company, Inc., 2001.

[49] Merli, Frank J. and Theodore A. Wilson (eds.), *Makers of American Diplomacy: From Theodore Roosevelt to Henry Kissinger*, New

York: Charles Scribner's Sons, 1974.

［50］Morgenthau, Hans J. and Kenneth Thompson, *Politics among Nations*, 6thedn. New York: Alfred A. Knopf, 1985.

［51］Morris, Roger, *Uncertain Greatness: Henry Kissinger and American Foreign Policy*, New York: Harper and Row, 1977.

［52］Nixon, Richard, RN: *The Memoirs of Richard Nixon*, New York: Grossett & Dunlap, 1978.

［53］Nutter, G. Warren, *Kissinger's Grand Design*, Washington D. C.: American Enterprise Institute for Public Policy Research, 1975.

［54］Mario Del Pero, *The Eccentric Realist: Henry Kissinger and the Shaping of American Foreign Policy*, New York: Cornell University Press, 2009.

［55］Paret, Peter, Gordon A. Craig and Felix Gilbert (eds.), *Makers of Modern Strategy: From Machiavelli to the Nuclear Age*, Princeton, N. J. Princeton University Press, 1986.

［56］Peter W. Dickson, *Kissinger and the Meaning of History*, New York, Cambridge University Press, 1978.

［57］Ross. Robert S. and Gong Li, *Normalization of U. S-China Relations: An International History*, Cambridge, MA: The Harvard University Asia Center, 2005.

［58］Samuel, Barkin, *Realist Constructivism: Rethinking International Theory*, Cambridge: Cambridge University Press, 2010.

［59］Schulzinger, Robert D., *Henry Kissinger: Doctor of Diplomacy*, New York: Columbia University Press, 1989.

［60］Schurmann, Franz, *The Foreign Politics of Richard Nixon: The Grand Design*, Berkeley: University of California, 1987.

［61］Shawcross, William, *Sideshow: Kissinger, Nixon and the Destruction of Cambodia*, New York: Simon & Schuster, 1979.

［62］Smith, Michael J., *Realist Thought from Weber to Kissinger*, Baton Rouge: Louisiana State University, 1986.

[63] Starr, Harvey, *Henry Kissinger: Perceptions of International Politics*, Lexington, Ky.: The University of Kentucky Press, 1984.

[64] Stoessinger, John G., *Henry Kissinger: The Anguish of Power*, New York: W. W. Norton, 1976.

[65] Strong, Robert J., *Bureaucracy and Statesmanship: Henry Kissinger and the Making of American Foreign Policy*, Lanham, MD: University Press of America, 1986.

[66] Suri, Jeremi, *Henry Kissinger and the American Century*, Cambridge, MA: Harvard University Press, 2007.

[67] Szulc, Tad, *The Illusion of Peace: Foreign Policy of Nixon Years*, New York: The Viking Press, 1978.

[68] Thorneon, Richard C., *The Nixon-Kissinger Years: Reshaping American Foreign Policy*, New York: Paragon House Publishers, 1989.

[69] Valeriani, Richard, *Travel with Henry*, Boston: Houghton Mifflin Company, 1979.

[70] Waltz, Kenneth N., *Man, the State and War: A Theoretical Analysis*, New York: Columbia University Press, 1959.

[71] Waltz, Kenneth N., *Theory of International Politics*, New York: Random House, 1979.

3. 期刊论文（按出版时间倒序排列）

[1] Samuel Barkin, "Realist Constructivism", *International Studies Review*, Vol. 5, Issue 3. 2003.

[2] Zelikow, Philip, "The Statesman in Winter", *Foreign Affairs*, Vol. 78, No. 3, May/June, 1999.

[3] Eisenhower, David, "The Renewal of Henry A. Kissinger", *Orbis*, Vol. 43, No. 4, Fall 1999.

[4] Hendrickson, David C., "All the President's Acumen: The Paradox of Nixon's Foreign Policy", *Foreign Affairs*, May/June 1998.

[5] Schroeder, Paul W., "Can Diplomatic History Guide Foreign Policy?", *The International History Review*, Vol. XVIII, No. 2,

May 1996.

［6］ Russell, Greg, "Kissinger's Philosophy of History and Kantian Ethics", *Diplomacy & Statecraft*, Vol. 7, No. 1, 1996.

［7］ McDougall, Walter A., "Oh Henry! Kissinger and His Critics", *Orbis*, Vol. 38, No. 4, Fall 1994.

［8］ (Anonymous) "Henry Kissinger Weights in: Idealism and Realpolitik in diplomacy", *The Economist*, May 14, 1994.

［9］ Beisner, Robert L., "History and Henry Kissinger", *Diplomatic History*, Vol. 14, No. 4, 1990.

［10］ Howard, Michael, "The World according to Henry: From Metternich to Me", *Foreign Affairs*, May/June 1994.

［11］ Safire, William, "Puppet as Prince", *Harper's*, March 1975.

［12］ Fallaci, Oriana, "Kissinger: An Interview", *The New Republic*, Vol. 16, December 1972.

［13］ Kissinger, Henry, "The Viet Nam Negotiations", *Foreign Affairs*, Vol. 47, No. 2. 1969.

［14］ Kissinger, Henry, "The White Revolutionary: Reflections on Bismarck", *Daedalus*, Vol. 97, No. 3. Summer. 1968.

［15］ Kissinger, Henry, "Coalition Diplomacy in the Nuclear Age", *Foreign Affairs*, Vol. 42, No. 4. 1964.

［16］ Kissinger, Henry, "Strains on the Alliance", *Foreign Affairs*, Vol. 41, No. 2. 1963.

［17］ Kissinger, Henry, "The Unsolved Problem of European Defense", *Foreign Affairs*, Vol. 40, No. 4. 1962.

［18］ Kissinger, Henry, "Arms Control, Inspection, and Surprise Attack", *Foreign Affairs*, V01. 38, No. 4. 1960.

［19］ Kissinger, Henry, "Limited War: Nuclear or Conventional? A Reappraisal", *Daedalus* 89, No. 4, Fall. 1960.

［20］ Kissinger, Henry, "The Search for Stability", *Foreign Affairs*, Vol. 37, No. 4. 1959.

[21] Kissinger, Henry, "Reflections on American Diplomacy", *Foreign Affairs*, Vol. 35, No. 1. 1956.

[22] Kissinger, Henry, "Force and Diplomacy in the Nuclear Age", *Foreign Affairs*, Vol. 34, No. 3. 1956.

[23] Kissinger, Henry, "Nuclear Testing and the Problems of Peace", *Foreign Affairs*, Vol. 37, No. 1. 1958.

[24] Kissinger, Henry, "Missiles and the Western Alliance", *Foreign Affairs*, Vol. 36, No. 3. 1958.

[25] Kissinger, Henry, "Military Policy and Defense of the 'Grey Areas'", *Foreign Affairs*, Vol. 33, No. 3. 1955.

后　记

2009年的春天，我沿着查尔斯河从哈佛步行走向麻省理工学院。寒冷的夜晚，灯光微弱，路上空无一人。走进麻省理工学院的基里安庭院（Killian Great Court）里，我突然发现，在周围的大理石建筑上，以巨大的罗马字母镌刻着以下这些名字：亚里士多德、牛顿、阿基米德、达·芬奇、达尔文、哥白尼……这是一些曾经改变人类历史的伟大的名字，但他们的历史年代与国籍相对应的时空，都很难与麻省理工学院甚至很难与美国产生任何联系，他们对于麻省理工学院来说，不但是古人，还是外国古人。我脑中闪过一丝疑惑。

2014年的春天，当我动笔撰写本书后记之时，我想起了撰写本书的3年中阅读的那些著作和著作中那些掷地有声的名字：伊曼纽尔·康德、托克维尔、爱德华·卡尔、雷茵霍尔德·尼布尔、乔治·凯南、亨利·基辛格……在很多黄卷孤灯的夜晚，我隔着时空，窥见他们思想的光芒，充满惊喜……这个时候，我终于明白了2009年波士顿查尔斯河畔的那个寒冷的夜晚，我在基里安庭院里看到的那些伟大名字的含义——麻省理工与他们没有物理上的连接，但在精神上却与这些伟大的名字深深的契合。

感谢我的导师杨洁勉先生为我设定的选题题目。基辛格自己曾经说过，撰写博士论文有两个功能：第一个功能是功利地拿到学位；第二个功能是通过这个过程升华自己的思想力。如果能够完成第一个目的，那么你是成功的；如果能够完成第二个目的，那么你是快乐的。正是杨洁勉先生为我设定的这个题目，督促着我在3年中阅读了基辛格几乎所有的著作。在这些著作中，没有一本是空洞无物，也没有一本是陈词滥调。早在55年前的1959年，基辛格的《核武器与对外政策》就被翻译成中文，那时候几乎没有中国人知道基辛格是谁，也没有多少美国人知道基辛格是谁。但是，如果你翻开过此书作为内部干部读物的中文译本，你会对当时中国外交决策者参考资料的质量产生深刻的印象。一位领导人，如果想成为战略家，那么无论他的官职有多么显赫，也无论他的工作有多么繁忙，只要他想为自己国家制定面向未来的大战略，他就必须经常阅读这般质量的著作。外交思想不能用行政流程来代替，因为这是一门建立在对事物本质的认知之上的艺术。在撰写本书三年多的时间里，我有幸阅读了很多这样有水准的著作，完成了一次思想的历险。这是一段精彩而奇妙的旅程。为了帮助我撰写论文，杨洁勉先生给我提供了与基辛格博士本人和芮效俭大使交流的宝贵机会，还让我有机会通过各种学术和外事活动接触了崔天凯副部长、约瑟夫·奈教授、美国前国务卿舒尔茨先生、美国驻华大使骆家辉先生等人。2012年陪同先生出访越南、菲律宾、文莱外交部，为我撰写基辛格的越战策略部分提供了感性认识。

  2012—2013年，我花了大半年的时间在我的母校和工作单位——上海国际问题研究院的图书馆，阅读了我能找到的所有在20世纪六七十年代，美国智库为当时的美国政府撰写的战略报告（其中一份，我印象深刻，是20世纪60年代初关于科学技术与美国对外政策的报告，负责者是斯坦福大学。30年后，这份报告的洞见不但帮助美国成就了新经济，也为斯坦福营造了自己的硅谷传奇。这就是思想的力量）；同时，我也找到了同一时期，苏联的智库为当时的苏联政府撰写的战略报告。美国的报告每一份都很薄，每一份都是在解决问题；苏联的报告很厚，但全文的目的不是解决问题，而是为苏联领导者对外交政策的完美性作注脚。这两种截然不同的报告，作为内部资料，在图书馆里共同静静地躺了近半个世纪，如今它们的身上都已满是灰尘、虫蛀和斑驳，但历史已经证明，它们的价值是不同的——它们对各自的祖国产生了不同的效用。

  我非常自豪我从事的就是这样一种性质的工作。我们必须选择写出什么样的战略报告。

求得有用的思想，升华人生的境界，表达对自然的敬畏，这是研究的价值所在。如果在人文社会科学中，我们以科学和学术的名义来限制思想对宇宙的感悟力，那便会失去很多与未来对话的机会。如果以科学与学术的名义，杜绝"感悟"与"直觉"这种偏感性与艺术的研究方法，那么这种学术本身就是不科学的、缺乏开放性的。我们不应忘记，艾萨克·牛顿从事经典力学研究的驱动力与灵感，并非来自科学的学术规范，而恰恰是来自对上帝的尊重与敬畏。当他发现了运动定律与万有引力之后，他说："引力解释了行星的运动，但却不能解释谁让行星运动起来。上帝统治万物，知晓所有做过和能做的事。"

　　我对基辛格的研究，就是这样开始的，也将沿着这一轨迹继续。

　　在几乎所有的既有研究中，"基辛格是一个现实主义者"，似乎是一个没有任何必要证明的常识，但在阅读了他的主要著作之后，我深信，这可能是一个误解——我还相信，如果你亲自阅读了他的所有原著，你会赞同我的观点——或者至少不会像现在这样反对我的观点。在这段旅程中，我只有一位精神上的战友，他是布朗大学的斯蒂芬·R. 格劳巴德教授。我与他虽未曾谋面，但我赞同他的很多看问题的视角，在所有的基辛格思想研究中，唯有他是触及基辛格思想的灵魂的人之一。

　　在我撰写本书的过程中，怀疑、反复、孤独始终陪伴着我，在这个时候，我的老师杨洁勉先生和华东师范大学副校长范军教授鼓励我坚持下去"写一部好东西"。冯绍雷教授给我提供了前往莫斯科 HSE 短期学习的机会，增进了我对基辛格对苏战略的理解，余南平教授热情地推荐我前往约翰斯·霍普金斯大学南京中美文化交流中心撰写该书。在霍普金斯南京中美文化交流中心（HNC），中心主任何成洲教授给予无私的帮助，中心美方老师 David Arase 教授和 Gaye Christoffersen 教授给我很多启示和帮助……每次心烦意乱的时候，回到校园听一堂范军老师晚上的课，在理科楼前的梧桐树下走一会，母校总能给我继续前行的力量。感谢早稻田大学博士廉德瑰教授和复旦大学博士曹嘉涵对书的结构提出的修改意见，感谢好友复旦大学博士蔡亮副教授为书的章节提出的修改意见，感谢复旦大学博士候选人查晓刚每日的共同商讨,感谢祝鸣博士提供的纽约犹太人资料,感谢复旦大学博士王伟华、华东师范大学博士封帅帮助我修改论文格式。感谢复旦大学博士张哲馨兄长对该书的帮助。

这就是我的后记。为求体例工整完善,凡文章辑录,总要戴个"帽子"(来个前言),穿上"靴子"(弄篇后记),我也必须符合这个规范。但世间言之有物的前言、后记少之又少。例如,宋神宗为《资治通鉴》御赐的前言部分的"奖谕诏书"里竟然有:"冬天寒冷,最近都安好吧!书文下达,不多写了"这般凑字的话。因此,在本书的结尾,我想再一次引用我硕士论文后记中,对自己提出的要求:"写别人愿意读的文字,或者好看,或者有用。"

在本书付印之际,受大卫·兰普顿(David Lampton)教授的邀请和福特基金会的资助,本人前往位于美国首都华盛顿的约翰斯·霍普金斯大学(Jonhs Hopkins University)高等国际关系研究院(SAIS)继续基辛格研究。